サラハの歌

生の流れるがままに

——タントラ・ヴィジョン1

OSHO

Originally published in English under the title
THE TANTRA VISION, VOL.1
by OSHO

和尚 OSHO

目次

矢を射し者

第1話

21 April 1977

気高き文殊師利《マンジュシュリー》に礼拝す
限りあるものに勝利せし者に礼拝す

おだやかな水　風にあおられ
　波やうねりに変わるよう
王はあまたの思いあつむ
　ひとりなる　サラハの身に

目を細め見る愚か者
　ひとつの灯りを二つに見る
見る者と見られしもの　二つならざるとき
　ああ！　心は両者の本源におよぶ

家の灯りはともるとも
盲《めしい》は闇に生きつづく
内にいだきし近き自然も
迷う者にはつねにはるか

あまたの川も　いたる海はひとつ
あまたの偽りも　うち勝つ真理はひとつ
ひとつなる太陽《ひ》の昇るとき
いかなる深き闇も去りゆく

ゴータマ・ブッダは、かつてこの大地を歩んだもっとも偉大な師《マスター》だ。キリストも偉大なマスターだし、クリシュナも、マハーヴィーラも、マホメットもそうだ。ほかにもたくさんいる。それでもなお、仏陀はもっとも偉大なマスターだ。彼の悟りの境地が、他の人よりも偉大だというわけではない。悟りに大きいも小さいもない。彼の達した意識の本質は、マハーヴィーラやキリスト、ツァラトゥストラや老子と同じだ。

光明を得ている人が、誰か他の光明を得ている人よりも悟りが深いなどということはない。だが師であるということに関するかぎり、仏陀は比類なき人だ。というのも、彼を通じて何千という人びとが光明に達したからだ。そのようなことは、他のマスターにはけっして起こらなかった。彼の系統はもっとも実り豊かな系統だ。その一門は、現在にいたるまでもっとも創造的な一門だった。彼は多くの枝をかかえる大樹のようだ。そしてそれぞれの枝が豊かな実りをもたらしている。どの枝にもたくさんの果実がたわわに実っている。

マハーヴィーラは地域的な現象にとどまった。クリシュナは学者たちの手に落ちて失われてしまった。キリストは聖職者たちによって破壊しつくされた。多くのことが起こりえたのだが、それが起こることはなかった。仏陀はこういったことに関して、とほうもなく幸運だった。僧侶たちがこころみなかったわけではない。学者たちがこころみなかったわけではない。彼らはできるかぎりのことはやった。だがどういうわけか、仏陀の教えは破壊されることのないよう工夫されていた。それはいまなお生きている。二五世紀たってさえ、彼の木にはいくつかの花が育っている。それはいまも花を咲かせている。春が来るといまも香りを放ち、いまなお実を結んでいる。

サラハもまた、同じ木の果実だ。サラハは仏陀よりおよそ二世紀後に生まれた。彼は枝分かれした一方の枝の直系だった。ひとつの枝は、マハーカーシャパからボーディダルマへと伝わり、禅が誕生した。その枝はいまも花に満ちている。もうひとつの枝は、仏陀から彼の息子であるラーフラバドラ、ラーフラバドラからシュリーキールティ、シュリーキールティからサラハ、そしてサラハからナーガールジュナへと伝わっていった。これがタントラの枝だ。それはいまもチベットで実を結んでいる。タントラはチベットを改宗させた。そして、ボーディダルマが禅の祖師であるのと同じように、サラハはタントラの祖師となった。ボーディダルマは中国、韓国、日本を征服した。サラハはチベットを征服した。

この『サラハの歌』は大いなる美をたたえている。それはタントラの基盤そのものだ。あなたはまず、生にたいするタントラの姿勢、タントラの生のヴィジョンを理解しなければならない。

タントラに関するもっとも基本的なこととは、こういうことだ。それはきわめて急進的《ラディカル》、革命的、反逆的でもある――。その基本的なヴィジョンとは、世界は低いものと高いものとに分けられていないということ、ひとつのものだということだ。高いものと低いものは手をつないでいる。高次のものは低次のものを内にいだき、低次のものは高次のものを内にたずさえている。高いものは低いもののなかに隠れているのだ。だから低いものを否定したり、非難したり、破壊したり、殺したりしてはならない。低いものは変容されるべきものなのだ。低いものは上方へと向かうことをゆるされなくてはならない。すると低次のものは高次のものになる。悪魔と神のあいだには、橋渡しできないような断絶などない。悪魔はそのハートの奥深くに神をいだいている。ひとたびハートがはたらきはじめると、悪魔は神になる。

それゆえ「悪魔 *devil*」という言葉の語源そのものが「神性 *devine*」と同じものを意味しているのだ。*devil* という言葉は *devine* から生じた。それはいまだ進化していない神であり、それだけのことだ。悪魔は神に対立しているわけではなく、神を破壊しようとしているわけでもない。実は、悪魔は神を見つけだそうとしている。悪魔は神へと向かう途上にある。それは敵ではなく、種子なのだ。神は満開に花を咲かせている木であり、悪魔は種子だ。だがその木は種子のなかに隠されている。そして種子は木に対立してはいない。実際には、種子がなければ木は存在することができない。そして木も種子に対立してはいない。両者は深い親密な関係にある。それはひとつなのだ。

毒と甘露は同じエネルギーの二つの相だ。生と死も同じ――。そしてあらゆるものがそうなのだ。昼と夜、愛と憎しみ、セックスと超意識――。

タントラは、けっしてなにものも非難してはならないと言う。非難という姿勢は愚かな姿勢だ。なにかを非難することで、低いものを進化させていたなら手に入っていたであろう可能性を、あなたは断ち切っている。泥を非難してはならない。泥のなかには蓮の花が隠されているからだ。蓮の花を生みだすために泥を使いなさい。もちろん泥はまだ蓮の花ではないが、その可能性を秘めている。そして創造的な人、宗教的な人は、蓮の花が泥から自由になれるよう、泥が蓮の花を解き放つのを助けようとする。

サラハはタントラ・ヴィジョンの祖師だ。それはとほうもなく重要だ。人類の歴史の上でも、とりわけ現在という時点においては――。なぜなら、新しい人間が生まれ出ようと奮闘し、新たな意識が扉をたたいているからだ。そして来たるべき世界はタントラのものになるだろう。というのも、もはや二元的な姿勢が人の心をとらえることはできないからだ。

そうしたものは何世紀にもわたってこころみられ、人間を不具にし、やましさを感じさせてきた。そして人間を自由にすることなく、囚人にしてしまった。また、人間を幸せにすることもなく、とても不幸にしてしまった。そういったものはすべてを非難する。食物からセックスまですべてを非難する。人との関わり合いから友情までなんでも非難する。愛は非難され、体は非難され、心は非難される。あなたが立つところは一インチも残されていない。すべては奪い去られ、人間は宙づりになっている。ただぶら下がっているだけだ。

こうした人間の状況をこれ以上見過ごすことはできない。タントラはあなたに新しい展望をもたらすことができる。それゆえ私はサラハを選んだ。

サラハは私がもっとも愛している人のひとりだ。これは古くからの私の恋愛だ。あなたはサラハの名前を聞いたことさえないかもしれない。だがサラハは、人類にとってもっとも偉大な恩人のひとりだ。かりに私が、人類の恩人を一〇人ほど指折り数えるとしたら、サラハはそのうちのひとりになる。五人を数えるとしても、サラハを落とすわけにはいかない。

『サラハの歌』に入ってゆく前に、サラハの生涯についていくらか話しておこう。サラハはヴィダルバに生まれた。ヴィダルバはマハーラーシュトラ州にある。プーナのすぐ近くだ。彼はマハーパーラ王が統治者の時代に生まれた。マハーパーラ王の宮廷の、たいそう学識あるバラモンの息子だった。父が宮廷にいたため、その若者もまた宮廷にいた。彼には四人の兄があり、みんな偉大な学者だった。彼は末っ子で、兄弟のなかでもっとも聡明だった。その名声はやがて国中に広まり、王も彼のすばらしい知性に魅了されていたほどだった。

四人の兄もたいそう偉大な学者だったが、サラハとはくらべものにならなかった。成人するとその四人は結婚した。王はサラハに自分の娘を与えたいと思っていた。だが、サラハはすべてを放棄することを望んでいた。サラハはサニヤシンになりたかったのだ。王は傷ついた。そしてサラハを説得しようとした。彼はとても美しく、聡明で、ハンサムな若者だった。その評判は国中に広まり、おかげでマハーパーラの宮廷も有名になっていた。王は非常に心配し、この若者がサニヤシンになることを望まなかった。彼を守り、可能なかぎりの安楽を与えてやりたいと思っていた。だがサラハは主張をとおし、ゆるしは与えられるしかなかった。彼はサニヤシンとなり、シュリーキールティの弟子になった。

シュリーキールティは仏陀の直系だ。ゴータマ・ブッダ、その息子であるラーフラバドラ、そしてシュリーキールティへとつづく。サラハと仏陀のあいだには二人のマスターしかいない。彼は仏陀からそれほど離れてはいない。その木はまだ、とても青々としていたにちがいない。その波動《ヴァイブ》はまだ、きわめて生き生きとしていたにちがいない。仏陀は去ったばかりだった。その風土は彼の芳香でいっぱいだったにちがいない。

サラハはバラモンだったため、王はショックを受けた。サニヤシンになりたいのなら、ヒンドゥー教のサニヤシンになるべきだ。だが彼は仏教の師を選んだ。サラハの家族もまた大いに悩んだ。実際、彼らはみんな敵にまわった。これは正しいことではない。そしてさらにひどいことになった。それはすぐにわかる。

サラハのもとの名前は「ラーフラ」であり、その名は父によって与えられた。彼はどのようにしてサラハになったのだろうか。それは美しい話だ。彼がシュリーキールティをたずねたとき、シュリーキールティは最初にこう言った。「『ヴェーダ』のすべて、学んだことのすべて、そのたわごとのすべてを忘れなさい」。それはサラハにはむずかしいことだった。だが彼はなんでもする用意ができていた。シュリーキールティの現前《プレゼンス》のなにかが彼を魅きつけた。シュリーキールティはすばらしく魅力ある人だった。彼は学んだことすべてを落とし、ふたたび無学になった。

これはもっとも偉大な放棄のひとつだ。富を放棄するのはたやすい。強大な王国を放棄するのはたやすい。だが知識を放棄するのは、この世でもっとも困難なことだ。第一、どうやって放棄する？　それはあなたの内側にある。王国を逃げ出すことはできるし、ヒマラヤに行くこともできるし、富を分け与えることもできる。だが、どうやって知識を放棄できるだろう？　そのうえ、ふたたび無知になるには大きな痛みがともなう。ふたたび無知になり、ふたたび子どものように無垢になることは、存在しうるもっとも偉大な苦行だ。だが彼には用意ができていた。

やがて数年が過ぎ去り、彼は学んできたことすべてをぬぐい去った。彼は偉大な瞑想者になった。ちょうど偉大な学者としてたいそう有名になったように、いまや彼の評判は偉大な瞑想者として広まりはじめていた。みずみずしい木の葉のように、草の上の朝露のように、すっかり無垢になったこの若者を一目見ようと、人びとがはるか遠くからおとずれるようになった。

ある日、サラハは瞑想しているうちに、不意に幻視《ヴィジョン》を見た。そのヴィジョンとは、彼の真の師となる女性が街のにぎわいのなかにいるというものだった。シュリーキールティは彼を道の上に押しやったにすぎない。だが真の教えは女性からくることになる。さあ、これも理解すべきことだ。けっして男性優位主義でなかったのはタントラだけだ。実際、タントラに入ってゆくためには、知恵ある女性の協力を必要とする。知恵ある女性がいなければ、タントラという複雑な世界に入ってゆくことはできない。

彼はある女性が市場《いちば》にいるヴィジョンを見た。だから、まず第一に女性だ。そして第二に市場――。タントラは市場で、生のまっただなかで力強く成長する。それは否定の姿勢ではなく、完全なる肯定性だ。彼は立ちあがった。シュリーキールティは「どこに行くつもりだね？」とたずねた。すると彼はこう言った。「あなたは道を示してくださいました。私の学んだことをぬぐい去ってくださいました。あなたは仕事の半分をしてくれたのです。私の石板のよごれを落としてくれたのです。いまや私は、残りの半分をする用意ができています」。笑顔を浮かべたシュリーキールティの祝福を受け、彼は立ち去った。

彼は市場へと向かった。そして驚いた。本当にヴィジョンのなかで見た女性を見つけたのだ。その女性は矢を作っていた。彼女は矢作《やはぎ》の女だった。

タントラに関して心にとめるべき第三のことは、こういうことだ。教養があって文明的な人ほど、タントラ的な変容の可能性は少なくなる。文明的でなく素朴であるほど、人は生き生きとする。人は文明的になるほど作り物《プラスチック》になる。人工的になり、あまりに作りあげられたものになり、大地のなかの根を失ってしまう。あなたは泥だらけの世界を恐れている。世間から離れて生きるようになり、まるでこの世界に属していないかのようなふりをしはじめる。タントラは言う。本物の人間を見つけるためには、根元へと向かわなければならない――。

だからタントラによると、いまだに文明的でなく、教育を受けていない、教養のない人たちは、より生き生きとしているし、生命力にあふれている。そしてそれは現代の心理学者が観察したことでもある。黒人はアメリカ人よりも活力がある。それがアメリカ人の恐れていることだ。アメリカ人は黒人を非常に恐れている。その恐れとは、アメリカ人はまったく作り物になってしまったが、黒人はいまだに活力があり、大地に根ざしているということだ。

アメリカにおける黒人と白人の争いは、本当は黒と白の争いではなく、作り物と本物の争いだ。そしてアメリカ人が――白人のことだが――非常に恐れているのは、根本的にはこういうことを心配しているからだ。もし黒人がみとめられたなら、白人は女性を取られてしまう、アメリカ人は女性を取られてしまう――。黒人は活力がある。性的により活力があるし、より生き生きとしている。そのエネルギーはいまだに野生的だ。そしてそれが、女性を取られるということが、文明化された人たちのもっとも大きな恐れのひとつだ。もっと元気な人が身近にいるなら、相手の女性をつなぎとめられないことがわかっているのだ。

タントラは、いまだに素朴な人たちの世界では、成長がはじまる可能性があると言う。あなたはまちがった方向に成長してしまった。だが彼らはまだ成長していない。彼らはまだ正しい方向を選ぶことができる。彼らはより大きな潜在力をもっている。そしてぬぐい去るべきものはなにもない。すぐに前進することができる。

矢作《やはぎ》の女は低いカーストの女性だ。そしてサラハにとって――王の宮廷にいた学識あるバラモン、有名なバラモンにとって――矢作の女のところに行くというのは象徴的だ。学識ある者は生気あふれる者のところに行かなければならない。作り物は本物のもとに行かなければならない。

彼はこの女性を見つめた。若い女性で、とても生き生きとし、生命力で光り輝いている。矢柄《やがら》を削り、右も左も見ることなく、矢を作ることに全身全霊で没頭している。彼はすぐに、彼女の現前になにか特別なものを、出会ったこともないものを感じた。彼の師であるシュリーキールティでさえ、この女性の前では影が薄くなる。まったくみずみずしいなにか、まさに源泉からのなにか……。

シュリーキールティは偉大な哲学者だった。そう、彼は学んだことすべてを落とすようサラハに言ったが、それでも学識ある男だった。彼はサラハにあらゆるヴェーダや教典を落とすように言いはしたが、自分自身の教典やヴェーダをもっていた。たとえ彼が反哲学的であったとしても、その反哲学は一種の哲学だった。さあ、ここに哲学的でも反哲学的でもない女性がいる。哲学がなんであるかをまったく知らない人、幸いにも哲学の世界、思索の世界をまったく知らない人――。彼女は行為の人であり、みずからの行為に完全に没頭している。

サラハは注意深く見つめた。矢の形がととのうと、その女性は片目を閉じてもう片方を開け、見えない的《まと》にねらいを定める動作をした。サラハはさらに近づいていった。そう、的は存在しないし、彼女はたんにその姿勢をとっただけだ。片目を閉じ、もう片方の目を開けていた。そしてなにか未知の的に――目に見えない、そこにはない的に――ねらいを定めていた。サラハはメッセージを感じはじめていた。この動作は象徴的だと感じたが、まだまったくおぼろげで、あいまいだった。なにかを感じることはできたが、それがなんであるかは理解できなかった。

そこで彼は、その女性に矢作《やはぎ》を生業《なりわい》としているのかとたずねた。するとその女性は大きな声で笑った。野生的な笑い――。そして彼女は言った。「愚かなバラモン！　あなたは『ヴェーダ』を捨てたのに、いまは仏陀の言葉『ダンマパダ』を崇めている。それでどうなるの？　あなたは本を取り替えて、哲学を取り替えた。でも、あなたは相変わらず同じ愚か者だわ」

サラハはショックを受けた。彼にそんなふうに言った人はいなかった。教養を詰めこまれていない女性にしかそんなふうには言えない。そして彼女の笑いかたはまったく文明化されておらず、まったく純朴だった。だがそれでも、なにかがとても生き生きとしていた。そして彼は魅きつけられるのを感じていた。彼女は大きな磁石であり、彼は鉄のかけらでしかなかった。

さらに彼女は「あなたは自分が仏教徒だと思っているの？」と言った。彼は仏教の僧衣、黄褐色の長衣《ローブ》をまとっていたにちがいない。彼女はまた笑って言った。「仏陀の真意は行為をとおしてしかわからない。言葉や本ではなくてね。あなた、もう充分じゃない？　まだこんなものにうんざりしてないの？　役にもたたない探求で、これ以上時間をむだにしてはだめよ。私といっしょにおいで！」

そしてなにかが、交感《コミュニオン》のようなものが起こった。そんなふうに感じたことは以前にはなかった。その瞬間、彼女のしていたことのスピリチュアルな意味がサラハに明らかになった。左を見ることもなく、右を見ることもなく、彼は彼女を見つめていた。ただ真ん中を見つめ――。

はじめて彼は、中道にあるということ――両極の軸から逃れること――で仏陀がなにを意味しているのかを理解した。はじめ彼は哲学者だったが、いまは反哲学者になっていた。ひとつの極端から別の極端に移っていた。はじめ彼はあることを崇めていたが、いまはちょうど反対のものを崇めていた。だが崇めることはつづいている。左から右へ、右から左へと移動することはできるが、それでは助けにならない。あなたは左から右、右から左へと動く振り子のようになってしまう。

そして観察したことがあるだろうか？　振り子が右に向かっているときには、左に向かう勢いをたくわえている。左に向かっているときには、また右に向かう勢いをたくわえている。そうして時計はつづいてゆく。世界はつづいてゆく。真ん中にいるということは、振り子が右でも左でもなく、ただ真ん中にぶら下がっているということだ。そのとき時計は止まり、世界は止まる。時間はもう存在しない。無時間の状態――。

彼はシュリーキールティが何度もその話をするのを聞いたことがあった。それについて読んだことはあった。思いをめぐらし、黙想したことはあった。真ん中にいることが正しいのだということを、他人と議論したこともあった。はじめて彼は、それを行為のなかに見た。その女性は右を見ることも左を見ることもなく、ただ真ん中を見つめていた。真ん中に焦点を合わせていた。

真ん中とは、超越が起こるところだ。それについて思い、黙想し、生のなかで見つめてごらん。

お金を追い求めている人は狂っている。お金狂いだ。お金が唯一の神になる……。

ある女性がもうひとりにたずねていた。

「どうしてボーイフレンドと別れちゃったの？　なにがあったの？　あなたたちは婚約しているし、てっきり結婚するもんだと思ってたわ。なにがあったの？」

「私たちは宗教がちがうのよ。それで別れたの」その女性は言った。

たずねた人は、その二人ともカトリックだと知っていたので、不可解に思って言った。

「宗教がちがうってどういうこと？」

その女性は答えた。

「私はお金を崇めているんだけど、彼は一文無しなのよ」

お金が唯一の神だという人たちがいる。いつかはその神は力を失う。それは力を失わざるをえない。お金は神にはなれない。それはあなたの幻想であり、あなたが投影しているのだ。いつかは、そのなかに神はいないということが、そのなかにはなにもないということが、人生をむだにしてきたのだということがわかるときがくる。するとあなたはその敵になり、反対の姿勢をとり、お金に反対するようになる。そうなるとお金を捨て、お金に触らなくなる。あなたは引きつづき、なおもとりつかれている。今度はお金に反対しているが、強迫観念はそのままだ。左から右へと移動したが、意識の焦点はいまだにお金にある。

ある欲望から別のものへと変えることはできる。あなたはあまりにも世俗的だった。そしていつかは超俗的にもなれる。だがあなたは同じままだし、病いはつづいている。仏陀はこのように言う。世俗的であることは世俗的であり、超俗的であることもまた世俗的だ。お金に賛成することはお金にとりつかれていることであり、お金に反対することもお金にとりつかれていることだ。権力を求めることは愚かなことだし、逃避することも愚かなことだ。ちょうど真ん中にあることが知恵というものだ。

サラハはそれをはじめて実際に目にした。彼はそれを、シュリーキールティのなかにさえ見たことはなかった。それが本当にそこにあった。そしてその女性は正しかった。「行為をとおしてしか学ぶことはできない」と彼女は言う。そして彼女はあまりにも完全に没頭していたので、彼女を見つめながらそこに立っていたサラハを見ることすらなかった。彼女はそれほどまでに完全に没頭し、全面的に行為のなかにあった。それもまた仏教の教えだ。行為のなかに全面的にあることは、行為にとらわれないことだ。

業《カルマ》が生みだされるのは、あなたが全面的《トータル》にそのなかにいないからだ。全面的に没入していれば、跡を残すことはない。なんであれ全身全霊で行なえば、それは完結し、心理的な記憶をもち運ぶことはない。なんであれ不完全に行なえば、それはあなたについてまわり、つづいてゆく。それは遺物だ。そして心は、それをつづけて行ない、完了させることを求める。

心にはものごとを完了させようとする強い誘惑がある。なんであれ完了させれば、心は消えてゆく。ものごとを全面的にやりつづけてゆけば、ある日突然、あなたは心が存在しないのを見いだすだろう。心とは、あらゆる不完全な行為が蓄積された過去なのだ。

ある女性を愛したかったのに、あなたはそうしなかった。だがもうその女性は死んでしまった。父親のところに行って、自分のやってきたすべてのことを、彼が傷つくようなしかたでやってきたすべてのことをゆるしてもらいたかった。だがもう彼は死んでしまった。いまや残されたものがそのままになる。もはや亡霊だ。もうあなたにはどうにもならない。なにができるというのだろう？ 誰のところに行くというのだろう？ そしてどうやってゆるしを求めるというのだろう？ 友だちにやさしくありたかったのだが、あなたは殻を閉ざしてできなかった。もうその友だちはいない。それは心を傷つける。あなたは罪の意識を感じるようになり、後悔する。ものごとはこのようにしてつづいてゆく。

どんな行為であれ全身全霊で行なえば、それにとらわれることはないし、ふり返ることもない。そして本物の人間はけっしてふり返らない。見るものなどなにもないからだ。彼にはやり残しなどなにもない。ただ前へと進んでゆく。その目に過去のかげりはなく、その視力は曇っていない。そのような明晰さのなかで、人はリアリティとはなにかを知るにいたる。

あなたは不完全な行為のすべてにとても悩まされている。まるでガラクタ置場のようだ。こちらではあるものが不完全だし、あちらでは別のものが不完全だ。なにひとつ完全ではない。それを見つめたことがあるかな？　あなたはなにかを完了させたことがあるだろうか？　それともあらゆるものが不完全なのだろうか？　それでも、ひとつのことをわきへ押しのけ、別のことをやりはじめる。そしてそれが完了する前に、また別のことをはじめる。あなたはますます重荷を負うようになる。これこそカルマというものだ。カルマとは不完全な行為のことだ。

全面的《トータル》でありなさい。するとあなたは自由になる。


その女性は全面的に没頭していた。それで彼女はとても光り輝いて見えた。とても美しく見えた。彼女はふつうの女性だったが、その美はこの世のものではなかった。その美は全面的な没入によるものだった。その美は彼女が極端主義者でないことからきていた。その美は真ん中にいること、バランスのとれていることによるものだった。優美さはバランスから生まれる。

はじめてサラハは、肉体的に美しいだけでなく、霊性の美しさをもった女性に出会った。自然に彼は明け渡した。明け渡し《サレンダー》が起こった。全面的に没入し、彼女のしているすべてのことにわれを忘れ、はじめて彼は理解した。これこそ瞑想なのだと――。それは特別な時間に坐ってマントラをくり返すことでもなく、教会や寺院やモスクに出かけることでもない。それは生のなかにあること、あたりまえのものごとをやりつづけることだ。だが、あらゆる行為において深遠なるものが啓示されるほどの没入をもって――。

はじめて彼は、瞑想とはなにかを理解した。彼は瞑想していたし、熱心に努力してはいた。だがはじめて、瞑想が目の前にあり、生きていた。彼はそれを感じることができた。触れることができた。それは触れることのできるほどのものだった。さらに彼は、片目を閉じてもう片方を開けるのは象徴《シンボル》であることを、仏教の象徴であることを思い出した。

仏陀は言う……。現代では心理学者も彼に同意するだろう。二五〇〇年が過ぎ、心理学は仏陀がはるか昔に達していたところに到達した。仏陀によると、心の半分は論理的に判断し、もう半分は直観するものだという。頭は二つの部分、二つの半球に分けられる。左脳は理性、論理、論証的な思考、分析、哲学、神学——言葉につぐ言葉、論証や三段論法や推論——の機能をもっている。頭の左側はアリストテレス派だ。

頭の右側は直観的、詩的だ。インスピレーション、ヴィジョン、直截的《アプリオリ》な意識、直截的《アプリオリ》な認識——。論証するのではなく、ただ知るにいたる。推論するのではなく、ただわかってしまう。それが「直截的な認識」という意味だ。それはただある。

真理は右側の心によって知られ、左側の心によって推論される。推論は推論でしかない。それは体験にはならない。

突然彼は、その女性が片目を閉じているということを了解《りょうげ》した。彼女は理性、論理の目を閉じる象徴となるよう、片目を閉じていた。そして愛、直観、気づきの象徴となる、もう一方の目を開けていた。さらに彼はその動作を思い出した。

未知なるもの、目に見えないものにねらいを定めているとき、私たちは未知なるものを知る旅の途上にある。知ることのできないものを知る旅の途上にある。真の知とは、知ることのできないものを知ること、了解《りょうげ》することのできないものを了解すること、達成することのできないものを達成することだ。この不可能な情熱こそ、人を宗教的な探求者にする。

そう、それは不可能だ。私は「不可能」ということで、それが起こらないと言っているのではない。「不可能」ということで、それはあなたが完全に変容しなければ起こりえないと言っているのだ。いまのままのあなたでは、それは起こりえない。だが存在の異なるありようもある。あなたは全面的に新しい人間にもなれるのだ。するとそれは起こる。ちがった種類の人間にはそれが可能になる。それゆえにイエスは言う。「生まれ変わるまでは、あなたはそれを知ることはない。新しい人間はそれを知るだろう」

あなたは私のところにやってきた。だが、あなたがそれを知ることはないだろう。私はあなたを殺さなければならない。私は徹底的に危険な存在でいなければならない。あなたは消え去ることになる。そうして新しい人間が生まれ、新たな意識が生じる。というのも、あなたの内側にはなにか不滅のものが、破壊することのできないものがあるからだ。誰にもそれは破壊できない。破壊できるものだけが破壊され、破壊できないものはそこにある。みずからの存在のなかでその不滅の要素に達するとき、その永遠の気づき《アウエアネス》に達するとき、あなたは新しい人間に、新たな意識になる。

それを通じて、不可能が可能になる。達成できないものが達成される。

そして彼はその動作を思い出した。ねらいが定められているのは、未知なるもの、目に見えないもの、知ることのできないもの、一なるものだ。それが的だ。どのようにして〝存在《イグジスタンス》〟とひとつになるのか？　不二がその的だ。それは主体と客体が消え去るところ、我と汝が消え去るところだ。

マルティン・ブーバーの『我と汝』というたいへん有名な本、すばらしい本がある。マルティン・ブーバーによれば、祈りの体験とは〝我-汝〟の体験だ。彼は正しい。祈りの体験とは〝我-汝〟の体験だ。神は〝汝〟であり、あなたは〝我〟のままだ。そしてあなたは〝汝〟との対話、交感をもつ。だが仏教には祈りはない。仏教はさらなる高みへと向かう。仏教によれば、たとえ〝我-汝〟の関係があったとしても、あなたは分かたれたまま、分離したままだ。たがいに呼び合うことはできても、そこにコミュニオンはない。コミュニオンは、〝我-汝〟の分割がなくなったとき、主体と客体が消え去ったとき、我も汝もないとき、探求者も探求されるものもないとき――統一、調和のあるとき――はじめて起こる。

このことを悟り、この女性の行為を見つめて真理が了解《りょうげ》されたとき、その女性は彼を「サラハ」と呼んだ。彼の名前はラーフラだったが、その女性は彼をサラハと呼んだ。

「サラハ」とは美しい言葉だ。それは「矢を射し者」という意味だ。「サラ」とは「矢」のことで、「ハ(ン)」とは「射た」という意味だ。「サラハ」とは「矢を射し者」という意味になる。彼がその女性の行為、その象徴的なしぐさの意味を悟り、その女性が与えようとしたもの、示そうとしたものを読みとって解き明かしたとき、彼女はとほうもなくうれしそうだった。彼女は踊りあがって彼を「サラハ」と呼び、そしてこう言った。「さあ、今日からあなたはサラハと呼ばれることになるでしょう。あなたは矢を射たわ。私の行為の意味を理解して、あなたは射ぬいたのよ」

サラハは彼女に言った。「あなたはどこにでもいるような矢作《やはぎ》の女ではありませんでした。ただの矢作の女だと思ったことをおわびします。私をゆるしてください。心からおわびします。あなたは偉大な師であり、私はあなたによって生まれ変わりました。昨日までの私は本物のバラモンではありませんでした。今日からはそうです。あなたは私の師であり、母であり、新たな誕生を与えてくれたのです。私はもう同じではありません。だからあなたは正しい。あなたは私の古い名前を落とし、新しい名前を授けてくれました」

あなたたちは「なぜ新しい名前を授けるのですか?」と私にたずねることがある。古い自己証明《アイデンティティ》を落とすため、過去を忘れるため、これ以上過去にたいする愛着をいっさいもたないためだ。きっぱりとした断絶が必要だ。あなたは過去と不連続にならなくてはならない。

ラーフラはサラハになった。

言い伝えによると、その女性は隠れた覚者《ブッダ》にほかならなかった。経典のなかで伝えられているそのブッダの名は、スクナータという。そのブッダが、サラハという大いなる可能性を秘めた人を助けるためにやってきた。ブッダは、スクナータという名のブッダは、女性の姿をとっていた。だがなぜ?なぜ女性の姿だったのだろう?　それはタントラでは、ちょうど人が女性から誕生するしかないように、弟子の新たな誕生も女性からくるものだと信じられているからだ。実際、すべての師《マスター》は父親というよりも母親に近い。彼らには女性的な質がある。仏陀は女性だし、マハーヴィーラもクリシュナもそうだ。女性的な優美さ、女性的な円満さを目にすることができる。女性的な美しさを見ることができる。その目のなかをのぞきこんでも、男性的な攻撃性は見つからない。

だからブッダが女性の姿をとっていたのは、とても象徴的なことだ。ブッダはつねに女性の姿をとる。男性の体で生きているかもしれないが、彼らは女性だ。なぜなら、誕生するものはすべて女性エネルギーから生まれるからだ。男性エネルギーはきっかけとなることはできるが、誕生を与えることはできない。

師《マスター》はあなたを、何か月も、何年も、ときには何生にもわたって、その子宮のなかで守り育てなければならない。あなたがいつ生まれる用意がととのうか、けっしてわからない。師は母にならなければならない。師はあなたに愛を降り注げるように、とほうもない女性エネルギーをたたえていなければならない。そうしてはじめて、彼は破壊することができる。その愛を信頼できなければ、あなたは彼が自分を破壊することをゆるさないだろう。あなたはどのようにして信頼するようになるのだろう？ただ彼の愛だけが、あなたに信頼を生みだすことができる。その信頼をとおして、やがて彼は手足を少しずつ切り取ってゆく。ある日突然、あなたは消え去る。ゆっくりと、ゆっくりと……。そしてあなたは往ってしまう。「ガテー・ガテー・パーラガテー（羯諦、羯諦、波羅羯諦）」。往けり、往けり、消えて往けり――。そうして新たなるものが誕生する。

矢作《やはぎ》の女性は彼を受け容れた。実は、彼女は待っていたのだ。師は弟子を待っている。古来の伝統では「弟子が師を選ぶ前に、師が弟子を選んでいる」と言う。まさにそれが、この話のなかで起こっていることだ。スクナータは女性の姿をとり、サラハがやってきてみずからを通じて変容するのを待ち、身を隠していたのだ。

そして師がまず選ぶべきだというのは、より理にかなっているようにも見える。彼のほうがよくわかっている。彼は知っている。あなたの存在の可能性そのもの、潜在性そのものを見ぬくことができる。彼はあなたの未来を見ることができる。それはちがう。どうしてあなたに師を選べるだろう？　師を選ぶとき、あなたは自分が選んだのだと思っている。起こりうることを見ることができる。それはちがう。どうしてあなたに師を選べるだろう？　そんなにも目が見えないのに、どうやって師をみとめることができるだろう？　そんなにも気づきを欠いているのに、どうやって師を感じとれるというのだろう？　あなたが彼のことを感じはじめるとしたら、それは彼があなたのハートにすでに入りこみ、あなたのエネルギーと戯れているということだ。あなたが彼を感じはじめるのは、そのためだ。

弟子が師を選ばないうちから、師はすでに彼を選んでいる。

彼女は受け容れた。彼女はサラハが来るのを待っていた。彼らは火葬場に移り、いっしょに暮らしはじめた。なぜ火葬場なのか？　それは仏陀がこう言っているからだ。死を理解しなければ生を理解することはできない。死なないかぎり生まれ変わることはない。

サラハ以来、多くのタントラの弟子たちが火葬場に住むようになった。彼が創始者だ。彼は火葬場に住んでいた。人びとが運びこまれた。死体が運びこまれて燃やされた。そして彼はそこに住んでいた。それが彼の家だった。しかも彼はこの矢作《やはぎ》の女性といっしょに暮らしていた。彼らはいっしょに住んでいた。そのあいだには大いなる愛が存在した。男と女の愛ではなく、師と弟子の愛だ。どのような男女の愛が達しうるよりもまちがいなく高く、より親密なもの、まちがいなくより親密なものだ。なぜなら、男女の恋愛は肉体のものにすぎないからだ。せいぜいのところ、それはときおり心までとどくくらいのものだ。さもなければ肉体的なものにとどまっている。

弟子と師――それは魂の恋愛だ。サラハはソウルメイトを見いだした。彼らは、この地上ではまれにしか起こらないとほうもない愛、大いなる愛のなかにいた。

彼女は彼にタントラを教えた。女性だけがタントラを教えることができる。ある人が、なぜカヴィーシャをタントラのグループ・リーダーに選んだのかとたずねたことがある。女性だけがタントラのグループ・リーダーになれる。それは男性にはむずかしい。そう、ときには男にも可能だが、その場合、彼はとても女性的でなければならない。女性はすでにそうだ。女性にはすでにそういった質が、愛に満ちた、愛情深い質がある。女性は生まれつきそうした心づかいを、愛を、思いやりのある感性をもっている。

サラハはこの矢作《やはぎ》の女性の導きのもと、タントリカになった。彼はもう瞑想してはいなかった。あるとき彼はすべてのヴェーダ、教典、知識を捨てた。今度は瞑想さえも捨ててしまった。いまや国中に、彼はもう瞑想していないといううわさが広がりはじめていた。もちろん歌ってはいたし、踊ってもいた。だが、もはやどんな瞑想もなかった。いまや歌が彼の瞑想だった。ダンスが彼の瞑想だった。

いまや祝祭《セレブレーション》が彼のライフスタイルのすべてになっていた。

火葬場に住んでお祝いしている！　ただ死だけが起こるところで暮らし、喜びにあふれて生きている！　これこそタントラの美しさだ。それは反対のもの、相反するもの、矛盾するものをひとつに結びつける。火葬場に行けば、あなたは悲しく感じるだろう。喜びにあふれていることは、あなたにはむずかしい。人びとが焼かれ、みんなが泣き叫んだりすすり泣いたりしているところで、歌い踊るのはむずかしい。そして毎日が死、また死だ。昼も夜も死だ。どうして楽しんでなどいられるだろう？　だがそこで楽しめないとしたら、あなたが考えている喜びなどみんな見せかけだ。そこで楽しめるなら、喜びが本当に起こっている。いまやそれは無条件になっている。もう死が起ころうと生が起ころうと、誰かが生まれようと死んでゆこうと、なんのちがいもない。

サラハは歌やダンスをはじめた。彼はもう深刻ではなかった。タントラはそうではない。タントラは遊びに満ちたものだ。そう、それは真摯ではあるが、深刻ではない。それはとても喜びにあふれたものだ。戯れが彼の存在に入ってきた。タントラは戯れだ。なぜなら、タントラは愛が高次に進化した姿だからだ。愛は戯れだ。

愛が戯れであることさえ好まない人たちがいる。マハトマ・ガンディーは「生殖したいときだけ愛を交わしなさい」と言う。こういった人たちは愛さえも仕事に、生殖に変えてしまう。これはまったく醜悪だ！　生殖したいときだけ女性と愛を交わす――。彼女は工場なのだろうか⁉　「生殖 *reproduction*」――言葉そのものからして醜い。愛とは喜びだ！　幸せを、喜びを感じているとき、女性と愛を交わしなさい。あなたが世界の頂点に立っているときに――。そのエネルギーを分かち合うのだ。ダンスや歌や喜びの質を手にしているとき、男性を愛しなさい。生殖のためではなく！　「生殖」という言葉はいやらしい！　喜びから、あふれる喜びから愛を交わしなさい。自分がそれを手にしているときに与えるのだ！

戯れが彼の存在のなかに入ってきた。愛する者にはつねに遊びの精神がある。遊びの精神が死ぬと、あなたたちは夫や妻になる。そうなるともう恋人たちではない。そうなるとあなたたちは生殖をする。そして夫や妻になったとたん、なにか美しいものが死んでしまう。それはもう生き生きとしていない。もう生気《ジュース》は流れていない。もはやただの見せかけ、偽善になる。

戯れが彼の存在に入ってきた。そして戯れによって真の宗教が誕生した。彼の歓喜《エクスタシー》はあまりに伝染性があったため、人びとは彼が踊ったり歌ったりしているのを見にくるようになった。そして人びとは見物にくると、彼といっしょに踊ったり歌ったりしはじめた。その火葬場は大いなる祝祭場と化した。たしかに、体はいまも焼かれていた。それでもさらに多くの群衆が、サラハと矢作《やはぎ》の女性のまわりに集まりはじめていた。大いなる喜びがその火葬場に生みだされていた。

それはとても伝染しやすかったので、エクスタシーについてなにも耳にしたことのない人びともやってきた。そして踊り、歌い、エクスタシーに落ち、サマーディに入っていった。彼の波動《ヴァイブレーション》、現前そのものがあまりに力強かったため、ただ参加する用意がありさえすれば、高みに触れるということが起こっていたほどだった。彼のまわりにやってきた人たち……。彼はあまりに酔いしれていたので、その内なる酔いは他の人に向かってあふれ出していた。彼はそれほどに酩酊していたので、他の人もますます酩酊していった。

だがそうなると、避けられないことが起こる。バラモンや僧侶や学者たち、そしていわゆる有徳の人たちが、彼をそしり、中傷しはじめた。私はそれを避けられないことだと言う。いつであれサラハのような人がいるとき、学者たちは彼に反対し、僧侶たちは彼に反対する。いわゆる道徳的な人たち、厳格主義者、独善的な人たちもそうだ。彼らはまったく根も葉もないうわさを広めはじめた。

彼らは人びとにこう言いはじめた。「彼は堕落してしまった。彼は背教者だ。もはやバラモンではない。彼は禁欲生活をやめてしまった。もはや仏教僧ですらない。彼は低いカーストの女性と恥ずかしい行為に耽っている。そこらじゅうを狂った犬のように走り回っている」。その人たちにとっては、彼のエクスタシーは狂った犬のようだった。それはあなたがどのように解釈するかによる。彼は火葬場中を踊り回っていた。彼はたしかに狂っていた。だが狂った犬《マッド・ドッグ》ではなく、狂った神《マッド・ゴッド》だった！

それはあなたがどのように見るかによる。

王もまた、これらのことを耳にしていた。彼はなにが起こっているのか、正確に知りたいと願っていた。彼は気をもんでいた。次から次へと人びとが王のもとにやってきた。その人たちは王のことを知っていた。王がつねにサラハを深く尊敬していることを、彼を宮廷の相談役として任命したいと望んでいることを知っていた。だがサラハは世間を放棄してしまった。王が彼の学識に大きな敬意をいだいていたため、その人たちは王のところにやってきていたのだ。

王は気をもんでいた。彼はその若者を愛していたし、敬意をいだいてもいた。彼は心配していた。そこでサラハを説得して次のように言うよう、幾人かの従者を派遣した。「昔の道にもどってきなさい。おまえはバラモンであり、おまえの父も偉大な学者だった。おまえ自身も偉大な学者だったではないか。なにをやっているのだ？　おまえは道に迷っている。故郷に帰ってきなさい。私はいまもここにいる！　宮殿に来て、私の家族の一員になりなさい。こんなことはよくない」

従者たちが行くと、サラハは彼を改心させようとしてやってきたこの人たちに一六〇の詩をうたった。一六〇の詩……すると従者たちは踊りはじめ、もうもどってはこなかった！

王はさらにいっそう心配になった。王の妻、王妃も、ずっとその若者に関心をいだいていた。彼女はその若者を、自分の娘と結婚させたいと思っていた。それで彼女はそこに出かけていった。そこでサラハは八〇の詩を王妃にうたい……彼女は帰ってこなかった。

さあ、王は非常に困惑していた。「いったいそこでなにが起こっているのだろう？」――。それで王自身がそこに出かけていった。そこでサラハは四〇の詩をうたい、王の心は変わってしまった。そして彼は、狂った犬のように火葬場で踊りはじめた。

そういうわけで、サラハの名のもとに三つの経典が手に入る。まず『サラハの従者の歌』。それは一六〇の詩からなる。次に『サラハの王妃の歌』。最初のものは一六〇の詩だが、二番目のものは八〇の詩だ。そして、私たちが瞑想することになる『サラハの王の歌』。それは四〇の詩からなる。一六〇の詩が従者のためにあるのは、彼らの理解力がそれほど大きくないためだ。王妃のためには八〇の詩だ。彼女はもう少し高い。その理解力はもう少し高い。王のためには四〇の詩だ。彼は本当に、知性と気づきと理解の人だったからだ。

　王が改心してしまったため、やがては国全体が変わってしまった。そして古い経典では、国全体が空っぽになるときがやってきたと言われている。空っぽ⁉　それは仏教の言葉だ。それは、人びとは誰でもない人になった、彼らの自己妄想《エゴ・トリップ》はなくなってしまったという意味だ。人びとはいまの瞬間を楽しむようになった。押し合いへし合いや、競争的な暴力は、国から消え失せた。それは静かな国になった。空っぽになった。まるで誰もいないかのように――。人間というものが国から消え失せ、大いなる神性がこの国に降臨した。この四〇の詩こそ、その根元にあった。源泉そのものだった。

　さあ、私たちはこの大いなる巡礼の旅へと入ってゆく。『サラハの王の歌』――。それは『人の行ないの歌』とも呼ばれている。まったく逆説的だ。それは行ないとはなんの関係もないからだ。だからこそ、それは『人の行ないの歌』とも呼ばれているのだ。それは存在《ビーイング》に関わっているのだが、存在が変容されるときには行ないも変容される。あなたが変容をとげるとき、そのふるまいも変容をとげる。その逆は真ではない。最初に行為を変えると存在が変わるというのではない。そうではない。タントラは言う。最初に存在を変えると、行為は自動的に、ひとりでに変わる。はじめに異なるレベルの意識に達すると、異なるレベルの行為、人格、ふるまいがあとにつづく。

タントラは、行為や人格ではなく、存在に信をおく。そのために、それは『人の行ないの歌』とも呼ばれているのだ。なぜなら、ひとたび存在が変容すると、あなたの行ないも変容するからだ。それが行ないを変える唯一の道だ。行ないを直接変えることができた人がいるだろうか？　そのふりをすることができるだけだ。

自分のなかに怒りがあり、そのうえで自分の行為を変えたいとしたら、どうするだろう？　あなたは怒りを抑圧し、偽りの顔を見せることになる。あなたは仮面をつけるしかない。自分のなかに性への欲求があるとしたら、それを変えるためにどうするだろう？　禁欲、ブラフマチャリヤの誓いを立てることはできるし、そのふりをすることもできる。だが奥底では、火山活動がつづいている。あなたはいつでも噴火しうる火山の上に坐っている。あなたは恐怖のなかでたえず身震いし、たえず心配している。

いわゆる宗教的な人びとを見守ったことがないだろうか？　彼らはいつも恐れている。地獄を恐れている。そしていつも、どうにかして天国に入ろうとしている。だが彼らは天国がなんであるかを知らない。彼らはまったくそれを味わったことがない。みずからの意識を変えれば、あなたが天国に行くのではなく、天国があなたのもとにやってくる。天国に行った者など誰もいないし、地獄に行った者もいない。今回かぎりでその決着をつけなさい。天国のほうがあなたにやってくるのであり、地獄のほうがあなたにやってくるのだ。それはあなたしだいだ。あなたが招くものはなんであれやってくる。

あなたの存在が変われば、一瞬にして天国にたいする用意がととのう。天国があなたに降臨する。あなたの存在が変わらなければ、あなたは葛藤のなかにいる。あなたはそこにありもしないものを強いている。あなたはさらにいっそう偽物《にせもの》になってゆく。二人の人間に、精神分裂症に、ばらばらになる。あるものを見せかけているのに、あなたはそれとは別のなにかだ。あることを話しているのに、あなたはけっしてそれをせず、別のことをする。こうなると、あなたはたえず自分自身とかくれんぼうをしている。そのような状態では、不安や苦しみは当然だ。それこそ地獄だ。

さあ歌に入ろう。

気高き文殊師利《マンジュシュリー》に礼拝す
限りあるものに勝利せし者に礼拝す

この「マンジュシュリー」という言葉は理解されなくてはならない。マンジュシュリーは仏陀の弟子のひとりだが、きわめてまれな弟子だった。仏陀にはまれな弟子が大勢いた。さまざまな意味で彼らは稀有な存在だった。マハーカーシャパは、言葉で伝えられない教えを理解することができたがゆえにまれだった。そのほかにもいろいろとある。マンジュシュリーは、師であることの偉大な資質をもっていたがゆえにまれだった。

いつであれ誰かがむずかしい問題でいっぱいになっていると、誰かが問題多き人であると、仏陀はその人をマンジュシュリーのもとに行かせた。マンジュシュリーの名前だけで人びとは震えあがった。彼は実に烈しい人、本当に猛烈な人だった。誰かがマンジュシュリーのところへ送られると、いつも弟子たちは言ったものだ。「あの人はマンジュシュリーの剣のもとに行ってしまった」。文殊の利剣――それは時代とともに有名になっていった。それはマンジュシュリーがひとふりで頭を切り落としたからだ。彼はぐずぐずしているような人ではなかった。彼はさっとひとふりで頭を切り落とした。彼の慈悲はあまりに大きいため、それほどにもきびしくなれたのだ。

こうしてやがて、マンジュシュリーの名は代名詞に、すべての師をあらわす名前になった。彼らはみんな慈悲深いし、みんなきびしくあらねばならないからだ。慈悲深いというのは、彼らがあなたのうちに新しい人間を誕生させるからだ。きびしいというのは、彼らが古きものを破壊し、粉砕しなければならないからだ。

そこでサラハは、彼の歌をはじめるにあたり、まず礼拝して言う。

気高き文殊師利《マンジュシュリー》に礼拝す

すべての師のなかの師を礼拝する――。

限りあるものに勝利せし者に礼拝す

そして、限りあるものに勝利し、限りなきものとなったブッダを礼拝する——。

おだやかな水　風にあおられ
波やうねりに変わるよう
王はあまたの思いあつむ
ひとりなる　サラハの身に

湖を思い浮かべてごらん。おだやかで静かな、波のない湖を——。そこに激しい風が吹き、湖面をゆらめかせる。湖は乱れ、千とひとつのさざ波や波紋があらわれる。一瞬前までは湖に満月の影が映っていたが、もうそれはない。月はいまなお映っているのだが、千とひとつのかけらになってしまった。それは湖のいたるところにある。湖面全体が反射で銀色に輝いている。だがあなたは本物の映像を——月がどこにあるのか、それがどのように見えるのかを——とらえることはできない。それはすっかりゆがめられている。

サラハは、これが世俗的な心の状況、迷わされている者の状況だと言う。これがブッダとブッダでない者の唯一のちがいだ。ブッダとは、もはやその人の風が吹いていない者のことだ。その風はトリシュナー、欲望と呼ばれている。見守ったことが、観察したことがあるだろうか？　欲望があるときはつねに、あなたのハートのなかには千とひとつのさざ波が立つ。あなたの意識はかき乱される。欲望が止まるときはつねに、あなたはくつろぎ、自分自身に安らいでいる。

欲望こそ心をゆがめる風だ。そして心がゆがめられるとき、リアリティを映すことはできない。

おだやかな水　風にあおられ
波やうねりに変わるよう
王はあまたの思いあつむ
ひとりなる　サラハの身に

サラハは二つのことを言っている。まず彼は言う。「あなたの心はうわさによってひどくかき乱されている。大きな風があなたの心の水面に吹きつけている。あなたは私を見ることができない。私はひとりしかいないのに、あなたの心は私を千ものかけらに映している」

これは本当だった。彼には王をすっかり見とおすことができた。王は当惑した。一方では、彼はこの若者を敬っていた。一方では、この若者をつねに信頼していたのだ。彼が道をあやまるはずはないとわかっていた。だがあまりに多くの人びと、数多くのいわゆる正直でりっぱな人たち、金持ちや学識ある人たちが、彼のもとにやってきては口をそろえてこう告げた。「彼は道をあやまってしまいました。ほとんど狂っています。彼は狂人、背教者です。低いカーストの矢作《やはぎ》の女と暮らしています。彼は火葬場に住んでいるのです。それは住むようなところではありません！　彼は古《いにしえ》からの儀式をみんな忘れてしまいました。もはや『ヴェーダ』を読むこともなく、神の御名を唱えることもありません。瞑想しているということさえ聞きません。そして奇妙な、醜い、恥ずべき行為に耽っているのです」

タントラは、性的に非常に抑圧されている人たちには恥ずべきものに見える。彼らには理解できない。その抑圧のために、彼らはなにが起こっているのか理解することができないのだ。だから、こういったことすべてが、王の心のなかで激しい風のようになっていた。ある部分では愛し敬い、別の部分は深い疑いのなかにあった。

サラハはまっすぐに見て言った。

王はあまたの思いあつむ
ひとりなる　サラハの身に

サラハはひとりの人間なのに――。

「私はちょうど満月のようなもの。けれども湖が乱れている。だからどうか、私を理解したいのなら、そのままでは理解する道はありません。私を理解する唯一の道は、あなたの心の水面に吹きつけている風を止めることです。あなたの意識をくつろがせ……そしてごらんなさい！　こうした波やうねりのすべてを静めなさい。あなたの意識をおだやかな止水のようにしなさい。そのうえで見るのです。

それが見えるようにならないかぎり、私には、なにが起こっているのか、あなたに悟らせることはできません。それは起こっている。ここにある。私はここに、あなたの目の前に立っている。私はひとりの人なのに――私にはあなたを見とおすことができる――あなたはまるで、私が千もの人でもあるかのように見ている」

目を細め見る愚か者
ひとつの灯りを二つに見る
見る者と見られしもの　二つならざるとき
ああ！　心は両者の本源におよぶ

彼は直喩や隠喩で語っている。最初に彼は「あなたは湖のように乱れている」と言う。そして「目を細め見る愚か者はひとつの灯りを二つに見る」と言う。その人はひとつを見ることができない。二つを見る。

聞いた話だ――。

ムラ・ナスルディンは息子に飲んだくれの心得を教えていた。二、三杯やってからムラは言った。

「さて、行こうか。よーく覚えとくんだぞ。これが切り上げるルールだ。ひとりの人が二人に見えはじめたら家に帰る——。それで充分だ」

ひとりの人が二人に見える……。だが息子は言った。

「どこだい？　どこにそのひとりがいるんだい？」

「あそこを見ろ。あの席に二人坐ってるだろ」彼は答える。

すると息子は言った。

「誰もいないよ！」

彼はすでに飲みすぎていた。


心にとめておきなさい。無意識のときには、ものごとはありのままには見えない。無意識のとき、あなたは投影する。今夜、月を見るとき、指でまぶたを押さえてみるといい。すると二つの月を見ることができる。そして二つの月を見ているとき、それがひとつだと信じるのはとてもむずかしい。あなたは現に二つを見ているのだから——。考えてもみなさい。ある人が生来の欠陥をもって生まれているとする。その人の目はひとつのものが二つに見えるやっかいをかかえているのだ。彼はつねに二つのものを目にするだろう。あなたがひとつを見るところ、どこでも彼は二つを見るだろう。

私たちの内なる視力は多くのものごとで曇らされているため、そこにありもしないものを見つづけている。そして私たちが目にするとき、どうしてそれがないと信じられるだろう？　自分自身の目を信じるしかない。だがその目はゆがめられているかもしれないのだ。

目を細め見る愚か者
**　ひとつの灯りを二つに見る**
見る者と見られしもの　二つならざるとき……

サラハは王に言う。「あなたと私が二つのものだと考えているのなら、あなたは無意識なのです。愚か者、酔っぱらいであり、どのように見るかを知らないのです。真に見るなら、あなたと私はひとつ。そのとき見る者と見られるものは二つではない。あなたはサラハがここで踊っているのを見るのではなく、あなた自身が踊っているのを見る。私がエクスタシーに入るときには、あなたがエクスタシーに入る。そしてそれこそ、サラハになにが起こっているのかを知る唯一の道です。ほかに道はない。私になにが起こったのか？　それを知りたければ、唯一の道は私の存在への参加者となることです。見物人になってはいけない。わきへ寄り傍観者になるだけではいけない。私の体験に参加しなければならない。少しばかり私のなかに自分を失わなければならない。私の境界と重なり合わなくてはならない」

　それがサニヤスのすべてだ。あなたはさらに近づくようになり、私のなかに自分の境界を失ってゆく。そうしてはじめて、いつの日か、参加することによって私と共鳴《ラポール》するとき、なにかが見えるようになる。なにかが理解されるようになる。そしてあなたは、誰であれただの傍観者を確信させることはできないだろう。あなたの視力《ヴィジョン》は異なっているからだ。あなたは参加しているし、彼はただ観察しているだけだ。あなたたちは二つの異なる世界に住んでいる。

家の灯りはともるとも……

サラハのこの美しい言葉に耳をかたむけてごらん。

家の灯りはともるとも
盲《めしい》は闇に生きつづく
内にいだきし近き自然も
迷う者にはつねにはるか

彼は言う。「ごらんなさい！　私は光明に達している」――。

家の灯りはともるとも……

「私の内奥の核心はもう暗くはない。目をこらしなさい！　私には大いなる光がある。私の魂は目覚めている。私はもう、あなたが知っていた同じラーフラではありません。私はサラハ――私の矢は的にとどいている」

家の灯りはともるとも
盲《めしい》は闇に生きつづく

「だが私になにができるでしょう?」サラハは言う。「ある人の目が見えないとしたら、たとえ家の灯りがともされても、その人は暗闇に生きつづける。灯りがないのではなく、彼の目が閉ざされている。だから、目の見えない人たちに耳をかたむけてはいけない! ただ目を開けて私をごらんなさい。あなたの目の前に立ち、あなたに向かい合っている私に目をこらしなさい」

家の灯りはともるとも
盲《めしい》は闇に生きつづく
内にいだきし近き自然も……

「そして私はこんなにもあなたのそばにいる。自然であることがこれほどにもあなたの近くにある。あなたはもうそれに触れ、味わい、飲むことができる。私といっしょに踊ることができる。私とともににエクスタシーに入ってゆくことができる。私はこんなにもそばにいる。あなたは自然であることがこれほど近くにあるのを、二度と見いだすことはないかもしれない！」

迷う者にはつねにはるか

人びとはサマーディについて語り、パタンジャリの教典を読む。人びとは偉大なものごとについて話す。だがその偉大なことが起こるときには、いつもそれに反対する。

これは人間の非常に奇妙なところだ。人間はとても変わった動物だ。あなたはブッダを尊重することはできる。だが、もしブッダがやってきて自分と向かい合うとしたら、彼をみとめることなどまったくできないだろう。あなたは彼に反対するかもしれないし、敵になるかもしれない。なぜだろう？ブッダに関する本を読んでいるときには、なにも問題はない。その本はあなたの手のうちにある。生きたブッダと向かい合わなくてはならないとき、彼はあなたの手のうちにはない。あなたが彼の手に落ちる。それゆえの恐れであり抵抗だ。人は逃げ出したくなる。

そして逃げ出すのに一番いい方法は、彼があやまちをおかしている、なにかがおかしいと思いこむことだ。これが唯一の方法だ。彼がまちがっていると自分に証明できるかどうか——。そしてあなたは、ブッダがまちがって見えるような千とひとつのものごとを見つけることができる。あなたは目を細めて見ているからだ。盲目であり、心が乱れているからだ。あなたはなんでも投影することができる。

　さあ、この人は悟りの境地《ブッダブッド》に達しているのに、人びとは低いカーストの女のことを話している。彼らはその女性の真実をのぞきこんだことはない。ただ彼女が矢作《やはぎ》の女であること、つまり低いカースト、シュードラ、けがらわしいものだと考えているだけだ。どうしてバラモンがけがらわしい女に触れることができるだろう？　どうしてバラモンがそんなところで暮らせるだろう？

　そして人びとは、その女性が彼のために食事を用意していると耳にしていた。これは重大な罪、たいへんな堕落だ。シュードラの、けがらわしい、低いカーストの女性によって料理された食事を、バラモンがとるとは？　それに、なぜバラモンが火葬場で暮らさなければならない？　バラモンがそんなところに住んだことなどない。彼らは寺院に住んでいる。宮殿に住んでいる。どうして火葬場なのか？　きたないところだし、しゃれこうべや死体がそこらじゅうにころがっている。これは邪道だ！

　だが人びとは、死を理解しなければけっして生を理解することはできないという事実をかいま見たことがない。死を深く見つめ、生はけっして死なないことを見いだすとき――死を深く見つめ、洞察し、生は死のあとでさえつづいてゆくことを見いだすとき――死はどんなちがいももたらさないことを、死はとるにたらないということを見いだすとき……。あなたは生についてなにも知らない。生は不滅であり、永遠だ。肉体だけが死ぬ。死んでいるものだけが死ぬ。生きているものはつづいてゆく。だがそのためには、人は深遠な実験に入ってゆかなければならない。人びとがそれを見ることはない。

　いまや人びとは、彼が奇妙な修練に入っていると耳にしていた。そして陰口をたたき、大げさに吹聴していたにちがいない。ことは彼らの手を離れていたにちがいない。誰もがうわさ話を大げさにする。そして陰口をたたかれるようなタントラの修練が存在する。

タントラにおいて、男性は女性の前に、裸の女性の前に坐る。そして彼は、女性の裸を見たいという欲望のすべてが消えてしまうほど、女性を徹底的に知るために、非常に深く注視しなければならない。そのとき人はかたちにとらわれなくなる。さて、これは偉大なる秘密の技法だ。さもなければ、あなたは心のなかで女性をたえず見つづける。女性が道を通り過ぎるたびに、あなたは彼女を裸にしたいと思う。このような思いが存在している。

さて、あなたは突然、サラハが裸の女性の前に坐っているのを目にする。あなたはどのように解釈するだろう？　あなたは自分自身にしたがって解釈する。あなたは言う。「なるほど。私たちがいつもやりたいと思っていることを彼はやっているわけだ。それなら私たちのほうが彼よりましだ。少なくとも、私たちはやってはいない。もちろん、ときには思い浮かべたりすることもあるが、それは心のなかだけだし、実際にやるわけじゃない。彼は堕落してしまった」。そしてあなたはこのような機会を見逃しはしないだろう。

だが、彼は本当になにをやっているのだろうか？　それは秘密の科学だ。数か月のあいだずっと注視することで……。タントリカは女性を注視する。彼女の姿形に、その美に瞑想し、見たいものはなんでもすべて見つめる。乳房になにか魅力を感じる？　それなら彼は乳房を見つめ瞑想する。彼はかたちを脱しなければならない。そしてかたちを脱する唯一の道は、それがもう魅きつける力をもたなくなるほどに深く知ることだ。
そう、陰口をたたく人たちが話しているのとまったく反対のことが起こっていた。彼は超えてゆこうとしていたのだ。二度とふたたび、女性を裸にしたいと思うことはないだろう。心のなかや夢のなかでさえ――。そんな妄想は存在しなくなる。だが群衆ややじ馬には独自の考えがある。無知で無意識であるため、彼らは事態を吹聴しつづける。

内にいだきし近き自然も
迷う者にはつねにはるか

あまたの川も　いたる海はひとつ
あまたの偽りも　うち勝つ真理はひとつ
ひとつなる太陽《ひ》の昇るとき
いかなる深き闇も去りゆく

そしてサラハは言う。「私をごらんなさい。太陽が昇っている。だからあなたの闇がどれほど深くとも、私はそれが消え去るものだと知っている。私を見なさい。真理が私のうちに生まれている！　だからあなたが私についての千の嘘をもっていても、ひとつの真理がそのすべてにうち勝つでしょう」

あまたの川も　いたる海はひとつ

「ちょっと私のそばに来てごらんなさい。あなたの川を私の海へと注ぐのです。するとあなたは私を味わうでしょう」

あまたの偽りも　うち勝つ真理はひとつ

真理はひとつだ。偽りだけがたくさんある。偽りだけが多くありうる。真理は多くなどありえない。健康はひとつであり、病いは数多い。そしてひとつの健康がすべての病いにうち勝つ。ひとつの真理がすべての偽りにうち勝つ。

ひとつなる太陽《ひ》の昇るとき
いかなる深き闇も去りゆく

これらの四つの詩で、サラハは彼の内なる存在に入ってくるよう王を招いている。彼はそのハートを開いている。そして彼は言う。「私はあなたを論理的に納得させるためにここにいるのではない。私がここにいるのは、あなたを実存的に確信させるためです！　私はどんな証明も与えるつもりはないし、なにひとつ自分を弁護して言うつもりはない。ハートはただ開いている。入ってきなさい。入ってゆきなさい。あなたはなにが起こっているのか知るでしょう。自然であることがこれほどにも近く、神がこれほどにも近く、真理がこれほどにも近くにある。太陽が昇っている。目を開けなさい！」

覚えておきなさい。神秘家には証明などない。彼はものごとの本性からして、どんな証明ももつことはできない。彼こそが唯一の証明だ。彼にできるのは、みずからのハートをあなたにさらすことだ。

これらの詩、この『サラハの歌』は、深く瞑想されるべきものだ。ひとつひとつの歌があなたのハートのなかの開花となりうる。私はこれら四〇の詩が、あなたの存在のなかで四〇の花になることを望んでいる。王の存在のなかでそうなったように――。王は自由を得た。あなたもそうなれる。サラハは的を射ぬいた。あなたもまた的を射ぬくことができる。

あなたもサラハになれる。矢を射し者に――。

ガチョウは出ている

第2話

22 April 1977

最初の質問——。

シヴァとサラハのタントラへのアプローチには、なにかちがいがあるのでしょうか?

真のちがいはない。本質的なちがいはない。だが、かたちに関してならちがいはある。宗教はかたちにおいてのみ異なっている。その方法論においてのみ異なっている。宗教は、神性へと向かう扉に関しては異なっているが、実在的なちがいはない。そして基本的なかたちのちがいは二つしかない。帰依や祈りや愛の道と、瞑想や気づき《アウエアネス》の道だ。この二つの基本的なちがいが残る。

シヴァのアプローチは帰依によるものだ。それは祈りや愛によるものだ。サラハのアプローチは瞑想や気づきによるものだ。そうはいっても、その区別はうわべのものだ。なぜなら、愛する者も瞑想する者も、到達するときには同じ目的地に着くからだ。両者の矢は異なる角度から放たれるが、同じ的に達する。両者の矢は異なる弓から放たれるが、同じ的にとどく。結局のところ、弓は問題ではない。どんな種類の弓を選ぼうと、目的が達せられるなら問題ではない。

そして、人間は基本的に、考えることと感じることの二つに分けられるため、これらが二つの弓になる。人が真理に向かうのは、思考を通じてか、あるいは感性を通じてか、そのどちらかになる。

仏教のアプローチ——仏陀やサラハのアプローチ——は知性によるものだ。サラハは基本的に心《マインド》を通じて進んでゆく。もちろん、心はあとにされなければならない。だがあとにされなければならないものは〝心〟なのだ。心はやがて瞑想のなかへと消えてゆかなくてはならない。だが消えてゆかなくてはならないものは〝心〟なのだ。変容されなくてはならないものは〝思考〟なのだ。そうして無思考の境地が創造されなくてはならない。だが覚えておきなさい。それは無思考の境地であって、その境地はゆっくりと思考を落としてゆくことでのみ、いつの日か創造されうる。だからワークのすべては思考の部分にある。

シヴァのアプローチは感性のもの、ハートのものだ。感性が変容されなくてはならない。それが祈りとなるように、愛が変容されなくてはならない。シヴァの道においては、帰依者と神性、バクタとバグワンは残る。究極の頂点において、両者はおたがいのなかに消えてゆく。注意深く耳をかたむけなさい。シヴァのタントラがその究極の絶頂に達するとき、〝我〟は〝汝〟のなかに溶け、〝汝〟は〝我〟のなかに溶けてゆく。両者は一体になる。ひとつのものになる。

サラハのタントラが究極の頂点に達するとき、その認識はこのようなものだ。他者は本物でも真実でもなく、存在しない。そしてまた自己も存在しない。両者ともに消え去る。二つのゼロの出会いがある。〝我と汝〟でもないし、〝我〟でも〝汝〟でもない――。二つのゼロ、二つの空っぽの空間が、たがいのなかに消えてゆく。なぜなら、サラハの道の努力のすべては、どのようにして思考を消滅させるかということであり、〝我〟も〝汝〟も思考の一部だからだ。

思考が完全に消滅するとき、どうして自分を〝我〟と呼べるだろう？　そしていったい誰を〝神〟

と呼ぶつもりかね？　神とは思考の一部だ。それは思考の産物であり、思考が作りだしたもの、心象だ。だからすべての心象が消滅すると、シューンヤ、空《くう》があらわれる。

シヴァの道においては、あなたはもうかたちを愛さなくなる。もう人物を愛さなくなる。あなたは存在するすべてを愛するようになる。存在するすべてがあなたにとって〝汝〟となる。あなたは全存在に呼びかける。所有性は消えてゆく。嫉妬は消えてゆく。憎しみは消えてゆく。感性のなかの否定的なものはすべて消えてゆく。そして感性はますます純粋になってゆく。純粋な愛が存在する瞬間がおとずれる。その純粋な愛の瞬間、あなたは他者へと溶け去り、他者はあなたへと溶け去る。あなたもまた消え去るが、二つのゼロのように消えてゆくのではない。愛されし者が愛する者に消えてゆくように、愛する者が愛されし者に消えてゆくように消えてゆく。

この地点にいたるまで両者は異なっている。だがそれもまたうわべのちがいだ。この地点を超え、愛する者と愛されし者のように消えてゆこうと、二つのゼロのように消えてゆこうと、それがなんだというのだ？　基本的なこと、根本的なことは、あなたが消え去るということだ。なにひとつ残らないし、どんな痕跡も残らないということだ。その消滅が光明《エンライトンメント》だ。

だからこれを理解しなければならない。もし愛に魅かれるなら、シヴァがあなたを魅きつけるだろう。『*The Book of the Secrets*』（邦訳『ヴィギャン・バイラヴ・タントラ』）があなたのタントラバイブルになる。もし瞑想に魅かれるなら、サラハがあなたを魅きつける。それはあなたしだいだ。どちらも本物だし、どちらも同じ旅へと向かっている。どちらと旅をしたいのか、それはあなたの選択による。

あなたがひとりで至福に満ちていられるなら、そのときはサラハだ。ひとりでは至福に満ちていられないなら、関係することではじめて至福がおとずれるなら、そのときはシヴァだ。

これがヒンドゥー・タントラと仏教タントラのちがいだ。

二番目の質問——。
和尚、あなたのおっしゃることがなんであれ、私はつねにそれに賛同しています。それなのになぜ、私の人生は変わっていないのでしょうか？

たぶんその賛同のせいだ。私に賛同するなら、あるいは反対するなら、あなたの生は変わることはない。それは賛同や反対の問題ではなく、理解の問題だ。そして理解は、賛同と反対の両方を超えている。

ふつう賛同するとき、あなたは自分が私を理解しているのだと考える。もし私を理解しているなら、賛同や反対という問題はなかっただろう。どうやって真理に賛同したり反対したりできるだろう？

太陽が昇っている。あなたは賛同するかね？　それとも反対するかね？　そんな問いは的はずれだとあなたは言うだろう。

賛同も反対も理論にたいするものであり、真理にたいしてのものではない。だから私に賛同するとき、あなたは本当は私に賛同しているのではない。自分がすでにもっている理論に、私が賛同していると感じているのだ。私が自分と一致していると感じるときには、いつでも自分が私に賛同していると感じる。私があなたと一致していないときには、いつでもめんどうがもちあがる。あなたは私に賛同しない。あるいはそれを聞かない。それに耳をかさない。私が自分と一致しないことを話しているとき、あなたはただ自分を閉ざしてしまう。

それは賛同や反対の問題ではない。そんなものは落としなさい！　私は改宗者を求めてここにいるのではない。どんな哲学を作りだそうとしているのでもない。いかなる神学を提唱するためにここにいるわけでもない。私は信者など探していない。私が探しているのは弟子だ。そしてそれは全面的に異なるもの、完全に別のものだ。弟子とは賛同する者ではない。弟子とは耳をかたむける者、学ぶ者だ。「弟子 *disciple*」という言葉そのものが、学ぶこと、「修練 *discipline*」からきている。

弟子とは学ぶことにたいして開いている者だ。信者は閉じている。信者は自分が賛同していると思っている。それでは開いてなどいないし、その必要もない。彼は閉じることができる。その余裕がある。弟子には閉じる余裕はない。学ぶことはあまりに多い。どうして賛同や反対などしていられるだろう？　そして弟子には自我《エゴ》がないのだから、誰が賛同したりしなかったりするというのだろう。弟子とはただ開いていることだ。その内側に、賛同したりしなかったりする者は存在しない。あなたの賛同こそがめんどうを生んでいる。

そして、賛同によって変容したものなどひとりもいない。賛同とはきわめて表面的であり、きわめて知的なものだ。変容をとげるためには、人は理解を必要とする。変容、変身をもたらすのは、つねに理解だ。そして理解しているとき、あなたはなにもするべきではない。その理解がものごとをやりはじめる。まず理解してそれから実行する、というようなことではない。そうではない。理解そのものが、理解という現実そのものが、あなたのハートに深く入りこみ、浸透してゆく。すると変容がある。変容は理解の結果だ。

あなたが賛同すると問題がもちあがる。「さて、どうしたらいいのだろう？　私は賛同した。今度はなにかを実行しなければ」――。賛同とはまったく愚かだ。反対と同じだけ愚かだ。そして心はとても狡猾だ！　あなたは賛同ということで自分がなにを言っているのか、まったくわかっていない。

いくつかの場面《シーン》を……。第一シーン――。

少年の母親は、彼が幼いときに死んでしまった。それで父親は、彼をしっかり育てるために一生懸命働いた。ついに少年は大学へと出ていった。彼の最初の手紙は父親を失望させた。それは期待はずれだった。だが老人は、それがなぜなのかはっきりとはわからなかった。たしかに、内容にはなにも失望させるようなものはなかった。おそらくその文調のなにかが、彼を悩ませたのだ。手紙にはこう書いてあった。

「親愛なる親父へ――。なにもかもすばらしい。おれはこの大学が気に入った。おれはフットボール・チームに入っている。おれは学内で最高の仲間たちにかこまれている。おれははじめての代数の試験でAを取った……」

しばらく考えたあとで、父親は当惑の原因について筆を走らせることができた。彼は返信を書き送った。

「いいかね、息子よ。わしは愚かな年寄りには見られたくない。だが、なにかわしをとても幸福にしてくれたかもしれないものが存在したのだな。これはけっして、おまえを恩知らずだと思っているということではない。だがわしは、おまえを育てて大学にやるために、とても懸命に働かなければならなかった。それでわしには大学に行く機会はなかった。わしの言いたいのはこういうことだ。もしおまえが〝おれはこうした、おれはああした〟と言うかわりに、〝おれたちはこうした、おれたちはああした〟と言ってくれたなら、それはわしにとって大きな価値がある。それは、まるでわしがそのすべてに関わっているかのように感じるのに、役だってくれるだろう」

少年はすぐに理解し、それ以来、手紙はこのような形式でとどいた。

「さて親父、おれたちは先週の土曜日にこの大試合に勝った。おれたちはすばらしい女とデートした。おれたちは歴史でAを取った」――。老人は本気になってこの体験の分かち合いを楽しんだ。毎日は彼にとって楽しいものになった。

ある日電報がとどいた。

「親愛なる親父へ――。おれたちはディーンの娘とめんどうなことになった。彼女には双子ができた。おれのは死んだ。あんたのはどうする？」

心はとても狡猾だ。見守りなさい。私に賛同するとき、あなたは本当に私に賛同しているのだろうか？　それとも、私が自分と一致しているのを見いだしているのだろうか？　そして心はまったく法律家のようだ。心は弁護士のようだ。それは賛同する方策を見いだすことはできるが、いぜんとして同じままだ。それだけでなく、あなたは賛同するとき、自分を変容させることはいまや私の義務だと感じはじめる。これ以上なにができるだろう？　あなたは賛同している。やることはやった。これ以上なにができる？　あなたは賛同した。サニヤシンになった。あなたは明け渡した。これ以上なにができる？　さあ、もしなにも起こっていなければ、あなたは私に腹を立てるようになる。

そして私がなにか話すとき、あなたが聞くのは正確に同じものではない。あなたは自分独自のやりかたで聞く。自分の解釈のすべてとともに聞く。自分の過去、記憶、知識、条件づけをとおして聞く。心をとおして聞く！　そして心は、あなたの聞くすべてに色づけを与える。それはすぐに跳びかかり、変えてしまい、自分に合ったものにする。いくつかのことを落とし、いくつか別のことを誇張し、断絶を埋める。そのなかには私の話したことの一部しか残らない。そして部分が変容をもたらすことはない。それを可能にするのは全体だけだ。

だが、全体が全体のままであれるのは、賛同したり反対したりする努力をなにもしていないときだけだ。賛同あるいは反対しようとする努力がいっさいないとき、あなたは心をわきにのけることができる。賛同しようと努力しているとしたら、どうして心をわきにのけられるだろう？　賛同したり反対したりするのは〝心〟なのだ。

理解は頭のはたらきよりも大きなものだ。理解はあなたの存在全体において起こる。それは頭と同じだけ足の先にもある。理解とは全体的なものだ。頭脳はほんの小さな一部分だが、きわめて独裁的だ。そしてそれは、自分が全体であると主張しつづける。

第二シーン——。

あるとき中年のビジネスマンが、妻をパリに連れていった。妻といっしょに店から店へとほっつき歩いたあとで、のんびりするために休みたいと願い、それをゆるされた。妻がふたたびショッピングに出かけると、彼は軽食堂《バール》に行ってなまめかしいパリジェンヌと知り合った。お金のことが話題にのぼるまで、彼らはうまくいっていた。彼女は五〇ドルを要求したが、彼の提示したのは一〇ドルだった。金額がまとまらなかったため、彼らはいっしょにはならなかった。

その夜、彼は妻をすてきなレストランにエスコートした。そしてそこで、ドアのそばの席についている、きらびやかな昼間のかわいこちゃんを見つけた。

「どう、ムッシュー？」前を通るときかわいこちゃんがささやいた。「あなたが一〇ドルぽっちで手に入れたものをごらんなさいな」

あなたの理解はあなたの理解にすぎない。あなたの解釈はあなたの解釈にすぎない。人は自分の立場で見ることになる。

あなたが聞くことはすべて自分の解釈だ。つねに覚えておきなさい。気をつけなさい！　それは私の言ったことではなく、あなたが自分が聞いたと思ったことだ。それは同じものではない。あなたは自分自身のこだまに賛同しているのであって、私に賛同しているのではない。あなたは自分自身の考えに賛同しているのだ。それなのに、どうして変わることなどできるだろう？　その考えはあなたのものであり、その賛同はあなたのものだ。だから変わる可能性などない。

どうか賛同したり反対したりするのをやめてほしい。ただ私に耳をかたむけなさい。

賛同という方法は、ショックを受けないでいられるように、自分自身を防衛するための一種のトリックなのだろう。それは緩衝器のようにはたらいている。私がなにか言うと、あなたはすぐに賛同する。ショックは避けられる。もし賛同していなかったら、それはあなたの根元そのものまでショックを与えたかもしれない。あなたを腹の底までゆさぶったかもしれない。私がなにか言うと、あなたは「はい、そのとおりです」と言う。この賛同によって、あなたは遮断する。もうショックを受ける必要はない。あなたは賛同した。もし賛同していなかったら、あるいは反対していたなら……。それは反対でも同じことだ。私がなにか言う瞬間、「私は同意しない」と言う人がいるなら、彼はエネルギーを断っている。エネルギーはもう、彼の根元まで入ってゆくことはないし、彼をゆさぶり動かすことはない。

私たちは、自分のまわりに数多くの緩衝器、防護物を作りだしている。こういった防護物は、人が変わることをゆるさない。変わるためにはショックを与えられる必要がある。たいへんな、ものすごいショック——。それはつらいものになる。変容は苦しいものになる。賛同はとても楽だし、反対もそうだ。私は賛同と反対にたいした区別をつけない。それは同じコインの両面だ。

私の近くにいることを望み、本当に関わりたいと望む本物の人間は、賛同することはないし、反対することもない。彼はただ耳をかたむける。どんな解釈もない純粋な傾聴、絶対的に純粋な傾聴——。彼は自分自身をわきへのける。私に道をゆずる。

第三シーン——。

女教師はちょうど、小学一年生の生徒に、人生の基本的な事実を話し終えたところだった。幼いメアリーが最前列の席から手を上げた。

「六さいのおとこのこにあかちゃんをつくることはできますか？」

「いいえ」先生は微笑んで答えた。「それはできません。みなさん、ほかに質問はない？」

間をおいて、メアリーがまた手を上げた。

「六さいのおんなのこにあかちゃんをつくることはできますか？」

「いいえ」先生は答えた。

そこで、メアリーの後ろの幼い少年が前にかがみ、声高に耳うちした。

「わかっただろ！　なにもしんぱいすることないっていったじゃないか！」


すべての賛同、すべての反対は、変わることなくこのままでいる道を見いだすことにほかならない。人びとの生涯は、どのようにして変わらないでいるかというひとつの仕事に捧げられている。「私は不幸でいたくない」と彼らは言いつづける。それなのに、自分を不幸にすることをやりつづけている。「私は変わりたい」と彼らは言いつづける。だが彼らの奥底をのぞきこむと、変わることを望んではいない。

実際、この変わりたいというはっきりと述べられた願望は、またしても変わらないためのトリックとなる。彼らは世のなかに向かってこう言うことができる。「私は変わろうと努めている。そして私は変わりたいと大声で言い、大声で叫んでいる。それでもなにも起こっていないとしたら、私になにができるだろう？」

あなたは変わることなどできない。この質問にたいして私が最後に言いたいことはこれだ。あ、な、た、は変わることなどできない。あなたにできるのは、変化が起こるのをゆるすことだけだ。変わろうとするなら、あなたはけっして変わることはない。いったい変わろうとしているのは誰なのか？　古いものではないかね？　その内側にある論理を見てごらん。あなたは自分自身を変えようとしている。それはまるで、自分の靴ひもを引っぱって、自分を引っぱり上げるようなものだ。そうすることでなにが起こるというのだろう？　なにも可能ではない。あなたは自分自身を変えることはできない。というのも、変えようとしているこの人は、いったいなにものなのか？　それはあなたの過去だ。それは〝あなた〟だ。

変化が起こるのをゆるすことはできる。それをゆるすためになにができるだろう？　どうか私に賛同も反対もしないでほしい。ただ耳をかたむけなさい！　ただここにいなさい。私の現前《プレゼンス》をただ触媒的なはたらきとして機能させなさい。あなたはただ私によって感染させられる。私がかかっている病気を、私がかかっている〝はしか〟をうつされる。ただ私をゆるしなさい。自分自身を変えようとしてはならない。

このゆるすことが、明け渡し《サレンダー》のすべてだ。

サニヤシンとは私に賛同している人ではない。もし私に賛同しているなら、その人はサニヤシンではなく、信者だ。ちょうどキリスト教徒がキリストの信者であるのと同じだ。彼らはキリストに賛同しているが、そのことが彼らを変えてはいない。ちょうど仏教徒が仏陀の信者であるのと同じだ。彼らは仏陀に賛同しているが、そのことが彼らを変えてはいない。この世界全体が誰かを信奉しているということを、あなたは見ることができないのだろうか？

だから、信奉することは変化を避ける方法だ。どうか私を信奉しないでほしい。ここで起こっていることにただ耳をかたむけなさい。ここで起こっていることを見つめなさい。ただ私を見つめ、私に道をゆずりなさい。すると私のエネルギーがあなたのエネルギーにはたらきかけるようになる。それは頭脳的なことではなく、全体的なことがらだ。するとあなたは、たとえわずかの瞬間ではあっても、同じ波長で振動するようになる。

そのような瞬間が変化をもたらし、未知なるものの一瞥をもたらす。時を超えた永遠が存在することをあなたに気づかせる。そのような瞬間が、瞑想のなかにあるとはどういうことなのかという感覚をもたらす。神、タオ、タントラ、禅の味わいのいくらかをもたらす。そのような瞬間が、あなたに変化の可能性をもたらす。なぜなら、そのような瞬間は、あなたの過去からではなく未来からおとずれるからだ。

賛同するとき、私に賛同するものはあなたの過去だ。開き、ゆるすとき、開いているのは——私にたいして開いているのは——あなたの未来だ。変容の可能性はあなたの未来にある。過去は死んでいる。過ぎ去り、終わっている。それを葬りなさい！　それにはもう意味がない。それをかかえつづけていてはならない。それは不要な荷物だ。この荷物のせいで、あなたはそんなに高く行くことはできない。

「私はあなたに賛同します」と言うとき、それはなにを意味しているのだろう？　それは、あなたの過去が賛同している、あなたの過去がもっともだと感じてうなずいているということだ。「そう、これこそ私がずっと思っていたことです」と言っているのだ。これは未来を避けるやりかただ。気づいていなさい……。

ただ私とともにいること、それがサットサングだ。それは高みに触れることだ。ただ私とともにあることで、知らないうちに、わずかの光線があなたの存在に入りこんで戯れはじめる。すると、あなたが生きてきた人生がどんなものであれ、それはまったく生ではなかったのだと気づくだろう。幻想のなかにいたのだと、夢を見ていたのだと気づくだろう。このほんのわずかな真実の一瞥が、あなたの過去全体を打ち砕く。そうして変容がおとずれる。

それは自然に、ひとりでにおとずれる。それは理解のあとにつづく。

三番目の質問――。

人びとが相変わらずの古いゲームを何度もくり返しやっているのを見ると、私の目は、古くさくてうんざりしたものに感じ、私のハートは、いや気がさして冷笑的になることがあります。

それは、私が自分自身のゲームやトリックを、ますます目にするようになったからだと思います。そして、頭のなかで狂わせるようなあなたの声が聞こえます。「それでオーケーだ。あなたはただ自分自身を受け容れ、愛さなくてはならない。なにも問題はない」

「ただ」ですって⁉　もしあなたがこの言葉をもう一度口にしたら、私は悲鳴を上げると思います。

目標《ゴール》が存在すると思っていたときのほうが、私は幸せではなかったのでしょうか？

質問はマ・デヴァ・アナンドーからだ。これは意義深い。この質問は、ここにいるほとんどすべての人のものだと言える。耳をかたむけなさい。それはまさに、すべての探求者が通りぬけなくてはならない状況を示している。

まずアナンドーは言う。「人びとが相変わらずの古いゲームを何度もくり返しやっているのを見ると、私の目は、古くさくうんざりしたものに感じ、私のハートは、いや気がさして冷笑的になることがあります」

どうか他人を監視しようとしないでほしい。それはあなたの知ったことではない。彼らが古いゲームをやると決めたのなら、古いゲームをやることを望むのなら、古いゲームをやることで幸せなら、それに口出しするあなたは何様か？　裁こうとさえするあなたは何様か？

たえまなく他人を裁こうとするこの渇望は、落とされなくてはならない。それが他人の役にたつことはない。それはあなたを害する。あなたを害するだけだ。なんであなたが悩まされることがある？　それはあなたとはなんの関係もない。他人が古いままでいたいのなら、同じ轍《わだち》のなかを、相変わらずのお決まりを動きたいのなら、それは彼らの喜びだ。グッド！　それは彼らの人生であり、彼らは自分たちのやりかたで生きるあらゆる権利をもっている。

どういうわけか、私たちは他人が独自のやりかたをもっているのをみとめることができない。どうにかして私たちは裁きつづける。あるときは彼らを罪人と呼び、あるときは地獄に行くしかないと言い、あるときはあれやこれやだ、犯罪者だと言う。こういったすべてが変わったとしても、今度は彼らが古いゲームをやっていて「私はうんざりしている」という新しい評価になる。なんであなたが彼らのゲームにうんざりすることがある？　彼らがそうしたいのなら、自分のゲームにうんざりさせてあげればいい。そうしたくないのなら、それもまた彼らの選択だ。どうか他人を監視しないでほしい。

あなたの全エネルギーは自分自身に焦点を合わせるべきだ。あなたは自分自身を非難したくないので、ただのごまかしのために、他人をその古いゲームで非難しているのかもしれない。それはつねに起こっている。それは心理的なごまかしだ。私たちは他人に投影している。

泥棒はすべての人が泥棒だと思っている。それは彼にとってはとても自然なことだ。それが彼の自《エ》我《ゴ》を投影するやりかただ。世界全体が悪なのだと感じれば、くらべることで気分がよくなる。殺人者は全世界が殺人者からなっていると考える。それは彼の気分をよくし、楽にさせる。世界全体が殺人者からなっていると考えるのは都合がいい。それなら彼は殺すことができるし、罪悪感をもつ必要はない。良心の痛みを感じる必要はない。

こうして私たちは、自分のなかに見たくないものはなんでも他人に投影しつづける。どうかそれをやめてほしい！　本当に古いゲームにうんざりしているのなら、これこそが古いゲーム、最古のゲームだ。多くの生にわたってあなたはそれをやってきた。自分の欠点を他人に投影し、気分をよくしてきた。そしてもちろん、それは大げさにしなくてはならない。誇張しなくてはならない。あなたが泥棒だとしたら、人びとはあなたよりもすごい泥棒だと、他人のイメージを誇張しなければならない。するとあなたは気分がよくなる。くらべてみれば、あなたのほうがずっとましな人間だ。

人びとが新聞を読みつづけるのはそのためだ。新聞はとても役にたつ。朝早く、お茶も飲まないうちから、あなたは新聞を待っている。そして新聞には〝ニュース〟などない。〝新しいもの〟などないからだ。それは相変わらずの古いくだらないものごとだ。だがあなたは気分がいい。どこかで誰かが人を殺している。どこかでウォーターゲート事件があり、どこかでまた別のことがある。どこかで誰かが盗みをはたらき、誰かの奥さんがほかの誰かと逃げてしまった……。こんなことばかりだ。そのすべてを見ることで、あなたは気が楽になる。あなたはこう感じる。「それじゃあ、私はそんなに悪くはない。世界全体が堕落している。私のほうがずっとましな人間だ。いまのところ隣の奥さんと逃げたりしていない。いまのところ誰も殺してはいない。それを考えることはあっても、人びとが実際にそれをやっているような世界では、考えることなど罪ではないさ」。あなたは気分がいい。そして気分がいいときには、あなたは同じままでいる。

どうか他人を見ないでほしい。それがあなたの役にたつことはない。あなたのエネルギーを、観察を、自分自身に向けることだ。

そして観察には、なにかとほうもなく変容をもたらすものがある。自分自身を観察するようになると、ものごとは変わりはじめる。怒りを観察するようになると、ある日突然、怒りが以前ほどのエネルギーをもっていないのに気がつく。それはもうそれほど激しくはない。そのなかのなにかが死んでしまった。自分自身を見守るようになると、やがては否定的なものが死んでゆき、肯定的なものがますます生き生きとしてゆくのを目にすることになる。不幸は消え去りつつある。至福が生のなかに入ってきつつある。あなたはもっと微笑むようになる。ときにはなんの理由もなく――。ユーモアのセンスがあらわれようとしている。見守りはじめると、古いものは衰え、悲しい表情は消えてゆく。ユーモアのセンスが生まれる。見守れば、あなたは生をもっと陽気に受けとるようになる。深刻さはますますそぐわなくなってゆく。あなたはいっそう無邪気になる。もっと信頼するようになり、疑うことはますます少なくなってゆく。

私は信頼がつねに尊重されるだろうとは言っていない。いいや、それは要点ではない。あなたはもっとだまされるかもしれない。信頼すると、人はもっとだまされやすくなるからだ。だがたとえだまされたとしても、それによって信頼が破壊されることはない。実際、それは強められることさえあるかもしれない。たとえだまされたとしても――誰かがいくらかのお金を奪い、あなたをだましたとしても――こんなふうに思うだろう。あなたは自分がはるかに価値あるものを守ったのだということがわかる。それは信頼だ。そしてほとんど価値のないもの、お金がなくなった。お金を守って信頼をなくすこともできた。そのほうがはるかに大きな損失だ。なぜなら、お金だけで幸せを見いだした者はいないからだ。だが信頼のおかげで、人びとはこの世の神々のように生きてきた。信頼のおかげであまりにも全面的に生を楽しんだため、人びとは神に感謝を感じることができた。信頼は祝福だ。お金はせいぜい多少の安楽をもたらしはするが、祝祭をもたらすことはない。信頼はそれほど安楽をもたらさないかもしれない。だがそれは、あなたに大いなる祝祭をもたらす。

さあ、祝祭にたいして安楽を選ぶのはまったく愚かだ。その安楽な生は安楽な死にほかならないからだ。あなたは楽に生き、楽に死ぬこともできる。だが生の本当の味わいは、あなたが最上限、最大限に祝っているとき、あなたの松明《たいまつ》が両端からいっせいに燃やされているとき、はじめて可能になる。もしかしたらほんの一瞬かもしれない。だがその強烈さ、その全面性、その全体性！　そしてこれは、観察によってはじめて起こる。

観察は変容のための最大の力のひとつだ。自分自身を観察するようになりなさい。他人を観察することでエネルギーをむだにしてはならない。それはまったくの浪費だ！　そしてそのことで、誰もあなたに感謝することはない。それは報いられることのない仕事だ。そしてあなたに観察される人は、誰であれ不快に感じるだろう。誰も観察されたくはないからだ。誰もがプライベートな生活をもちたいと望んでいる。いい人であれ悪い人であれ、愚かな人であれ賢い人であれ、誰もがプライベートな生活をもつことを望んでいる。干渉するあなたは何様だろう？　だからのぞき屋になってはならない。人の鍵穴のところに行って、のぞいたりしてはならない。それは彼らの人生だ。彼らが古いゲームをすることを望み、それを好むのなら、そうさせてあげなさい！

だからまず、他人を見るのをやめてほしい。全エネルギーを自分自身へと転じなさい。

次にあなたは言う。「それは、私が自分自身のゲームやトリックを、ますます目にするようになったからだと思います。そして、頭のなかで狂わせるようなあなたの声が聞こえます。〝それでオーケーだ。あなたはただ自分自身を受け容れ、愛さなくてはならない。なにも問題はない〟」

私はそれをくり返さなければならない。〝なにも問題はない〟。私はこれまで、本当の問題に出会ったことがない。そして私は、何万もの人びとと、その何万もの問題に耳をかたむけてきたにちがいない。私はまだ本当の問題に出会ったことがない。そして、それがいつか起こるとは思わない。本当の問題など存在しないからだ。「問題」とは作りだされたものだ。状況は存在するが、問題は存在しない。問題とは、あなたによる状況の解釈だ。同じ状況がある人には問題とはならず、別の人には問題となるかもしれない。

だから問題を作りだすかどうかは、あなたしだいだ。だが問題は存在しない。問題は〝存在〟のなかにはない。それは人間の心理のなかにある。

今度あなたが妄想《トリップ》して問題が起こっているとき、ただ見つめてごらん。ただ見守るのだ。わきに立ってただ問題を見つめなさい。それは本当に存在しているのだろうか？　それともあなたが作りだしたのだろうか？　深く見つめると、突然それが強まっていないのを、それが衰えているのを目にする。それはますます小さくなってゆく。エネルギーを観察へと向けるほど、それは小さくなってゆく。そして突然、それが存在しない瞬間がおとずれる。あなたは大笑いするだろう。

いつでも問題をかかえているとき、ただそれを見つめてごらん。問題は架空のものであり、実在していない。問題のまわりをめぐり、あらゆる角度から見つめなさい。どうしてそんなものが存在できるだろう？　それは亡霊だ！　あなたがそれを望むから、それは存在する。あなたがそれを求めるから、それは存在する。あなたがそれを招くから、それは存在する。

だが人びとは、自分の問題が問題などではないと言われるのを好まない。人びとはそれを好まない。彼らは気を悪くする。あなたが問題に耳をかたむけると、彼らはとても気分がよくなる。そして「そう、これはたいへんな問題だ」と言えば、彼らはとても幸せになる。それゆえ、精神分析は今世紀におけるもっとも重要なもののひとつになった。精神分析家は誰の役にたつわけでもない。たぶん自分の役にはたつだろうが、ほかの誰の役にもたちはしない。それはむりだ。それでも人びとは通って金を払う。それが楽しいのだ。精神分析家は問題をみとめてくれるからだ。あなたがもってゆくどんなばかげた問題でも、精神分析家はまるでそれが実在するかのように、とても誠実に、真面目に聞いてくれる。あなたが大いに悩んでいるのを、彼は当然のこととして受けとめ、それに取り組み、分析しはじめる。そしてそれには数年が費やされる！

数年間にわたる精神分析のあとでさえ、問題は解決されはしない。そもそも問題は存在しないのだから、どうして解決などできるだろう？　だが数年にわたる精神分析のあとでは、あなたは飽きてしまう。そうして古い問題はやめにする。あなたはいまや、なにか新しい問題を望んでいる。それである日突然、「そう、それはもう存在しない。それは消えてしまった」と言う。そして精神分析家に感謝する。だが助けになったのは、癒してくれたのは、たんに時間なのだ。精神分析ではない。だが、ただ待って見守ることを望まない人びとがいるということだ。

狂った人を禅の僧院に連れてゆくと、彼らはただ、その人を僧院から遠く離れた隠れ家に、小さな庵に入れる。そしてその人に食事を与え、「ただそこにいて静かにしていなさい」と告げる。誰もその人に話しかけに行ったりしない。食事は与えられるし、快適であるよう世話は受ける。だが誰も彼の相手をしたりしない。そして精神分析家が三年かかってやることを、彼らは三週間でやる。三週間以内に、その人はただ出てきて言う。「そうです、問題は終わりました」

三週間のあいだ、あなたは問題とともにとり残される。どうやってそれを見つめることを避けられるだろう？　そしてどんな分析も与えられないため、寄り道は存在しない。注意をそらされたりしない。精神分析家はあなたの注意をそらせてしまう！　問題は三週間以内にひとりでに死んでしまっていたかもしれない。だがいまやそれは死ぬことはない。精神分析家の援助のおかげで、それは三年かそれ以上も生きつづけるからだ。それはあなたがどれくらい裕福かによる。もし充分に裕福なら、その問題を一生のあいだ継続することも可能になる。それはあなたがいくら払えるかによるという意味だ。

貧しい人たちは多くの問題で悩むことはない。裕福な人たちは悩む。彼らにはその余裕がある。彼らは大きな問題をもっているというゲームを楽しむことができる。貧しい人には余裕がないし、そんなゲームを楽しむことはできない。

今度問題をかかえているとき、それを見つめてごらん。懸命に見つめるのだ。分析の必要はいっさいない。分析してはならない。分析は寄り道の方法だからだ。分析しはじめると、人は問題を見つめはしない。なぜ、どこから、どのようにしてそれはやってきたのだろう、と問いはじめる。幼年期における母親との関係、父親との関係を問いはじめる。あなたは道に迷ってしまう。もはや問題そのものを見つめてはいない。フロイト派の精神分析は、まったくのマインド・ゲーム、壮大な専門的知識との戯れだ。

原因を調べてはならない！　原因などないのだから、そんな必要はない。過去を調べてはならない。そんな必要はない。それは現在の問題から離れてゆくことになる。いまここにあるものとしてそれを見つめ、ただそのなかに入ってゆきなさい。そして原因や理由について考えないことだ。ありのままの問題をただ見つめなさい。

するとあなたは驚くだろう。懸命に見つめると、それは消えはじめる。見つめつづけると、それが消えてしまったのを知る。

問題は存在しない。それを作りだしているのは私たちだ。私たちは問題なしでは生きられないからだ。それこそ、私たちが問題を作りだす唯一の理由だ。問題をかかえることは、やることをもつことだ。人はなにかやることがあると気が楽だ。問題が存在しなければ、あなたはひとりでとり残される。空っぽになる。次になにをしたらいいのだろう？　すべての問題が終わってしまった。

ちょっと考えてごらん。ある日、神がやってきて、「もはやどんな問題もない。終わりだ！　すべての問題は消え去った」と言う。あなたはどうする？　その日のことをちょっと考えてごらん。人びとは途方にくれ、神に腹を立てるだろう。人びとは「これは祝福などではありません！　私たちはいったいなにをしたらいいんですか？　問題がないですって？」と言うだろう。そんなことになったら、突然エネルギーはどこにも動いていない。するとあなたは停滞していると感じる。問題はあなたにとって活動するための方法だ。前進するための、継続するための、希望するための、願望するための、夢見るための方法だ。問題は、なにかに従事したままでいるための、数多くの可能性を与えてくれる。

そしてなにもしていないことが、あるいはなにごとにも従事していないでいられることが、私が瞑想と呼んでいるものだ。なにごとにも従事していない瞬間を楽しんでいる、なにもしていない心こそ、瞑想的な心だ。

なにもしていない瞬間を楽しむようになりなさい。たとえ問題が存在するとしても……。あなたはそう感じているし、私はそんなものはないと言っている。それでも、あなたはそれが存在していると感じているようだから――。問題をわきへやってこう言いなさい。「待ってくれ！　人生は逃げはしない。人生のすべてがそこにある。私はおまえを解決するつもりだ。だがいまこのときは、どんな問題にも従事していないわずかなスペースをもたせてくれ」――。なにごとにも従事していないいくらかの時間をもつようになりなさい。そしてひとたびそれを楽しんでしまえば、問題は自分で作りだしているのだという事実がわかるだろう。それは、あなたがなにもしていない瞬間を楽しむことができなかったからなのだ。それで問題が隙間を埋めていたのだ。

　自分自身を見守ったことがあるだろうか？　部屋に坐っているとき、なにもすることがないと、あなたはそわそわしはじめる。不安になり、落ち着かなくなる。ラジオをつけるか、テレビをつけるか、朝から三回も読んだ同じ新聞を読みはじめる。そしてほかに方法がなければ、ふたたび従事していられるように夢を作りだし、眠ってしまう。あるいは煙草を吸いはじめる。それを見守ったことがあるかな？　いつであれなにもやることがないとき、在ることが、ただ在ることがとてもむずかしくなる。

　もう一度言おう。アナンドー、〝なにも問題はない〟。生のなかにはいかなる問題もないという事実をのぞきこみなさい。問題をかかえていたいのなら、それはあなたの楽しみだ。私のすべての祝福とともに楽しみなさい。だが真実は、いかなる問題も存在しない。

　生はまったく問題などではない。それは生きられ、楽しまれるべき神秘だ。問題はあなたによって作りだされる。あなたは生を楽しむことを、生を生きることを恐れているからだ。問題はあなたに防護を与える。生にたいする、喜びにたいする、愛にたいする防護を——。あなたは自分にこう言える。「どうして楽しむことができるだろう？　こんなに多くの問題をかかえて、どうして楽しめる？　こんなに多くの問題をかかえて、どうして男性あるいは女性を愛することができる？　こんなに多くの問題をかかえて、どうして踊ったり歌ったりできる？　不可能だ！」。あなたは歌わない理由を、踊らない理由を、なにか見つけることができる。問題は避けるための大きな機会を与える。

　問題をのぞきこむと、あなたはそれが架空のものであるのを見いだす。

そして、たとえ問題をかかえているとしても、それが本物だと感じているとしても、私はオーケーだと言う。なぜ私はオーケーだと言うのか？　なぜなら、あなたがオーケーだと感じるようになると、それは消え去るからだ。問題にたいしてオーケーだと言うとき、あなたはそれにエネルギーを与えることをやめている。あなたは受け容れた！　問題を受け容れた瞬間、それはもはや問題ではなくなる。問題が問題でありうるのは、あなたがそれを拒絶しつづけているときだけだ。それはそうあるべきではないと言うときだけだ。だがそれはそうなのだ。それで問題は強化されてしまう。

だから私はそのように言う。人びとが大きな問題をかかえてやってくると、私は「それでオーケーだ。ベリー・グッド。受け容れなさい」と言う。そして「あなたはただ自分自身を受け容れ、愛さなくてはならない」と言う。そして私には、アナンドーがこう言うのがわかる。「それはまったく狂わせます。〝それでオーケーだ。なにも問題はない〟というあなたの声がたえず聞こえるのです」

「〝ただ〟ですって⁉」アナンドーは言う。「もしあなたがこの言葉をもう一度口にしたら、私は悲鳴を上げると思います」

あなたは生涯にわたって悲鳴を上げている。悲鳴を上げようが上げまいが、それは問題ではない。あなたは生涯にわたって悲鳴を上げてきた。いまにいたるまで、ほかにはなにもしていない。あるときは大声で、あるときは静かに、だがいつも悲鳴を上げている。私は人びとをそのように見ている。悲鳴を上げている人たち——。そのハートは悲鳴を上げている。その存在は悲鳴を上げている。だがそれでは助けにならない。悲鳴を上げることはできるが、それでは助けにならない。

悲鳴を上げるよりも、理解しようとしなさい。私が話していることを見つめようとしなさい。そして、私が話していることは理論ではない。それは事実だ。私がそう言うのは、私がそうだと知っているからだ。問題なしでいることが私に起こりうるなら、なぜそれがあなたに起こりえないことがある？その挑戦を受けなさい！　私はちょうどあなたと同じようにあたりまえの人間だ。私は特別な奇跡の力などいっさい主張してはいない。

私はちょうどあなたと同じように、まったくあたりまえの人間だ。私とあなたの唯一のちがいは、あなたは自分自身にオーケーと言ってはいないが、私は自分自身に絶対的にオーケーと言ってしまったということだ。それが唯一のちがいだ。あなたはたえず自分を改善しようとしているが、私は改善しようとしていない。私は未完成こそ生のありさまだと宣言してしまった。あなたは完全になろうとしているが、私は自分の不完全さを受け容れている。それが唯一のちがいだ。

だから私にはどんな問題もない。人が自分の不完全さを受け容れるとき、どこから問題が出てこれるだろう？　なにが起ころうと「それでオーケーだ」と言うとき、どこから問題が出てこれるだろう？限界を受け容れるとき、いったいどこから問題が出てこれる？　問題はあなたが受け容れないことから生じる。あなたは自分のありさまを受け容れられない。それゆえの問題だ。あなたは自分のありさまをけっして受け容れるつもりがないため、問題はいつでも存在するだろう。自分がいつの日か受け容れることを、全面的に自分のありさまを受け容れることを想像できるだろうか？　もし想像できるのなら、なぜいまこのときにそうしない？　なんで待つことがある？　誰のために？　なんのために？

私は自分のありさまを受け容れた。そしてまさにその瞬間、すべての問題は消え失せた。まさにその瞬間、あらゆる心配が消え去った。それは私が完全になったということではなく、自分の不完全さを楽しむようになったということだ。誰ひとり完全になった者などいない。なぜなら、完全になるということは絶対的に死んでしまうということだからだ。完全など可能ではない。生は果てしないからだ。完全など可能ではない。生はどこまでもつづいてゆくからだ。それには終わりがない。

だから、こういったいわゆる問題から脱け出す唯一の道は、いまこの瞬間に直面している生を受け容れることだ。そしてそれを生き、そのなかで楽しみ、喜びに満ちていることだ。次の瞬間はこの瞬間から出てくるのだから、さらなる喜びとなるだろう。そしてその次はさらにいっそうの喜びとなる。あなたはやがてますます喜びに満ちてゆくからだ。それは改善によるものではなく、瞬間を生きることによるものだ。

だがあなたは不完全のままだ。つねに限界はある。そして問題を作りだしたいのなら、すぐに作りだせるような状況をつねにかかえている。問題を作りだしたくないのなら、その必要はない。悲鳴を上げてもいいが、それでは助けにならない。それこそあなたのやってきたことだ。それは役にたってはいない。

原初療法《プライマル・セラピー》でさえそれほど役にはたたない。それは人びとが絶叫するのをゆるす。そう、それはいくらか気分をよくする。それは癇癪療法《かんしゃく》だ。あなたに吐き出すことをゆるす。それはいくらか気分をよくする。少しばかり荷を降ろしたように、軽くなったように感じるからだ。だが二、三日のうちにその多幸症は消え失せる。あなたはふたたび同じになる。ふたたびかき集める。もう一度プライマル・セラピーに出かけてゆき、二、三日のあいだは気分がよくなる。そしてまた同じことが……。

問題を作るのをやめなければならないと理解しないかぎり、あなたは問題を生みつづけるだろう。エンカウンター・グループに入ってもいいし、プライマル・セラピーをやってもいい。何千という別のグループ・セラピーをすることもできる。そしてどのグループのあとでも、とほうもなくすばらしいと感じるだろう。自分の頭の上にのしかかっていたなにかを落としたからだ。だが、それを作りだす機構《メカニズム》を落としたわけではない。あなたは自分のかかえていたものを落としたが、それを作りつづける製造所そのものを落としたわけではない。あなたはふたたび作りだすことになる。それはたいして役にたたない。休息期間、休養を与えるにすぎない。

だがものごとを真に理解するなら、それは問題を作りだすことをやめなくてはならないということだ。さもなければ、あなたはあるグループから別のグループへ、ある精神分析家から別の精神分析家へ、ある精神科医から別の精神科医へ、あるセラピーから別のセラピーへと行くこともできる。そしてそのすべてが、少々の休息、少々の休養をもたらす。あなたはまた同じことをやっている。

ここでの私の努力のすべては、問題をその根元から断つことだ。どうか問題を作りださないでほしい。そんなものはない。実在しない。

そして最後にアナンドーは言う。「目標《ゴール》が存在すると思っていたときのほうが、私は幸せではなかったのでしょうか?」

そう、あなたはより幸せだったし、より不幸でもあった。なぜなら、その幸せは希望のなかに存在していたからだ。それは本物の幸せではなかった。それで私は、あなたはより幸せだったし、より不幸でもあったと言っているのだ。あなたはこの現在においては不幸だったが、未来においては幸せだった。だが、どうやって未来にいることなどできる? 目標は未来にある。

あなたは〝ここ〟では不幸せ、〝そこ〟では幸せだった。〝そこ〟など実在しない。あるのはすべて〝ここ〟だ。それはつねに〝ここ〟だ。あらゆるところが〝ここ〟だ! 〝そこ〟が存在するのは辞書のなかだけだ。同じことが〝そのとき〟にも言える。あるのはつねに〝いま〟だ。〝そのとき〟など存在しない。そう、あなたは目標を思い、すばらしい未来を思う夢のなかでは、より幸せだった。だがなぜ、人はすばらしい未来について考えるのだろう? それは人が現在において不幸だからだ。

私はすばらしい未来について考えたりしない。私には、それがどのようにしてよりすばらしいものになりうるのか、思いもよらない! どうしていまこの瞬間よりすばらしくなどなれる? どうして〝存在〟がこの瞬間より幸せで楽しいものになるというのだろう? 見つめてごらん。どのようにしてもっと幸せで喜びに満ちたものになれるだろう? だがそれはトリックだ。またしても心のトリックだ。現在を避けるために、私たちは未来を思いつづける。すると現在を見る必要がなくなる。だが現在こそ、存在するすべてだ。

だからあなたは正しい。あなたはより幸せだった。夢のなかでもっと幸せだった。それなのに、私はあなたのすべての夢を破壊してしまった。あなたは希望のなかでもっと幸せだった。それなのに、私はあらゆる方法で絶望の状態を生みだそうとしている。だからどんな希望も残されていない。私はあなたを現在へと導こうとしている。あなたは未来をさまよっていたが、私はあなたをいまここに引きもどそうとしている。それはきびしい仕事だ。そして目標を奪い取ることは……。人はとても腹を立てる。あなたたちは私にたいして非常に腹を立てることがある。私はあなたの希望を、夢を奪ってしまった。あるいはそうしようとしている。だがあなたはそれにしがみついている。自分の希望にまったく夢中になっている。それで、私をとおして希望するようにさえなる。

あなたは私をとおして希望しはじめる。「和尚がこれをやってくれるだろう」――。この男はなにもするつもりはない。あなたはこのように希望するようになる。「いまや私は和尚とともにある。だから心配する必要はない。遅かれ早かれ私は光明を得るだろう」。こんなことはすべて忘れなさい！　光明は希望ではない！　それは願望ではない。未来にあるものではない。いまこの瞬間に生きるようになれば、あなたは光明を得ている。私は毎日あなたに光明を得させようとしているのだが、あなたは「明日にして」と言う。〝そのとき〟にならあなたは望むのだろうが……。だが明日はけっして起こらない。いましかない！

いまこのとき光明を得なさい！　そしてそれは可能だ。現にそうなのだから――。ただ惑わされ、自分はそうでないと思っているにすぎない。

だから〝どうやって〟をたずねてはならない。〝どうやって〟とたずねる瞬間、あなたは希望するようになる。だから方法をたずねてはならない。そして「そうだ、私たちはそうなるだろう」と言ってはならない。私はそんなことは言っていない。あなたは現にそうなのだと言っているのだ。ソメンドラ！　〝ガチョウは出ている〟――。ガチョウは入ってなどいなかった。人はただ、瞬間において目を見張っていなければならない。ただ一瞬の油断なさ、ショックにより、あなたは自由になる。

毎日のように私はあなたに光明を得させている。私はあなたが光明を得ているのを知っているからだ。だが輪廻《サンサーラ》のゲームをやりつづけたいのなら、つづけることもできる。

たしかにあなたはより幸福だったし、不幸でもあった。私はあなたの幸福を奪った。あなたはもはや希望することができないからだ。もう少し私をゆるすなら、私はあなたの不幸も奪うだろう。だがまず幸福が去らなければならない。不幸は幸福を希望することの影として存在しているからだ。だからまず幸福への希望が去らなければならない。そうしてはじめてその影も去る。

悲鳴を上げたければそうしてもいい。だが私は千と一回くり返す。アナンドー、なにも問題はない。あなたはただ自分自身を受け容れ、愛さなくてはならない。そう、ただ――。

四番目の質問——。
タントラは耽溺《たんでき》の道ではないでしょうか?

そうではない。それは耽溺から脱け出す唯一の道だ。それはセクシュアリティから脱け出す唯一の道だ。ほかのどの道も、人間にとって助けにならなかった。ほかのすべての道は、人間をさらにいっそう性的にした。

セックスは消え去っていない。宗教はそれをもっと毒されたものにしただけだ。それはいまだに毒されたかたちで存在している。そう、人間のなかに罪悪感は生まれたが、セックスは消え去っていない。それは生物学的現実なのだから、消え去ることなどできない。それは実在のものであり、抑圧することで簡単に消え去ることなどありえない。それは、あなたがとても覚めていて、性に閉じこめられたエネルギーを解き放つことができるとき、はじめて消えることが可能になる。エネルギーは抑圧ではなく理解によって解放される。そしてひとたびエネルギーが解き放たれると、泥のなかから蓮の花が……。蓮は泥のなかから芽を出し、高みへと向かわなくてはならない。だが抑圧は泥のなか深くにそれを押しやる。それを抑えつづける。

あなたがこれまでやってきたことは、全人類がやってきたことは、セックスを無意識の泥のなかに押しやることだ。「それを抑えつづけ、その上に坐っているのだ。それが動くのをゆるしてはならない。断食や修行で、ヒマラヤの洞窟に行くことで、女性が入るのをゆるされていない僧院に移ることで、それを殺すのだ」――。数百年ものあいだ女性が入ったことのない僧院が存在する。こういったものは抑圧するやりかただ。それなのに彼らは、さらなるセクシュアリティ、さらなる耽溺の夢を生みだしている。

いいや、タントラは耽溺の道ではない。それは唯一の自由の道だ。タントラは、存在するものはなんであれ理解されなくてはならないと言う。そして理解によって、変化はひとりでに起こる。

だから私を聞くとき、あるいはサラハを聞くとき、サラハが耽溺を支持しているのだと思ってはならない。そんなことを信じてもうまくいかないだろう。この話を聞きなさい――。

マーティンというかなり年輩の紳士が、診察のために医者をたずねた。

「先生、どこが悪いのか教えていただけますか？　あちこちに痛みを感じるのです。私にはそれが腑に落ちません。私はまったく清らかな生活をおくってきました。煙草も吸わないし、酒も飲まないし、駆けずり回ることもない。毎夜九時にはひとりで床につきます。なぜ私がこんな目にあわなければならないのでしょう？」

「おいくつですか？」医者はたずねた。

「次の誕生日で七四になります」とマーティン。

医者はこう答えた。

「つまるところ、お年をめしたということですよ。そんなものだと思わなくてはなりません。しかし、あなたにはまだ多くの時間が残されています。気楽に受けとって心配しないことですね。温泉にでも行かれてはどうですか」

それでマーティンは温泉へと出かけていった。そこで彼は、非常に年老いてよぼよぼに見える別の紳士に出会い、くらべてみて勇気づけられた。

「ちょっと、あなた」マーティンは呼びかけた。「そんなにもご高齢になるまで生きられるとは、きっとお体を大事にしてこられたのでしょうね。私もつつましく清らかな生活をおくってきましたが、きっとあなたほどではありません。それほどのご高齢に達するには、なにか決めていることでもあるのですか?」

するとこのしなびた年寄りは言った。

「とんでもありません。私が一七のとき、親父がこう言ったんです。〝息子よ、人生を楽しむことだ。食べて、飲んで、ぞんぶんに笑い楽しめ。人生を最大限に生きるんだ。ひとりの女と結婚するよりも、独身でいて一〇人の女とつきあえ。自分のお金を妻や子どもにあてるよりは、楽しみのために、自分自身のために使うんだ〟——。そう、ワインに女性、そして歌、人生はめいっぱいに生きられました。それが私の一生を通じてのポリシーだったのですよ! あなた」

マーティンは言う。

「あなたはなにか重要なものを得たようですな――。おいくつですか？」

もうひとりが答えた。

「二四です」


耽溺は抑圧と同じほど自殺的だ。これらは、仏陀が避けるようにと語った二つの極端だ。ひとつの極端は抑圧であり、もうひとつの極端は耽溺だ。抑圧することも耽溺することもなく、ただ中道にありなさい。ただ真ん中にあり、注意深く、目を見張り、気づいていなさい。これはあなたの人生だ！抑圧されるべきでも、浪費されるべきでもない。理解されなくてはならないのだ。

これはあなたの人生だ。気づかいなさい！慈しみなさい！味方になりなさい！自分の生の味方になれるなら、それはあなたに多くの神秘を明かすだろう。それはあなたを神の扉のところに連れてゆくだろう。

だが、タントラはまったく耽溺などではない。抑圧的な人たちはつねにタントラを耽溺だと考えてきた。彼らの心はあまりにもとりつかれている。たとえば、僧院に入ってまったく女性を見ることなく暮らしている人がいる。そんな人がどうして、サラハが女性といっしょに暮らしているとき、欲望に耽っていないと信じられるだろう？ただ暮らしているだけでなく、妙なことをやっている。裸の女性の前に坐り――その女性は裸だ――彼はその女性を見つめつづけている。また、たとえ女性と愛を交わしているあいだでも、彼は見守りつづけている。

さて、あなたには彼の観照を見ることはできない。あなたに見えるのは、彼が女性と愛を交わしているることだけだ。そしてあなたが抑圧しているとしたら、抑圧された性のすべてが浮かび上がる。あなたは錯乱するにちがいない！　そして自分が抑圧しているすべてをサラハに投影するだろう。それでもサラハは、そんなことはなにもしていない。彼は全面的に異なる次元に向かっている。彼は本当は肉体に関心をもっているのではない。彼はこの性とはなにかを知りたいのだ。このオーガズムの魅力とはなんなのかを知りたいのだ。オーガズムとは正確になんなのかを知りたいのだ。手がかりと鍵を発見できるように、彼はその絶頂の瞬間に瞑想的であることを望んでいる。ことによると神性の扉を開く鍵があるかもしれない——。実際、それはそこにある。

神はあなたの性のなかに鍵を隠している。一方で、セックスを通じて生命が存続する。それは性エネルギーの部分的な使い道にすぎない。もう一方で、あますところのない気づきとともに性エネルギーへと入ってゆくなら、あなたは鍵を見つけたことに気づく。その鍵は、あなたが永遠の生に参入するのを助けることができる。セックスの小さな一面は、子どもが生を受けるということだ。別の面、高次の面は、永遠を生きることができるということだ。性エネルギーは生命エネルギーだ。

通常、私たちは入口より向こうには進まない。けっして宮殿に入ることはしない。サラハは宮殿に入ろうとしている。ところが、王のところにやってきた人たちは、あらゆる人がそうであるように、抑圧していたにちがいない。

政治家や宗教家は抑圧を説かなくてはならない。なぜなら、人びとを狂気に追いやるのは抑圧だけだからだ。狂った人たちは正気の人たちよりも容易に支配することができる。そして性エネルギーが狂っていれば、人びとは別の方向へと向かいはじめる。彼らはお金のほうに向かうようになる。あるいは権力や名声に向かう。人は性エネルギーをどこかで表出しなくてはならない。それは沸騰している。人はどうにかしてそれを放出しなくてはならない。それで、お金狂いや権力中毒で放出しているのだ。

この社会全体が性にとりつかれている。世界から性の妄想が消え失せれば、人びとはお金狂いにはならないだろう。誰がお金のことを気にかける？　そして人びとは権力にもわずらわされたりしない。誰も大統領や首相になどなりたがらない。いったいなんのために？　生はありふれたことでこれほどとほうもなく美しい。あたりまえのことがこれほどにもすばらしい。なぜ何者かになることを求めなくてはならない？　何者でもない人でいることであまりに愉快だ。足りないものなどなにひとつない。だが人びとの性を破壊してそれを抑圧させれば、あまりに大きなものが失われているために、彼らはつねに渇望するようになる。どこかに喜びがあるにちがいない――。それは失われてしまった。

セックスは、自然と神によって与えられた行為のひとつだ。そのなかで、あなたは何度も現在の瞬間に投げ返される。ふつうは愛を交わしているときをのぞいて、あなたはけっして現在にいない。そしてそのときでさえ、わずかのあいだにすぎない。

タントラは、人はセックスを理解しなくてはならない、セックスを解き明かさなくてはならないと言う。セックスがこれほど生き生きとしたものであるために、そこから生命が誕生するのだとしたら、そこにはなにかそれ以上のものがあるにちがいない。そのそれ以上のものこそ、神性へと向かう鍵、神へと向かう鍵だ。

五番目の質問――。

私のどこがいけないのでしょう？　私にはあなたのおっしゃることはわかります。あなたの本を読んですごく楽しんでいます。それでも、まさに欠くことのできないなにかが足りないのです。

ワーズワースのこの美しい言葉に瞑想してごらん。

この世の瑣事《さじ》はあまりに多し。
朝まだきより夜遅くまで、金銭のために力を浪費し、
われらが自然に目を向けること少なく、
私たちはハートを捨ててしまった。
月の光にその胸を開く海、

いついかなるときも咆哮しやむことなく、
いまは眠れる花のごとく鳴りをしずめる風、
この自然に、このすべてに、私たちは調和していない。
それが私たちを動かすことはない……

これこそ足りないものだ。

「それが私たちを動かすことはない……」。私たちは〝存在〟と調和していない。「この世の瑣事はあまりに多し。金銭のために力を浪費し、自然に目を向けること少なく……」。自然を見つめないのなら、どうやって神を見いだし、どうやって至福を見いだすというのだろう？　自然は神のあらわれだ。自然は神の体、神のかたち、神の聖堂だ。

「私たちはハートを捨ててしまった……」。それこそ欠けているものだ。

「この自然に、このすべてに、私たちは調和していない。それが私たちを動かすことはない……」

だから、ただ私を読んだり聞いたりするだけでは、たいした助けにはならないだろう。感じるようになりなさい。聞くときには、ただ聞くだけではなく感じもしなさい。聞くときには、ハートをとおしても聞きなさい。それを感受性の面にもゆきわたらせなさい。それこそ、すべての宗教がシュラッダ――信、信頼――が必要だと言うときに意味するものだ。信頼とはハートからの聞きかたのことだ。疑いや論理や論考によらず、論証的な知性をとおすことなく、ハートをとおしての深い参加によるものだ。

　音楽を聞くときのように、そんなふうに私を聞いてごらん。哲学者を聞くように聞いてはだめだ。鳥たちを聞くように私を聞きなさい。滝に耳をかたむけるように私を聞きなさい。松林をわたる風を聞くように私を聞きなさい。論証的なマインドをとおしてではなく、ともに参加するハートをとおして聞きなさい。そうすれば、あなたがたえず欠けていると感じているなにかが、見逃されることはないだろう。

　頭はあまりに専門家になりすぎてしまった。まさに極端まで行ってしまった。それはいい道具ではある。そう、奴隷としてなら頭はすばらしい。だが支配者としては非常に危険だ。それはまさに極端まで行ってしまった。あなたのエネルギーのすべてを吸収してしまった。独裁者になってしまった。もちろんそれは有効にはたらく。だが有効にはたらくために、あなたはそれに依存しすぎるようになった。そして人はつねに極端へと向かいうる。マインドには極端へと向かう傾向がある。

　若きウォーレンはとても野心的だった。事務員としての仕事についたとき、ボスの目にとまって出世できるよう、できることはなんでも学ぼうと決心していた。ある日、ボスは彼を呼ぶと言った。

「クイーン・マリー号の一一日の便の乗船予約をするよう、通商部に伝えてくれ」

「失礼ですが」若者は言う。「その船は一二日まで出航しません」

　ボスは感心して彼を見つめ、そしてこう言った。

「資材部のほうは、六か月分のアルミニウム補給の注文を急いでやっているかね」

「その注文は明日にしてはいかがでしょう」ウォーレンは答えた。「値段のほうが下がりそうなのです。それと、一か月分の補給にしてはどうでしょうか。市場の傾向は値下がりへと向かっているようです」

「よろしい。君は有能だね。口述筆記をするので、ミス・ケイトをよこしてくれ」

「ミス・ケイトは今日は不在です」若者は答えた。

「どうしたんだ、彼女はぐあいでも悪いのかい?」

「いいえ、九日までアレはありません」


さあ、これは知りすぎだ。これは行きすぎだ。そしてこれが人間のマインドに起こっていることだ。それは行きすぎているし、限界を超えている。そしてそれがエネルギーのすべてを奪ってしまっているため、ハートにはなにも残されていない。あなたは完全にハートを迂回している。ハートを通ってゆきはしない。あなたはもうその道を進まない。ハートはほとんど死物に、死んだ重荷になってしまった。それこそが欠けているものだ。

あなたは頭で聞くこともできる。そしてもちろん、私の言っていることはなんでも理解するだろう。それでも、あなたはなにも理解してはいない。ただひとつの言葉も理解してはいない。なぜなら、これはまったく異なる種類の理解だからだ。それは知識よりも愛に近いような理解だ。

あなたが私を愛しているなら、私を感じようとしているなら、あなたと私の愛が育まれているなら、それが恋愛なら、そのときはじめて……。

最後の質問――。

和尚、あなたはよいスピーチをどのように定義されますか?

それを言うのはむずかしい。私はこれまで一度もスピーチをしたことがない。あなたはたずねる相手をまちがえている。だが、いい定義を聞いたことがあるので、あなたにもそれを知ってほしい。

「よい始まりとよい終わりがよいスピーチをもたらす。始まりと終わりが本当に近づいていればすばらしい。もちろん、最高のスピーチには中間はまったくない。そしてこの上もないやつは、述べられることのないものだ」

私はつねにこの上もないやつを、述べられることのないものをやっている。私は人生において一度もスピーチをしたことがない。私が関わっているのは静寂であり、言葉ではないからだ。たとえあなたが言葉を聞くときでさえ、それが目的ではない。私が言葉を使うときでさえ、その言葉は必要悪として使われているにすぎない。それを使わないわけにはいかない。あなたはまだ沈黙を理解できないからだ。

私はあなたに話しているのではない。私には話すことはなにもない。なぜなら、私の手にしているものは語ることのできないもの、話すことのできないものだからだ。だがあなたは言葉以外のなにものも理解しない。それで私は苦しまなくてはならない。無意味な言葉を使わなくてはならない。そして語るべきでないことを語らなくてはならない。あなたもやがては私をじかにのぞきこむようになる、言葉を聞くことなくメッセージに耳をかたむけるようになると願いつつ——。

覚えておきなさい。伝達の手段はメッセージではない。言葉は私のメッセージではない。メッセージは無言のものだ。

私はあなたに、語られることのないスピーチを手渡そうとしている。それは言葉を超えた伝達だ。だからそれを受けとることができるのは、ハートをとおして私と結ばれている者だけだ。

この蜜はあなたのもの

第3話

23 April 1977

雲は海よりたち昇り
　地は雨を吸い　抱きとめる
かくして海は　空のように
　増すこともなく減ることもなし

比類なき自然は
　ブッダの円満をたたえる
生けるものすべて　ここより生まれ死にゆく
　けれどもそれは　有形にあらず無形にあらず

他の道を行く者は　真の至福に背を向ける
　刺激の生みだす喜び求めて
あまりに近き口中の蜜
　すぐに飲まねば消えつきよう

けものたちはこの世を知らず
　あわれなる　その境涯を
知者は楽土の甘露飲む
　けもの　官能にこがれしうちに

万物は変化する。そう、ヘラクレイトスは正しい。あなたは同じ川に二度入ることはできない。川は変わっているし、あなたも変わっている。すべては動きだ。すべては流転だ。あらゆるものが一時的であり、つかのまのものだ。ほんの一瞬それは存在し、そして過ぎ去ってゆく。あなたは二度とそれを目にすることはない。それをふたたび見いだす道はない。一度過ぎ去れば、永遠に行ってしまう。

そしてなにも変わりはしない。これもまた真実だ。なにも変わってなどいない。すべてはつねに同じだ。パルメニデスもまた正しい。彼は「太陽のもとで新しいものなど存在しない」と言う。どうして存在できるだろう？　太陽は古きものであり、あらゆるものがそうだ。もしパルメニデスにたずねたら、彼はこう言うだろう。「あなたは自分の望むどんな川にでも入ることはできるが、つねに同じ川に入っているだろう」。それがガンジス川であれテムズ川であれ、なんのちがいもない。水は同じだ！　それはすべてH_2Oだ。そして川に今日入ろうが明日入ろうが、あるいは何百万年後に入ろうが、それは同じ川であることだろう。

それに、どうしてあなたが別のものでありうるだろう？　あなたは子どもだった。それを覚えている。それから若者になった。それも覚えている。そして老人になる。それもまた覚えている。ずっとそれを覚えているこの人は誰なのか？　あなたのなかに不変の要素があるにちがいない。変わることなく永続する、絶対的に不変のものが——。幼年期は来ては去る。青年期も来ては去る。老年期もそうだ。だが、なにかが変わることなく同じままだ。

さて、私に言わせてほしい。ヘラクレイトスとパルメニデスは、どちらも正しい。実際には、彼らは両方いっしょで正しいのだ。もしヘラクレイトスが正しいとすれば、それは真実の半分にすぎない。もしパルメニデスが正しいとすれば、それもまた真実の半分にすぎない。そして真実の半分は本当のものではない。彼らは半面の真理を述べているのだ。車輪は動くが、ハブは動かない。パルメニデスはハブについて語り、ヘラクレイトスは車輪について語っている。だが車輪はハブなしでは存在できない！　そして車輪のないハブになんの使い道があるだろう？　だからこの二つの矛盾して見える半面の真理は、矛盾しているのではなく補い合っているのだ。ヘラクレイトスとパルメニデスは、敵ではなく友だ。補い合う真理があってはじめて、もう一方も存在することができる。さもなければ存在できない。

静かな台風の目に思いをこらしてごらん……。

だがあなたがなにかを口にする瞬間、それはせいぜい真実の半分にしかなりえない。どんな言説も真実全体を包含することはできない。もし言葉が真実全体を包含しようとすれば、その言説は必然的に自己矛盾におちいらざるをえない。必然的に不合理なものになるしかない。するとその言説は狂っているように見える。

マハーヴィーラはそれをやった。彼は最高に狂っている。それは彼が真実まるごとを、ただ真実全体だけを述べようとしたからだ。彼はあなたを狂わせる。というのも、どの言説にもすぐにその反駁がつづくからだ。彼は七重の型からなる主張を展開した。あるものにその反駁がつづき、それにまたその反駁がつづき……といったぐあいだ。彼は七回反駁しつづける。そして七回言ってはじめて、それぞれに矛盾する七つの別のことを言ってはじめて、いまや真実が完全に語られたと言う。だがそのときには、あなたは彼がなにを言っているのかわからない。

もしあなたが「神はいるのですか?」とたずねたら、彼は「イエス」と言い、そして「ノー」と言う。それから「その両方だ」と言い、「両方ともちがう」と言い、以下同じようにつづいてゆく。結局、あなたはどんな結論にも達しない。結論を下すことなどできない。彼は結論を下すような機会をいっさい与えない。あなたを宙ぶらりんのままにしておく。

どうしても真実を述べたいというのなら、これがひとつの可能性だ。

もうひとつの可能性は仏陀のものだ。彼は沈黙をまもる。なにを言おうと半分にしかならないのを知っているからだ。そして半分は危険だ。彼は究極の真理についてはなにも語らなかった。彼は世界が変転するとも言わないし、世界が不変だとも言わない。あなたが存在するとも言わないし、あなたは存在しないとも言わない。なんであれ絶対的な真理についてたずねると、彼はさえぎる。彼は言う。「どうか聞かないでほしい。あなたはその質問で、私をめんどうなことに巻きこんでいる。私は矛盾するしかないが、それでは狂ったようになる。または半面の真理を口にするしかないが、それは真理ではないし危険でもある。あるいは黙っているしかない」。これが三つの可能性だ。仏陀は沈黙していることを選んだ。
これが、今日の詩句《スートラ》について理解すべき最初のことだ。そしてこうした背景があれば、サラハの言おうとしていることを理解するのが容易になるだろう。

最初の詩句《スートラ》――。

雲は海よりたち昇り
地は雨を吸い　抱きとめる
かくして海は　空のように
増すこともなく減ることもなし

彼は王にこう言っている。空を見なさい――。二つの現象が存在する。空と雲だ。雲は来ては去る。空はけっして来ることも去ることもない。雲はあるときは存在し、あるときは存在しない。それは時間的な現象、一時的なものだ。空はつねに存在している。それは無時間的な現象、永遠だ。雲がそれをけがすことはできない。たとえまっ黒な雲でも、それをけがすことはできない。それをけがす可能性はない。その純粋性は絶対であり、触れることができない。その純粋性はつねにヴァージンだ。それを冒瀆することはできない。雲が来ては去るということはある。そしてそれは、現に来ては去っている。だが空はつねに同じように純粋であり、ひとつの跡も残らない。

つまり存在世界のうちには二つのものがある。あるものは空のようで、あるものは雲のようだ。あなたの行為は雲のようだ。それは来ては去る。ではあなたは？　あなたは空のようだ。あなたはけっして来ることもないし去ることもない。誕生や死は雲のようだ。それは起こる。ではあなたは？　あなたはけっして起こらない。あなたはつねに存在している。

ものごとはあなたに起こる。あなたはけっして起こらない。

ものごとは、ちょうど雲が空に生じるように起こっている。あなたは雲の演劇全体の静かな見物人だ。あるときは白く美しく、またあるときは暗く陰鬱でまったく醜い。あるときは雨をたたえ、またあるときは空っぽだ。ときにはすばらしい恩恵を大地に与え、ときには大きな害をもたらす。洪水や破壊をもたらすこともあるし、生命を、さらなる緑を、あふれんばかりの作物をもたらすこともある。だが空はずっと同じだ。善きものであれ悪しきものであれ、聖なるものであれ邪《よこしま》なものであれ、雲がそれをけがすことはない。

行為は雲、行ないは雲だ。存在は空のようだ。

サラハはこう言っている。「私の空を見つめなさい！　私の行為を見てはならない」。それは認識の転換を必要とする。ほかのなにものでもなく、ただの認識の転換だ。それは全体像《ゲシュタルト》の変換を必要とする。あなたは雲を見ている。雲に焦点を合わせている。空のことは忘れてしまっている。そうして突然、空を思い出す。雲に焦点を合わせることなく、空に焦点を合わせなさい。すると雲は関わりなくなる。あなたはまったく異なる次元に入っている。

ただの焦点の転換——すると世界は異なっている。人の行動を見ているとき、あなたは雲に焦点を合わせている。人の存在の内奥の純粋性を見つめているとき、あなたは空を見ている。内奥の純粋性を見つめるなら、あなたは誰も邪《よこしま》なものとして見ることはない。全存在が聖なるものとなる。行ないに目をやるなら、あなたは誰も聖なるものとして見ることはできない。もっとも神聖な人でさえ、行ないに関しては数々のあやまちをおかすものだ。行為に目をやれば、イエスや仏陀、マハーヴィーラやクリシュナやラーマのうちにも、まちがった行ないを見いだすことができる。するともっとも偉大な聖者でさえ罪人のように見える。

イエスについて書かれている数多くの本がある。彼は何千という研究の対象になっている。多くの本が彼を支持して書かれており、彼が神のひとり子であると証明している。もちろん、彼らにはそれが証明できる。また多くの本が、彼はただの神経症でしかないことを証明して書かれている。彼らもまたそれを証明できる。そして彼らは同じ人物について語っているのだ。なにが起こっているのだろう？　どんなふうにやったのだろう？　彼らはうまくやっている。一方は白い雲を選びとり、もう一方は黒い雲を選びとっている。そして両方とも存在しているのだ。なぜなら、どんな行為も白だけや黒だけではありえないからだ。存在するためには、それは両方であるしかない。

あなたのやることはすべて、この世界にいくらかの善いことをもたらし、いくらかの悪いことをもたらす。なにをしようとだ。なにかをするというまさにその選択……。そのあとでは、多くのものが善いこととなり、多くのものが善くないこととなる。どんな行為でも考えてみるといい。出かけていっていくらかのお金を乞食に与えるとする。あなたは善いことをしている。だがその乞食はどこかに行って毒を買い、自殺をする。さて、あなたの意図は善かったが、全体としての結果は悪い——。ある人を助けるとする。その人は病気なのだ。あなたは彼を救う。彼を病院に連れてゆく。そして彼は健康で元気になり、殺人をおかす。さて、あなたの助けがなければ、この世からひとつ殺人が減っていた。あなたの意図は善かったが、全体としての結果は悪い——。

さあ、意図で判断するのだろうか、それとも結果で判断するのだろうか？　そして、あなたの意図を誰が知るというのだろう？　意図は内側のものだ。ことによると奥底では、彼が健康になって殺人をおかすのを望んでいたのかもしれない。

そしてときにはこういうこともある。意図は悪いが、結果は善くなる。あなたはある人に石を投げつける。その人は何年ものあいだ偏頭痛を患っていた。そして石が頭を打ち、それ以来偏頭痛が消えてしまった。さあ、どうする？　その行ないをどう言ったらいい？　道徳的？　反道徳的？　あなたはその人を殺したいと思っていたのだが、偏頭痛だけ殺してしまった。鍼灸はこのようにして誕生した。これほど偉大な科学が！　これほど有益なものが！　人類にとってもっとも偉大な恩恵のひとつが——。だがそれはこんなふうにして生まれた。

ある男が何年ものあいだ頭痛に苦しんでいた。誰かが、彼の敵が、彼を殺そうとしていた。木の後ろに身を隠しながら、敵は矢を放った。その矢は男の足に当たり、彼は倒れた。だが彼の頭痛は消え去った。彼の世話をしていた人たちやその町の医者は、どのようにしてそれが起こったのか、まったくわけがわからなかった。彼らは研究をはじめた。たまたま偶然、その男はちょうど足にある鍼のツボを打ったのだ。足のあるツボが矢によって触れられた。矢によって射当てられたのだ。その男の生体エネルギーの、内なる電気的な流れが変化した。そして電流の内なる流れが変化したため、彼の頭痛は消え去った。

鍼灸師のところに行って「頭痛がするんです」と言うと、彼はあなたの頭には全然触れないかもしれない。あなたの足か手を揉みはじめるかもしれない。あるいは手や背中に鍼を打つかもしれない。それであなたは驚く。「なにをやってるんですか？　ぐあいの悪いのは背中ではなく、頭ですよ！」。だが彼のほうがよく知っている。体全体は相互に結びついている電気的な現象なのだ。七〇〇のツボが存在する。そして流れを変えるにはどこでエネルギーを刺激すればいいのか、彼は知っているのだ。すべてがつながっている。だが、鍼灸はこのようにして生まれた。

さて、敵に矢を射たこの男は偉大な聖人なのだろうか？　それとも罪人なのか？　それを言うのはむずかしい。とてもむずかしい。

行為に目をやるなら、それはあなたしだいだ。善いものを選ぶこともできるし、悪いものを選ぶこともできる。そして全体としての現実においては、それぞれの行ないがなにか善いものをもたらし、なにか悪いものをもたらす。実のところ——これが私の理解だ、瞑想してごらん——あなたがなにをしようと、その善と悪はつねに同じ割合だ。くり返して言おう。それはつねに同じ割合だ！　なぜなら、善いも悪いも同じコインの両面だからだ。あなたは善いことをするかもしれないが、なにか悪いことも起こるにちがいない。もうひとつの面がどこに行けるというのだろう？　あなたは悪いことをするかもしれないが、善いことも起こるにちがいない。もうひとつの面がどこに行けるというのだろう？　コインは両面いっしょに存在している。片面だけで存在することはできない。

だから罪人もときには有益だし、聖人もときにはきわめて有害だ。聖人と罪人はどちらも同じ舟に乗っている！　ひとたびこれを理解すれば、変換が可能になる。するとあなたは行為を見たりしない。善いことをしても悪いことをしても割合が同じだとしたら、人を行為によって判断することになんの意味があるだろう？　それなら力点全体を変えなさい。そのときには、もうひとつのゲシュタルト、空へと向かいなさい。

それこそサラハが王に言おうとしていることだ。彼はこう言っている。「そのとおりです！　人びとはあなたに告げるだろうし、それはまちがってはいない。私は狂った犬のように走っている。そう、行ないだけに目をやるなら、あなたは道をあやまる。私を理解することはできなくなる。私の内なる空を見なさい。私の内側で優位に立っているものを見なさい。私の内なる核心を見なさい。それが真実を見る唯一の道です。そう、私はこの女性と暮らしている……」

そしてふつう女性と暮らすというのは、そういうことを意味している。さあ、サラハは言う。「見なさい！　これはふつうの暮らしではない！　男女の関係などまったく存在しない。それはセクシュアリティとはなんの関わりもない。私たちは、二つの空間としていっしょに生きている。二つの自由としていっしょに暮らしている。二つの空っぽの舟としていっしょに暮らしている。だがあなたは、雲ではなく空を見つめなければならない」

雲は海よりたち昇り
地は雨を吸い　抱きとめる
かくして海は　空のように
増すこともなく減ることもなし

そして彼は、王にもうひとつのことを思い起こさせる。海を見つめなさい——。無数の雲が海よりたち昇り、大量の水が蒸発している。だがそのために海が減ることはない。そして雲は大地に雨を降らせる。細い流れは大きな川となる。多くの川が水を満たし、その水は大洋へ、海へと還ってゆく。大地のすべての川はその水を海へと注ぐが、それが海を増すことはない。海は同じままだ。そこからなにかを取り出そうと、なにかを注ぎ入れようと、なんのちがいもない。その完全性は、そこからなにかを奪うことも、なにかを加えることもできないようなものなのだ。

彼は言う。「見なさい！　内なる存在はあまりにも完全で、あなたの行為が罪人のものであろうと、なにも奪い去られはしない。そしてあなたの行為が聖人のものであろうと、なにもつけ加えられはしない。あなたは同じままだ」

これはとほうもなく革命的な言葉だ。偉大なる声明だ。彼は、人にはなにも付加することはできないし、なにも削除することはできないと言う。人の内なる完全性とはそのようなものだ。人をさらに美しくすることはできないし、醜くすることもできない。人をもっと豊かにすることはできないし、貧しくすることもできない。人は海のようだ。

仏教経典、大乗経典のひとつには、海のなかに二つの非常に価値ある宝石が存在するという話がある。一方はそれから水が引き出されて海が減らないようにし、もう一方は水がそのなかに流れこんで増えすぎないようにしているという。

二つの偉大な宝石が海のなかに存在する。そしてこの二つの偉大な宝石は、海が増えたり減ったりしないようにしている。それはけっして減りも増えもしない。ただ同じだ。海はあまりに広大で、どれほどの雲がたち昇り、どれほどの水が蒸発しようと問題にならない。海はあまりに広大で、どれほどの川が流れこみ、大量の水をもたらそうと問題にならない。それはただ同じままだ。

人の内なる核心も同じだ。実在の内なる核心もそうだ。増すことも減ることも、中心ではなく周辺でのことだ。あなたは偉大な知識の人にもなれるし、無知のままでもいられる。それは周辺のことにすぎない。いかなる知識も、あなたがすでにそうである以上に賢明にすることはできない。なにもあなたにつけ加えることはできない。あなたの純粋性は果てしない。それをよりよいものにする道はない。

これがタントラ・ヴィジョンだ。これこそまさに、タントラの姿勢の核心だ。人はありのままであるということ――。改善へのあこがれなど存在しない。善良になるべきだというのでもない。あれこれ変えなければならないというのでもない。人はすべてを受け容れなくてはならない。そしてみずからの空を思い出し、みずからの海を思い出さなくてはならない。そしてなにが雲でなにが空なのか、なにが川でなにが海なのかを知るとき、やがて理解があらわれる。

ひとたびみずからの海と同調すれば、すべての苦悩、すべてのやましさは消え去る。あなたは子どものように無邪気になる。

王はずっとサラハを知っていた。彼はかつて偉大な知識の人だった。いまや彼は無知な者のようにふるまっている。彼は『ヴェーダ』を朗唱するのをやめてしまった。もう宗教が定める儀式を行なってもいない。もう瞑想さえしていない。ふつう宗教的だと考えられていることはなにひとつしていない。いったい彼は、この火葬場に暮らしてなにをしているのだろう？　狂人のように踊り、狂人のように歌い？　そして多くの伝統にはずれたことをして？　彼の知識はどこに行ってしまったのだろう？

そしてサラハは言う。「あなたは私の知識をすべて奪い去ることもできる。それはなんのちがいももたらさない。私はそれで減ったりしない。世界中のすべての聖典をもってきて私に注ぎこむこともできる。それはなんのちがいももたらさない。私はそれで増えたりしない」

彼は非常に名声のある人物だった。王国全体が彼を敬っていた。いまや突然、彼はもっとも敬われることのない人間のひとりになっていた。そしてサラハは言う。「あなたは可能なかぎりのあらゆる名誉を私に与えることもできる。それでも私にはなにもつけ加えられはしない。そしてあらゆる名誉を奪い、私を侮辱することもできる。私への敬意を破壊しようとして、どんなことでもすることができる。なにも起こりはしない。すべては同じ、私は同じままだ。私はけっして増えることも減ることもないなにかだ。いまや私は、自分が雲ではないことを知っている。私は空だ」

「だから人びとが、雲が黒いとか白いとか思おうと、私にはたいして気にならない。私は雲ではないのだから――。そして私は小さな川、ちっぽけな川ではない。ちっぽけな水たまりでもない。私はカップ一杯のお茶ではない。カップ一杯のお茶には、嵐はいともたやすくおとずれる。それはあまりにちっぽけだ。スプーン一杯汲み出せば、なにかが失われる。スプーン一杯注ぎこめば、多すぎて洪水になってしまう」

彼は言う。「私は広大な海だ。さあ、奪いたいものはなんでも奪いなさい。与えたいものはなんでも与えなさい。どちらも問題にならない」

ちょっとその美しさを見てごらん！　なにひとつ問題とならないとき、あなたはわが家にたどり着いている。なにかがまだ問題となるのなら、あなたは家から遠く離れている。いまだに用心しているのなら、自分の行為にたいして巧妙で利口であろうとしているのなら――あることをしなければならないし、あることをしてはならないのなら――まだ〝べき〟や〝べきでない〟が存在するのなら、あなたは家から遠く離れている。あなたはまだ自分のことを、永遠のものではなく、つかのまのものとして思っている。あなたはいまだに神を味わってはいない。

空のような、海のような……それがあなただ。

二番目の詩句《スートラ》——。

比類なき自然は
ブッダの円満をたたえる
生けるものすべて　ここより生まれ死にゆく
けれどもそれは　有形にあらず無形にあらず

比類なき自然は……

第一に、タントラにおいては、自然なことがもっとも大いなる価値だ。ただ自然であること、自然が起こるにまかせること。そのじゃまをしたり、妨げたり、そらしたりすることなく、それ自身が向かってもいない別の方向をとらせたりしないこと。自然に明け渡し、ともに流れること。川を押すことなく、ともに行くこと。どこまでもそれが向かうところに——。この信頼がタントラだ。自然なことがその最高の言葉《マントラ》、その最大の基盤だ。

自然であるとはこういうことだ。あなたは干渉することなく、手放しのうちにある。なにが起ころ

う と見つめる。 あなたは目撃者だ。 それが起こっていることを知ってはいるが、 そのなかに跳びこんだりはしない。 そしてその進路を変えようとはしない。 自然であるとは、 どんな方向性ももたないことだ。 自然であるとは、 達成すべき目標《ゴール》をもたないことだ。 なにか目標があるとしたら自然にはなれない。 あなたの本性が突然ある方向に向かい、 そして目標がそっちにないとしたら、 どうして自然でいられるだろう? いったいどうやって自然になれるだろう? あなたは目標に向かって自分を引っぱってゆこうとするだろう。

それこそ大多数の人たちがやっていることだ。 想像上の目標に向けて自分を引っぱる——。 そして想像上の目標に向けて自分を引っぱっているために、 人びとは自分の自然な運命を見失っている。 それが唯一の目的地《ゴール》だというのに! そしてそのために、 これほどの失意、 これほどの不幸、 これほどの地獄が存在するのだ。 なぜなら、 あなたがなにをやろうと、 けっしてみずからの本性を満たすことはないからだ。

それゆえに人びとは鈍く死んだようになっている。 彼らは生きながらえてはいるが、 生きてはいない。 彼らは囚人のように鎖をかけられて動いている。 その動きは自由の動きではない。 ダンスの動きではない。 そうはありえない。 彼らは戦っているからだ。 彼らはたえず自分自身との戦いのなかにある。 毎瞬のように葛藤が存在する。 あなたはあるものを食べたいのだが、 あなたの宗教がそれを定めていない。 あなたはある女性と行動したいのだが、 それは世間体がよくない。 あなたはあるやりかたで生きたいのだが、 社会がそれを禁じている。 ある道を進みたいと思い、 それが自分の花開く道だと感じているが、ほかの人たちがみんな反対している。

さあ、あなたはみずからの存在に耳をかたむけるだろうか？　それともほかのみんなの忠告を聞くのだろうか？　みんなの忠告を聞けば、あなたの人生は失望以外のなにものでもない、空っぽの生になるだろう。あなたは一度も生きることなく終わってしまう。生とはどんなものなのかけっして知ることなく死んでしまう。

だが社会はこのような条件づけを作りだしてきた。それはただ外側にあるだけでなく、あなたの内側にも居すわっている。それが良心というもののすべてだ。あなたがなにを望もうと、良心が「それをしてはいけない！」と言う。良心はあなたの親の声だ。宗教家や政治家はそれを通じて話しかけようとする。これはたいへんな策略だ。彼らはあなたの内側に良心を作りだした。自分になにがなされているのかまったくわからないうちに、まさに幼年時代から、彼らはあなたに良心を植えつけてしまった。

こうしてあなたは、良心に反するときはいつもやましさを感じる。やましさとは、他人があなたにしてほしくないことを、あなたがしたということだ。だからあなたは、自然であるときはいつもやましさを感じる。そして、やましさのないときはいつも不自然だ。これがジレンマだ。これが分裂だ。これが問題なのだ。

みずからの自然に耳をかたむければ、あなたはやましさを感じる。苦悩が存在する。なにかまちがったことをしたと感じてしまう。あなたはそれを隠そうとする。自分を守ろうとする。たえずそれをしていないように見せかけようとする。そしてあなたは心配している。遅かれ早かれ、誰かがあなたをつかまえるにちがいない。あなたはつかまってしまうだろう。そして不安、やましさ、恐れ……。こうして生にたいするすべての愛をなくしてしまう。

他人に反してなにかするときはいつも、あなたはやましさを感じる。そして他人の言うことをするときはいつも、そのことでけっして幸せを感じはしない。それはあなた自身のやるべきことではないからだ。人はこの二つのはざまにとらえられている。

私はちょうどある逸話を読んでいた――。

ローランドは、弁護士である友人のミルトにたずねた。

「憲法が禁止して保証している〝二重の危険《ダブル・ジェパルディ》〟というのはなんだね？」

もうひとりが答える。

「それはこんなものだよ、ローリー。君が車で出かけているとする。そして君の奥さんと彼女の母親が後部座席に坐って、君にどのように運転するかをまくしたてる。そう、これが〝二重の危険〟というやつだ。そして君には、ふり返ってこのように言う、憲法にみとめられた権利がある。〝ところで、誰がこの車を運転してるんだい？　おまえかい？　それともお母さんかい？〟」

あなたはハンドルのところにいるかもしれない。だが、あなたが車を運転しているわけではない。

大勢の人が後部座席に坐っている。あなたの両親、そのまた両親、宗教家、政治家、指導者、マハトマ、聖人たち——。彼らはみんな後部座席に坐っている。そして誰もがあなたに、「これをしなさい！あれをしてはいけない！　この道を行きなさい！　あの道を行ってはいけない！」と忠告しようとする。彼らはあなたを狂わせる。そしてあなたは彼らにしたがうように教えられてきた。彼らにしたがわなければ、それもまたあなたのうちに、なにかがまちがっているという恐れを生みだす。こんなにたくさんの人が忠告しているのに、どうして正しくなどあれるだろう？　そして彼らは、つねにあなた自身によかれと思って忠告している！　世界全体が「これをしなさい！」と言っているとき、どうして自分だけ正しいことがありうるだろう？　もちろん彼らは多数派だし、正しいにちがいない。

だが思い起こしなさい。それは正しいとかまちがっているとかいう問題ではない。根本的な問題は自然であるかどうかだ。自然であることが正しい！　さもないとあなたは模倣者になる。そして模倣者はけっしてみずからの存在を満たすことはない。

あなたは画家になりたかった。だが両親は言う。「だめだ！　絵なんか充分な金にならない。それに、社会で絵がおまえに名声を与えることもないだろう。おまえは浮浪者になってしまう。乞食になってしまう。だから絵のことで思い悩むことはない。判事になりなさい」。それであなたは判事になった。あなたはもうどんな幸せも感じはしない。判事になるということは偽物だ。そして内心では、あなたはいまも絵を描きたいと思っている。

法廷に坐っているあいだ、あなたは内心ではいまも絵を描いている。あなたは犯人に耳をかたむけているかもしれない。だが彼の顔について考えている。彼はなんと美しい顔をしているんだろう。なんて美しい肖像画が描けそうだろう。あなたは彼の目を、その目の青さを見ている。あなたは色のことに思いをめぐらせている。それなのにあなたは判事なのだ！　それであなたはたえずくつろいでいない。緊張がついてまわる。そしてやがて、あなた自身も自分がりっぱな人間だなどと感じるようになる。あなたはただの模造品《イミテーション》、擬《まが》い物だ。

聞いた話だ――。

ある女性が、ペットのオウムがしつこい咳をするようになって、煙草を吸うのをやめた。彼女は当然ながら心配になった。家のなかでたえず煙草を吸いつづけていたし、その煙が残っているにちがいない。そして、それがオウムに適さないのだと彼女は考えた。そこでオウムを獣医に連れていった。獣医は徹底的な検査を行ない、肺炎もオウム病もないことがわかった。最終的な診断によると――オウムは煙草を吸う飼い主の咳をまねしていたのだ。

煙ではなかった。ただまねをしていたのだ。その女性が咳をしていて、オウムはそれを身につけたのだ。

見つめてごらん。あなたの生はちょうどオウムのようなものかもしれない。それがオウムのようなら、あなたはとほうもなく価値あるものを取り逃がしている。生を取り逃がしているのだ。あなたがなにを得ようと、たいした価値にはならない。生より価値あるものはないからだ。
だからタントラは、自然なことを第一の徳、もっとも根本的な徳とする。

比類なき自然は……

さて、タントラはもうひとつのことを言う。そしてそれは、きわめて明確に理解されなくてはならない。自然は二つのタイプになりうる。それはたんに衝動的なものにもなりうるが、それならさほど特別なものではない。もしそれが気づき《アウエアネス》をもつものであれば、それは比類なき特質を、ブッダの質をもつ。

私の話を何度も聞いているうちに、あなたはたんに自分が衝動的になっているときが自然であると思ってしまう。衝動的になることと自然であることのちがいはなにか？　あなたには二つのものがある。体と心だ。心は社会によってコントロールされ、体は生体機能によってコントロールされている。心が社会によってコントロールされているのは、社会があなたの心に観念を植えつけることができるからだ。そしてあなたの体は、何億年もの生物学的な発達によってコントロールされている。

体は無意識だ。心も同じだ。あなたは両者を超えた見張人だ。そして心や社会に耳をかすのをやめると、生体機能にしたがうようになる可能性は大いにある。それで誰かを殺したいような思いにかられることがあると、あなたはこう言う。「自然でいよう。和尚は〝自然であれ！〟と言っている。だからそうしなくてはならない。自然にならなくては」――。あなたは誤解している。そんなことは、あなたの生を美しく至福に満ちたものにしはしない。あなたはまたしても、たえず葛藤することになる。今度は外側の人びととのあいだで――。

「自然」によってタントラが意味するのは、気づきに満ちた自然だ。だから自然であるための第一のことは、あますところなく気づいていることだ。気づいているとき、あなたは心の罠にも体の罠にもはまらない。すると真の自然が、まさにあなたの魂からあふれ出す。あなたの空から、あなたの海から、自然があふれ出る。さもなければ、あなたは自分の主人を変えることができるだけだ。体から心に変えることはできるし、心から体に変えることはできる。

体はぐっすり眠りこけている。体にしたがうことは盲目の人についてゆくようなものだ。そしてその自然は、あなたを溝へと連れてゆくだろう。それはあなたを助けることにはならない。衝動的であることが自然なことではない。たしかに、衝動にはある自然さが、心以上の自然さがある。だがそれには、タントラがあなたに取り入れてもらいたい特質がない。

それゆえサラハは「比類なき自然は……」と言う。彼は「比類なき」という言葉をつけ加える。「比類なき」とは、衝動によるものではなく、気づきによるもの、意識によるものということだ。

私たちは無意識に生きている。心のなかで生きようと体のなかで生きようと、たいしたちがいはない。私たちは無意識に生きている。

気のながい妻が、うわのそらの医者にたずねた。

「あなた、どうして新しい本の最後のほうを破り捨ててしまったの?」

「ああ、ごめんよ」有名な外科医である彼は答えた。「君の言ってるのは巻末のアペンディクス（付録・突起物）のことだね。ぼくはなにも考えないで切り取ってしまうんだ」

生涯にわたってあらゆる人の体から突起物を切除するということが、無意識の習慣になってしまったにちがいない。アペンディクスを見ると、彼は思わず取り除いてしまう。

私たちはこんなふうに生き、行動している。それは無意識な生だ。無意識な自然さなど、たいした自然ではない。

酔っぱらいは酒場からよろめき出ると、一方の足を道路に、もう一方の足を歩道にかけて歩きはじめた。ひとつか二つの通りを過ぎたところで、警官が彼を呼び止めた。

「おい、かなり酔ってるな!」と警官。

酔っぱらいは一息つくと言った。

「なんてこった!　どうなってるんだ?　おれはびっこになっちまった!」

肉体の影響下にあるとき、あなたは化学反応の影響下にある。またしても……。あなたはひとつの罠から脱け出すが、ふたたびもうひとつの罠に落ちる。ひとつの溝から脱け出すが、もうひとつの溝に落ちてしまう。

本当にあらゆる溝から脱け出して自由になりたいのなら、体と心の両方の観照者にならなくてはならない。観照しているとき、そしてその観照によって自然であるとき、比類なき自然が存在する。

比類なき自然はブッダの円満をたたえる

そしてサラハは、真の自然はブッダの円満さをたたえていると言う。ブッダの円満さとはなにか？プラギャンとカルナー――知恵と慈悲――の二つだ。これがブッダの二つの完全性だ。この二つが存在するなら、あなたの自然からそれがあらわれるなら、それは比類なきものとなる。

知恵とは知識のことではない。知恵が意味するのは、気《アウエアネス》づき、瞑想性、静謐、油断なさ、注意深さだ。そしてその注意深さから、静謐から、生けるものへの慈悲があふれ出す。

この世界全体が苦悩している。至福を楽しむようになるその日、あなたは他者をあわれむようになる。彼らもまた楽しむことができる。彼らは神殿の扉のもとに立っているのに、中に入ろうとはしていない。反対に外側に向かって突進している。彼らは宝をもっている。あなたが成就したのと同じ宝を手にしている。それをたずさえている。だがそれを自覚していないため、彼らはそれを役だててはいない。

ひとりの人が光明を得ると、その人の存在全体は、生けるものすべてにたいする慈悲でいっぱいになる。森羅万象が彼の慈悲に満たされる。慈悲の奔流がその人からあふれはじめ、他のあらゆるものへと達するようになる。男にも女にも、動物や鳥や草木にも、川や山にも、そして星々にまでも——。森羅万象が彼の慈悲を分かち合うようになる。

自然であることが真に目覚めたものであるとき、慈悲に反することなどなにひとつできはしない。人殺しなどできない。人びとは私のところにやってきて、「和尚、あなたは自然であるようにおっしゃいますが、私は自分の妻を殺したいと思うこともあります。そんなときはどうなんですか？」とたずねる。殺人などできはしない。どうして殺すことなどできるだろう⁉　そう、たとえあなたの奥さんでさえ、殺すことはできない。

自然であることが油断のないものであるとき、それが明晰さに輝いているとき、殺そうと思うことすらできるだろうか？　あなたはその可能性がないことを知るだろう。誰も殺されたことなどない。存在は空《そら》だ。あなたにできるのはただ雲を消し去ることくらいだ。だが殺すことはできない。だからそんなことになんの意味がある？　そしてそれほど油断なく、それほど自然であるとしたら、どうして殺すことなどできるだろう？　慈悲がそれとならんで同じほどあふれはじめる。人が目覚めるとき、それと同じだけ慈悲が存在するようになる。

仏陀はこう言っている。「知恵《アウエアネス》のない慈悲があるとしたら、それは危険だ」。それはまさに、私たちが社会奉仕家と呼ぶ人たちのことだ。彼らには慈悲はあるが、気づき《アウエアネス》がない。彼らは善行をなしつづけるが、その善は彼ら自身の存在にはまったく起こっていない。彼らは他者を援助しつづけるが、彼ら自身が多くの助けを必要としている。自分自身が病んでいるのに他の人を援助しつづけている。それは可能ではない。医者はまずみずからを癒さなくてはならない！

仏陀は言う。「知恵《アウエアネス》のない慈悲があるとしたら、その慈悲は害になる」。社会奉仕家は世界中でもっとも迷惑な人たちだ。彼らは自分がなにをやっているのかを知らない。それなのに人びとを助けるため、いつもあれやこれや行なっている。

あるときひとりの男が私をたずねてきた。彼は生涯にわたり、四〇年も五〇年も献身してきた。彼は七〇歳だった。二〇歳のとき、マハトマ・ガンディーの影響を受けて社会奉仕家になった。ガンディーはインドにおいてもっとも大勢の社会奉仕家を生みだした。インドはいまだにこの社会奉仕家たちに苦しめられている。そして彼らを追いはらうのはむずかしいように見える。マハトマ・ガンディーに影響されたこの男は、バスターの原始的な部族をおとずれ、素朴な人たちを教育しはじめた。四〇年の努力、五〇年の努力――。彼は多くの学校、高等学校を開校した。そして今度は、大学を開校しようとしていた。

彼は私をたずねてきた。大学のために私の助けを求めたのだ。私はこう言った。「ひとつだけ教えてほしい。あなたは五〇年間彼らとともにいた。教育が善いことをした、教育を受けていなかったときよりも彼らは善くなったと、確信をもって言えるかね？　あなたの五〇年におよぶ仕事は、彼らをより美しい人間にしたと確信できるかね？」

彼は少々困惑した。汗を流しはじめた。彼はこう言った。「私はそんなふうに考えたことはありませんでした。しかし、あなたにも一理あるかもしれない。いいえ、彼らはより善くなってはいません。実際、教育とともに彼らはずる賢くなりました。ちょうどほかの人たちと同じようになってしまいました。私が五〇年前におとずれたときには、彼らはとほうもなく美しい人たちでした。なるほど、教育はされていませんでしたが、気品がありました。五〇年前にはひとつの殺人もありませんでした。それに、もしそんなことがあったとしても、殺した者は裁判所に出頭したことでしょう。盗みは存在しませんでした。かりに誰かが盗むようなことがあったとしても、部族の長のところに行って〝お腹がすいていたので盗みました。私を罰してください〟と告白したでしょう。五〇年前には、それらの村に錠はありませんでした。人びとはつねに、とても静かでおだやかに暮らしていました」

それで私は彼に求めた。「あなたの教育が彼らを助けていないとしたら、もう一度考えてみなさい。あなたは自分がなにをしているのか知ることなく、他人にたいし善行をなしはじめた。あなたは教育が善いことにちがいないと思っただけだ」

D・H・ロレンスは、人間が救われうるとすれば、一〇〇年間すべての大学が閉鎖されるべきだと言った。完全に！　一〇〇年間は、誰にもどんな教育も与えられるべきではない。一〇〇年間すべての学校、カレッジ、大学が姿を消す。一〇〇年間の断絶――。そしてそれが人間を救う唯一の道だ。

なぜなら、教育は人をとても狡猾にしてしまったからだ。もっと搾取するための狡猾さ、もっと他人を手段として利用するための狡猾さ、不品行になるための狡猾さだ。

自分がなにをしているのか知らないとしたら、善いことをしていると思うことはできるだろうが、善いことなど起こりえない

仏陀は言う。「慈悲が知恵《アウエアネス》につづくときはよい。さもなければそれはよくない」。気づき《アウエアネス》のない慈悲は危険であり、慈悲のない気づき《アウエアネス》は利己的だ。だから仏陀は言う。「完全なブッダには知恵《アウエアネス》と慈悲の二つがある」。あなたが気づくようになり、しかも他者のことを忘れて「なぜ私が心配することがある？私はいま幸せだ」と言うとしたら――目を閉じて他者を助けないとしたら、他者が気づくようになるのを手助けしないとしたら――そのときにはあなたは利己的だ。根深い自我《エゴ》がいまだに存在している。気づき《アウエアネス》は自我《エゴ》の半面を殺す。そしてあとの半面は慈悲によって殺される。この二つのあいだで、自我は完全に破壊される。そして人が無自己になったとき、その人はブッダになっている。

サラハは言う――。

比類なき自然は
**　ブッダの円満をたたえる**
生けるものすべて　ここより生まれ死にゆく
けれどもそれは　有形にあらず無形にあらず

彼は言う。この比類なき自然から私たちは生まれる。この神性なるものより私たちは生まれる。そしてふたたび、休息するためにこの神性なるものへと還ってゆく。

その中間で、この二つのあいだで、私たちはあまりに雲に執着してしまう。だから必要なことのすべては、雲に執着しないことだ。これがタントラのすべてをひとつの言葉にしたものだ。雲に執着しないこと――。雲はつかのまに存在するだけだからだ。私たちはあの源より、あの無垢なる源より生まれた。そしてあの無垢なる源へと還ってゆく。この二つの中間にはたくさんの雲が存在することだろう。それにしがみついてはならない。ただ見つめなさい。自分が雲ではないことを思い起こしなさい。

生けるものすべて　ここより生まれ死にゆく

私たちは神から生まれた。私たちは神なのだ。そしてふたたび神へと向かっている。その中間で、私たちは千とひとつの夢を見はじめる。あれやこれやになる夢を――。

神とはもっともあたりまえの現実だ。神はあなたの源だ。神はあなたの終着地だ。神はまさにいまここにある！　あなたの現前にこそ神はある。それは神の現前なのだ。あなたが私を見つめるとき、神が私を見つめている。ほかの何者でもない。雲から空への焦点の転換、変換――。するとー瞬にしてあなたは静まり、突然あふれんばかりの至福を感じる。不意に自分をとりまいている祝福を感じる。

けれどもそれは　有形にあらず無形にあらず

それは心でも体でもない。この神性なるもの――。心はかたちがなく、体はかたちをもつ。体は粗大で、心は微細だ。体は物質であり、心は思考だ。この内なる神性はどちらでもない。この内なる神性は超越だ。

タントラとは超越だ。

だから自分を肉体だと考えるとしたら、あなたは曇らされている。それなら雲に同化している。自分を心だと考えるとしたら、またしてもあなたは曇らされている。どんなやりかたであれ自分を体や心と同一視して考えるなら、あなたは的をはずしている。

気づくようになると、そして突然、体を見つめ心を見つめる観照者としてのみ自分を知るようになると、あなたはサラハになる。矢が射られる。その意識の変換のなかで――それはギアのちょっとした変換にすぎない――矢が射られる。あなたはたどり着いている。実際には、あなたは離れたことなどない。

三番目の詩句《スートラ》――。

他の道を行く者は　真の至福に背を向ける
刺激の生みだす喜び求めて
あまりに近き口中の蜜
すぐに飲まねば消えつきよう

本当は自分と一体である、その空とひとつにならないとしたら、あなたは他の道を歩んでいる。他の道は無数に存在する。真の道はひとつだ。そして実は、真の道は道ではない。空はけっしてどこにも行きはしない。雲はうろつく。あるときは西に、あるときは東や南に、あちらこちらへと——。雲は大いなる放浪者だ。雲はうろつき、道を見いだす。それは地図をもっている。だが空はただ存在する。それはいかなる道ももたない。どこにも行くことはできない。空には行くところがない。それは遍在だ。

だからみずからの空のような存在を思い起こす者は、くつろぎ安らいでいる。このような少数の存在、少数のブッダたちをのぞき、他の者はさまざまな道を行き「真の至福に背を向ける」。

これを理解しようとしてごらん。それはとても深遠な言葉だ。

どんな道を歩んでいるときでも、あなたは真の至福からはずれようとしている。なぜなら、真の至福とはあなたの本性だからだ。それを作りだす必要はない。それを成しとげる必要はない。それを達成する必要はない。

私たちが道にしたがうのは、どこかに到達するためだ。だが真の至福は目的地ではない。それはすでに存在している！　それはすでに現状だ。だから動きはじめる瞬間、あなたは離れてゆく。どんな動きも遠ざかるものになる。行くことはすべて迷うことだ。どこにも行かないことがたどり着くことだ。どこにも行かないことが真の道だ。求めれば、あなたは逃す。求めなければ見いだすだろう。

他の道を行く者は　真の至福に背を向ける
刺激の生みだす喜び求めて

至福には二つのタイプがある。ひとつは条件つきのもので、ある条件のもとでのみ起こる。あなたはつきあっている女性に会うと幸せを感じる。あるいはお金が大好きで、一〇〇ルピー札のつまったバッグを道端で見つけたとする。すると幸せになる。また、あなたは自己顕示欲が強く、ノーベル賞が授与されたとする。するとあなたは躍りあがって幸せになる。こういったものは条件つきであり、あなたはその準備をしなくてはならない。そしてそれらは一時的なものだ。

条件つきの幸福によって、いつまで幸せでいられるだろう？　いつまで幸福がつづくだろう？　それはほんのわずかのあいだ、ちらっとおとずれるにすぎない。そしてそれは消えてしまう。そう、一〇〇ルピー札のつまったバッグを見つけると、あなたは幸せになる。だがいつまで幸せでいられるかね？　たいしてつづきはしない。実際には、一瞬のあいだエネルギーのうねりがあり、あなたは幸せを感じる。そして次の瞬間には心配になる。つかまるのではないか？　これは誰のお金だろう？　誰か見てなかっただろうか？　そして良心が言う。「これは正しいことではない。一種の泥棒だ。法廷に行くべきだ！　警察に行くべきだ。警察にお金をとどけるべきだ！　なにをやってるんだ？　道徳的な人間なんだろう」。不安とやましさ……。だがあなたはそれを家にもって帰った。今度はそれを隠そうとしている。さあ、心配になる。奥さんがそれを見つけるかもしれない。本当に誰かが見ていたかもしれない。誰かに見られたかもしれない。ひょっとして、誰かが警察に通報したかもしれない。さあ、不安になる。

そして、たとえ誰も通報したり目撃したりしていなくても、そのお金をどうするつもりかね？　なにをしようとも、またしても一瞬の幸せをもたらすだけだ。車を買って、その車がポーチにある。するとあなたはわずかのあいだ幸せになる。それから？　それからその車は古くなる。次の日にはいつもの車になる。二、三日後には全然見ることもなくなる。

つかのまの幸せは来ては去る。それは雲のようだ。そして川のようだ。とてもちっぽけな川で、わずかの雨であふれてしまう。雨がやんでその流れが海へと去ると、ちっぽけな川はふたたびちっぽけになる。一瞬のあいだあふれ、そして空っぽになる。それは増えることも減ることもない海のようではない。

サラハが「真の至福」と呼ぶ、別の種類の至福が存在する。それは無条件だ。ある条件をととのえる必要はない。それは存在している！　あなたはただ、自分自身をのぞきこまなければならない。するとそれはある。女性は必要ない。男性は必要ない。大きな家もいらないし、大きな車もいらない。名声も権力も人を魅了する力も必要ない。なにも必要ない。目を閉じて内に向かえば、それはそこにある。

このような至福だけが恒常的なものになりうる。このような至福だけが永遠にあなたのものになりうる。

求めれば、あなたはつかのまのものを見いだす。求めなければ、この永遠なるものを見いだす。

他の道を行く者は　真の至福に背を向ける
刺激の生みだす喜び求めて
あまりに近き口中の蜜
すぐに飲まねば消えつきよう

蜜はあなたの口のなかにある。それをヒマラヤで、どこかの山のなかで探すつもりかね？　あなたはヒマラヤでたくさんの蜜が手に入るという話を聞いたことがある。それで探しにゆくつもりなのだ。蜜はあなたの口のなかにあるというのに！

インドでは、神秘家たちはいつもジャコウ鹿の話をしてきたものだ。ジャコウを臍《へそ》にもつある種の鹿がいる。ジャコウが強まるとき……それは鹿が本当に発情してはじめて起こる。ジャコウは自然の仕掛け、生物学的な仕掛けだ。ジャコウが香りを放つと、雌鹿はその鹿に引きよせられる。ジャコウによって、そのにおいにつられてやってくる。

においはもっとも性的な感覚のひとつだ。それゆえ人間は鼻をきかなくしてしまった。それは危険な感覚だ。あなたは真ににおいを感じてはいない。実際、言葉そのものからしてひどく非難されている。誰かがいい目をしていると、すばらしい目をもっていると、「あの人はよく見える」と言う。音楽にたいして完璧な耳をもっていれば、「あの人はよく聞こえる」と言う。だが「あの人はよくにおう」とは言わない。なぜだろう？　実際、「あの人はにおう」というのは、ちょうど反対のことを意味している。それは、彼が悪臭を放っているという意味であり、におう能力があるという意味ではない。その能力が欠けているという意味になる。

人間はにおいを感じていない。そして私たちは性的なにおいを隠そうとしている。香水をつけたり、体を洗い流したり、あれやこれやして――。私たちは隠している！　においを恐れている。においはセックスにもっとも近い感覚だからだ。動物たちはにおいによって恋に落ちる。動物はたがいににおいをかぎ、そのにおいがぴったりだと感じたとき、はじめて愛を交わす。それで彼らの存在には調和があるのだ。

このジャコウは、鹿が発情しているとき、雄が雌を必要としているときだけ生じる。雌が雄を見つけるためにやってくる。だがめんどうなことになる。雄はジャコウのにおいをかぐが、それが自分の臍から、自分の体から生じているのがわからない。それで狂ったように走り回り、このにおいがどこからくるのかを見つけようとする。自然にそうなる。どうして鹿にわかるだろう？　人間でさえどこから至福が生じるのか、どこから美が生じるのか、どこから喜びが生じるのか見当がつかない。鹿はゆるされていい。かわいそうな鹿――。彼はジャコウを探してあちらこちらと走り回る。そして彼が走り回るほど、その香りは森中に広がってゆく。彼の行くところはどこでもそのにおいがする。鹿はジャコウが自分の内側にあるのがわからないため、ほとんど狂ってしまうこともあるという。

そして人間の場合も同じだ。人は探し求めて狂っている。あるときはお金、あるときは名誉、あれやこれや――。だがジャコウはあなたの内側にある。蜜はあなたの口のなかにある。サラハの言っていることを見てごらん。

あまりに近き口中の蜜
すぐに飲まねば消えつきよう

彼は言う。すぐに飲みなさい！　一瞬も逃してはならない！　さもないとそれは消えてしまう。いまこそそのときだ！　すぐに――。時をむだにしてはならない。これは即座になされうる。どんな準備の必要もないからだ。それはあなたの内奥の核心だ。この蜜はあなたのものだ。このジャコウはあなたの臍に隠されている。あなたは生まれたときからそれをたずさえているというのに、この世のなかに探し求めている。

四番目の詩句《スートラ》――。

けものたちはこの世を知らず
あわれなる　その境涯を
知者は楽土の甘露飲む
けもの　官能にこがれしうちに

「けもの」という言葉は、ヒンディー語やサンスクリット語の「パシュウ」の訳語だ。その言葉には独特の意味がある。文字どおりには、パシュウは動物、けものを意味する。だがそれはたとえだ。それは「パシュ」という言葉に由来する。パシュは束縛を意味する。パシュウは〝束縛された者〟という意味だ。

けものとは束縛された者だ。肉体や本能や無意識の束縛、社会や心や思考の束縛――。けものとは束縛された者のことだ。

けものたちはこの世を知らず

どうして彼らに知ることができるだろう？　その目は自由に見ることができない。その心は自由に見ることができない。その体は自由に感じることができない。彼らは聞くこともなく、見ることもなく、においをかぐこともなく、触れることもない。彼らは束縛されている。すべての感覚が不具にされ、鎖につながれている。

けものたちはこの世を知らず

どうして彼らにこの世を知ることができるだろう？　ただ自由のなかでのみ、この世界を理解することができる。どんな聖典も束縛にならないとき、どんな哲学も手枷にならないとき、どんな神学も牢獄にならないとき——あらゆる束縛を脱しているとき——そのときあなたは理解することができる。理解は自由のなかでのみ生まれる。理解は混乱していない心においてはじめてあらわれる。

けものたちはこの世を知らず
あわれなる　その境涯を

そして彼らには、この世があわれむべき境遇だとは理解できない。いわゆるこの世は、精神と肉体によって作りだされた世界は、蜃気楼のようなものだ。それらしくは見える。とても美しく見える。だがそれはただの見せかけだ。本当はそんなものではない。それは虹のようだ。とても美しく、とても色あざやかだが、近づくと消えてしまう。虹をしっかりつかまえようとすれば、あなたの手は空っぽになる。そこにはなにも存在していない。それは幻《まぼろし》だ。だが無意識なために、私たちはそれを知ることができない。

ただ気づきによってのみ、視力《ヴィジョン》が生じる。すると、なにが蜃気楼でなにが真実なのか見ることができる。外側の偶然によって起こるすべての幸福は蜃気楼だ。あなたはそれによって苦しむことになる。それはまやかしであり幻影だ。

女性あるいは男性といっしょにいると、とても幸せに感じる？　それならあなたは苦しむことになる。遅かれ早かれ、すべての幸福が消えてしまったのを見ることになる。遅かれ早かれ、ただ想像していただけだったのだとわかる。それは存在していなかった。ただの夢だったのかもしれない。あなたは空想にふけっていたのだ。男と女の現実が明らかにされると、二匹の醜いけものがおたがいを支配しようとしていたのだということがわかる。

聞いた話だ――。

男友だちが、花婿を奮い立たせようとして全力をつくしていた。彼は声をかけた。

「肝っ玉はどこに行っちまったんだ、いい年をして？　木の葉のように震えてるじゃないか！」

「わかってるよ」花婿は言う。「でも、おれにとっては肝っ玉もふっ飛ばされそうなときなんだ。怖《お》じ気《け》づくのも無理はないだろう？　これまで結婚したことなんかないんだから」

「そりゃそうさ」男友だちは言う。「経験があれば、いまよりずっとおびえてるさ！」

人生をのぞきこむにつれ、人生を見つめるにつれ、それについてもっと学ぶにつれ、あなたはやがて幻滅を感じるだろう。なにもない……。蜃気楼があなたを招きよせていたにすぎない。あなたは何度もだまされている。ただなにもないことを知るために、何度も走り回って長い旅をしている。

もしあなたが目を見張っていれば、体験はあなたをこの世から解き放つだろう。そして私もサラハも、「この世」ということで、木々や星たち、山や川の世界を言っているのではない。彼が「この世」で意味しているのは、あなたが心によって投影している世界、欲望によって投影している世界のことだ。そのような世界こそマーヤーだ。そのような世界こそ迷いだ。それは欲望や思考によって生みだされている。思考や欲望が消え去り、ただ気づきが、覚醒が存在するとき――思考の雲はなく、ただ意識が、空《そら》が存在するとき――そのときあなたは真の世界を見る。その真の世界こそ、宗教が神と呼び、仏陀がニルヴァーナと呼んでいるものだ。

けものたちはこの世を知らず
あわれなる　その境涯を

知者は楽土の甘露飲む
けもの　官能にこがれしうちに

希望にやぶれるとき、夢にやぶれるとき、あなたはこの夢はだめかもしれないと考える。そうして別の夢を見はじめる。欲望がかなえられないとき、あなたは必要なだけの努力をしなかったのだと考える。またしてもあなたはあざむかれる。


路面電車の席に坐っている女性は、隣の男がメトロノームのように頭を左右に振っているのに気がついた。彼女は好奇心をおさえきれず、なぜそんなことをしているのかとたずねた。

「こうやっていると時間がわかるんですよ」そいつは答えた。

「それじゃあ、何時かしら？」女性はたずねる。

「四時半です」なおも頭を振りながら彼は言う。

「ちがうわ。四時四五分よ」

「ええっ！　ゆっくりすぎたか！」

男はスピードを上げながら答えた。

このようにしてそれはつづいてゆく。あることを成しとげられなければ、あなたは必要なだけの努力をしていなかったのかもしれないと考える。あるいはスピードがゆっくりすぎたのか、競争心が他人と競い合うには充分でなかったのかもしれない。あなたは充分に積極的ではなかった。充分に暴力的ではなかった。無気力で怠惰だった。次回は奮起して、一心不乱に向かわなければならない。次はがんばらなくてはならない——。

それはあなたのがんばりにはなんの関係もない。あなたが失敗したのは、成功が不可能だからだ。努力やスピードや積極性が理由で失敗したわけではない。そうではない。足りないところがあるから失敗したのではない。あなたが失敗したのは、この世では失敗が唯一の可能性だからだ。誰も成功しはしない。誰も成功などできないのだ！　成功は可能ではない。欲望は満たされえない。そして投影は、あなたが現実を見るのをけっしてゆるさない。あなたは束縛されたままになる。

あなたもまた、私が体験したように何度も同じ失敗を体験している。あなたもまた、仏陀やサラハが体験したように何度も同じ失敗を体験している。それならなにがちがうのだろう？　あなたは失敗を体験しても、そこからなにも学んでいない。それが唯一のちがいだ。そこから学ぶようになる瞬間、あなたはブッダとなる。

ある体験、別の体験、また別の体験……。だがあなたは、すべての体験をひとつにまとめることをしない。あなたは決着をつけない！　あなたは言う。「この女がまったくひどいもんだというのはわかった。オーケー。でも女は数えきれないほどいるんだ。別のを見つけるさ」。そしてその女もまた失敗だとわかると、またしても希望をいだく。また別のを見つけようと夢想しはじめる。「ひとりの女がだめでも、すべての女がだめだということにはならないさ」。あなたは希望をいだきつづける。希望しつづけ、その希望があなたの体験をうち負かしつづける。あなたはまったく学んでいない。

ある関係が束縛になると、あなたはなにかがまずかったのだと感じる。次回はそれを束縛にしないよう、あらゆる努力をするつもりになる。だがそれが成功することはない。ものごとの本性からして、この世では成功などないからだ。失敗が唯一の可能性だ。成功は不可能だ。

失敗が唯一の可能性であり、すべての虹は偽りだと悟る日――遠くで輝き磁石のように魅きつけるすべての幸福は、ただの虚ろな夢、願望にすぎず、惑わされていたのだと悟る日――あなたが事実を悟るその日、方向転換が起こり、回心が起こり、新たな存在が誕生する。

バタンとドアを閉めると、怒りもあらわにスカートの裾をすり合わせながら、がっしりした女性が登記事務所に入ってきた。

「このジョン・ヘンリーとの婚姻届を出してくれたのかい？　どうなんだい？」

彼女は荒っぽく書類をテーブルに置くと、がなりたてた。

登記係はメガネをかけてそれを綿密に点検した。

「ええ、奥さん」彼は慎重に答えた。「そのはずですが、どうかなさいましたか？」

「それなら、どうしてくれるんだい？」彼女は泣き叫んだ。「あいつは逃げちまったんだよ！」

あらゆる関係はうわべが美しいだけだ。奥底では、それは一種の束縛だ。私は人びとと関わるなと言っているのではない。どんな関係も自分を幸せにしてくれるなどと考えることなく、関わりなさいと言っているのだ。関わりなさい！　もちろんあなたは関わらなくてはならない。この世のなかにいるのだから――。あなたは人びとと関わらなくてはならない。だがいかなる関係もあなたに幸福をもたらすことはない。なぜなら、それはけっして外側からはやってこないからだ。それはつねに内側から輝きを放つ。それはつねに内側からあふれ出す。

そしてサラハは言う。それが外側から来ると信じている人はけものだ。彼はパシュウだ。とらわれの身だ。そして、それはけっして外側から来ないという事実を、それが生じるのはいつも内側からだということを悟った人は、自由になる。彼は人間だ。彼こそ真に人間だ。もはやけものではない。そのような自由とともに人間が誕生する。

けものたちはこの世を知らず
あわれなる　その境涯を
知者は楽土の甘露飲む……

この「楽土の甘露」とはなにか？　それはすでにあなたの口のなかにある蜜を象徴するものだ。そしてあなたはそれを味わったことがない。それを味わう時間がない。この世界全体はあまりに広大だ。

そしてあなたはある場所からまた別の場所へと走り回っている。あなたには、すでに存在している蜜を味わう時間はない。

それが楽土の甘露だ。それを味わえばあなたは楽園にいる。それを味わえば死は存在しない。それゆえに「楽土の甘露」と呼ばれているのだ。あなたは不滅になる。あなたは不滅なのだ。まだそれを知ってはいないが、あなたは不滅なのだ。死など存在しない。あなたは不死だ。空は死ぬことがない。ただ雲だけが生まれては死んでゆく。川は生まれては死ぬ。だが海は死ぬことがない。あなたも同じだ。

サラハはこれらの詩句《スートラ》を王に伝えている。サラハは王を論理的に納得させようとしているのではない。実際、彼はただみずからの存在を、王の手にとどくようにしているだけだ。そして、王に新たな全体像《ゲシュタルト》を与えようとしている。サラハを見るための――。

タントラは生を見るための新たなゲシュタルトだ。そして私は、タントラより深遠なものに出会ったことはない。

愛は死のよう

第4話

24 April 1977

最初の質問――。

和尚、あなたは私がずっと求めてきたすべて、求めうるすべてです。それなのに、なぜあなたにたいしてこれほどの抵抗があるのでしょうか?

それが理由だ――。私への深い愛があれば、深い抵抗もまた存在する。それらはたがいに均衡している。愛があるところならどこでも、抵抗もまた存在する。あなたがとほうもなく魅かれるところならどこでも、その場所から、その空間から、逃げ出したくもなる。とほうもなく魅かれるということは、深淵に落ちてゆくことを意味するからだ。あなたはもう自分自身ではいられなくなる。

愛は危険だ。愛は死のようだ。死そのものよりも、もっと死のようだ。死のあとでもあなたは存続するが、愛のあとではあなたは存続しない。そう、誰か別の者が誕生する。だがあなたは消え去る。それゆえの恐れだ。

私との愛のなかにいない者は、すぐ近くにも来れるし、どんな恐れもないだろう。私を愛する者は、一歩踏み出すごとに不安がある。彼らはいやいやながらその一歩を踏み出す。それは彼らにとって非常に困難なものとなる。私に近づけば近づくほど、彼らの自我《エゴ》は弱められるからだ。私が死ということで意味しているのはそれだ。彼らが真に私に近づいたとき、彼らはいない。ちょうど私がいないように――。

私に近づくことは無の状態に近づくことだ。ふつうの愛においてさえ抵抗がある。そしてこの愛はありきたりのものではない。この愛は比類なきものだ。

質問はアナンド・アヌパムからだ。私は彼女を見守ってきた。彼女は抵抗している。この質問はただの知的なものではなく、実存的なものだ。彼女は懸命にあらがっている。だが彼女は勝つことはできない。そして勝つことができないゆえに、彼女は祝福されている。彼女の負けは確実だ。それは絶対的に確実だ。私は彼女の目のなかにそのような愛を見ている。その愛はあまりに強く、すべての抵抗を破壊することになるだろう。生き残ろうとする自我《エゴ》のあらゆる努力にうち勝つだろう。

愛が力強いとき、自我《エゴ》はなんとかしようとはするが、それはすでに勝つ見込みのない戦いだ。それゆえに、これほど多くの人びとが愛なしで生きている。彼らは愛について話すが、愛なしで生きている。愛について空想はするが、愛を現実のものにすることはない。なぜなら、愛を現実のものにするということは、自分自身を完全に破壊しなければならないということだからだ。

あなたが師《マスター》のもとをおとずれるとき、それは完全な破壊になるか、あるいはなにも起こらないかのどちらかだ。あなたは私のなかに溶けてゆかなければならないし、私があなたに溶けてゆくのをゆるさなければならない。あるいは、ここにいることはできるがなにも起こらない。そのどちらかになる。自我《エゴ》が居すわるなら、あなたと私のあいだには万里の長城が存在する。そして万里の長城は簡単に破壊できるが、自我はもっと微妙なエネルギーだ。

だがひとたび愛が生まれると、自我《エゴ》は無力になる。そして私は、アヌパムの目のなかにそのような愛を見ている。それはある。それはたいへんな奮闘になるだろう。だがそれでいい！　いとも簡単に近づくことのできる者は、近づいてなどいないからだ。長い時間のかかる者、少しずつ克服してゆく者、彼らだけがとどく。

だがなにも心配することはない。その旅は長い旅になる。アヌパムは時間がかかる。おそらく数年は――。だが心配することはない！　彼女は正しい道にある。それに、彼女は引き返すことのできる地点を越えてしまった。そこからはあともどりが存在しないような地点を越えてしまった。だからそれは時間の問題にすぎない。

彼女は私の手のうちにある。私はけっして誰も強いたりしない。その必要はないからだ。そして人びとに時間と充分なロープを与えるのはいいことだ。人びとは独力でやってくる。明け渡しが自由からのものであるとき、そこには美がある。

あなたはそれが近づいていることを信頼してもいい。それは進行中だ。あなたの存在のもっとも深い核心では、それはすでに起こっている。いまやそれは時間の問題にすぎない。そうして最奥の核心があなたの表面的な心に知らせを伝える。あなたはハートのなかですでに私に達している。ただマインドのなかにのみ奮闘が存在する。中心では、あなたはすでに私に近づいている。ただ周辺においてのみ戦いがつづいている。司令部は事実上すでに降参している。

いまもまだ戦いをつづけている日本兵の話を、聞いたことがあるにちがいない。第二次世界大戦が終わり、長い年月が過ぎ去った。第二次世界大戦から二〇年後、彼はいまだに戦いつづけている。彼は日本が降伏したのを知らなかった。インドネシアのもっとも深い森のどこかにいたのだ。そしていまも、自分は日本の天皇の臣民であり、戦いはつづいていると思っている。彼は狂っているにちがいない！　彼は身を隠し、逃げのび、人びとをやっつけていた。たったひとりで！

　つい二、三年前、日本に帰国したとき、彼は英雄の待遇を与えられた。ある意味で彼は英雄だ。彼は知らなかったのだ。だが強靱な意志の人だったにちがいない。彼は他人から聞いてはいた。耳にしていなかったわけではない。二〇年ものあいだどうやって避けられる？　日本は降伏した、戦争は終わったということを――。だが彼は、「司令官から命令を受けないかぎり、私は降伏しない」と主張した。ところが司令官は死んでいる。だから司令官からは命令を受けようがない。そして彼は一生かけて戦うつもりだった。彼をつかまえるのは非常にむずかしいことだった。彼はとても危険だった。だが彼はつかまった。

　アヌパムの場合もちょうどこのようなものだ。司令部はすでに降伏し、司令官は死んでいる！　アヌパム、あなたはただ周辺で、インドネシアの森のどこかで戦っているにすぎない。だが遅かれ早かれ、あなたがどんなに狂っていようと、知らせを受けとることになる……。

二番目の質問——。

私は真実になりたいと望んでいます。しかし、それはいったいなんなのでしょう？　どうすればいいのでしょう？　私は悪循環のなかに、牢獄のなかにいるように感じています。私は脱け出したいのです。でもどうすればいいのでしょうか？

まず第一に、あなたは牢獄のなかにはいない。誰もそんな人はいないし、そうであったためしもない。その牢獄は空想だ。あなたはたしかに無意識ではある。だが牢獄にいるわけではない。その牢獄は、あなたが不幸にも眠りのなかで見ている夢、悪夢だ。だから根本的な問題は、どのようにして牢獄から脱け出すかではない。根本的な問題は、どのようにして眠りから脱け出すかだ。そしてあなたがどれだけ問題をはっきりさせるかによって、大きなちがいが生じる。「どうやって牢獄から脱け出すか？」と考えはじめると、存在しもしない牢獄と戦うようになる。そのときあなたはまちがった方向に向かっている。

それこそ多くの人たちが何世紀にもわたってやっていることだ。彼らは自分が牢獄のなかにいるのだと思っている。それで牢獄と戦い、監視人と戦い、看守と戦い、体制と戦っている。彼らは壁と戦っている！　窓の鉄格子をヤスリで削りつづけている。彼らは牢獄から逃げ出したい。それで牢獄の錠を開けようとしている。だがそれはできない。牢獄は存在しないからだ。看守や監視人や鉄格子や錠は、すべて想像だ。
あなたは深い眠りのなかにあり、悪夢を見ている。根本的な問題は、どのようにして眠りから脱け出すかだ。
聞いた話だ――。

どれほどひどい監禁も、ある酔っぱらいが苦しめられていたものほどあわれなものはない。彼は公園をとりかこむ柵の外側の歩道を、必死になって何度もぐるぐる回り、さまよっているのを発見された。彼は柵の棒をたたきながら泣き叫んでいた。「おれを出してくれ！」

これがあなたの状況だ。あなたは閉じこめられてはいない。監禁されてはいない。たんに酔っぱらっているだけだ。あなたは閉じこめられていると思っている。それは観念にすぎない。そして私には、なぜあなたの心にそのような観念が生じたのかがわかる。あなたは自分自身を、あらゆるものによって非常に制限されたものとして感じているからだ。牢獄の観念はその制限から生じている。あなたがどこに向かおうと、限界が存在する。あなたはそこそこにしか進めないし、その先に行くことはできない。それならあなたをはばむ壁が存在するにちがいない。そこであなたはいたるところに壁があるのだと推測する。目には見えないかもしれない。まったく透明なガラスでできている壁なのかもしれない。それをとおして見ることはできる。だがどんな方向に進むときであれ、あなたは何度もつまずき、ある地点を越えてゆくことができない。

これがあなたに牢獄という観念を、閉じこめられているという観念を与える。だがこの限界もまた眠りが原因だ。眠りのなかであなたは肉体と同化するため、肉体の限界があなたの限界になる。眠りのなかであなたは心と同化するため、心の限界があなたの限界になる。

あなたは限りがない。あなたには限界がない。純粋な存在におけるありのままのあなたには、どんな限界も存在しない。あなたはひとりの神だ。だがその神の境地を知るためには、牢獄と戦いはじめてはならない。さもないとあなたはけっして勝者になることはない。そしてますますうち負かされ、挫折を感じ、自信を失い、それから逃れるのは不可能であるかのように感じてしまう。

もっと気づくようになることからはじめなさい。もっと油断なく、もっと注意深くなることからはじめなさい。それこそ、なすべき唯一のことだ。

気づいていると、あまりに窮屈だった壁がもうそれほど接近してはいないと感じるようになる。それは広がってゆく。あなたの牢獄はますます大きくなってゆく。意識が拡大すればするほど、牢獄がもうそれほど小さくないことを知る。それはますます大きくなってゆく。より拡大した意識があれば、動き、存在し、生き、愛するためのより大きなスペースが手に入る。こうしてあなたは根本的な仕組みを知る。意識的であることが少なければ、壁は近づいてくる。無意識であれば、壁はまさにいたるところであなたに触れている。あなたは小さな独房にいる。ほんのわずかな動きも可能ではない。

意識の拡大――この言葉を心にとめなさい。その拡大とともに、あなたが拡大する。いつの日かあなたの意識が絶対的なものとなり、残された闇の暗がりが内側にひとつもないとき――あなたのうちに無意識的なものがなにひとつなく、すべてが意識的になったとき、光が明るく燃えているとき、内なる気づきから光り輝くとき――そのとき突然、あなたは天空さえも限界ではないことを、自分にはどんな限界もないことを知る。

これこそあらゆる時代の神秘家たちの体験のすべてだ。イエスが「私と天にいます父はひとつだ」と言うとき、彼が意味しているのはこれだ。彼は「私には限界がない」と言っているのだ。それは同じことを言うためのひとつのやりかた、比喩的で象徴的なやりかただ。「私と天にいます父は二つではなくひとつだ。この小さな肉体のなかにいる私と全存在に広がる神は、二つではなくひとつだ。わが源と私はひとつだ。私は〝存在〟そのものと同じだけ広大だ」

それはウパニシャッドの神秘家が「アハン・ブラフマ・アスミ――われは絶対者なり、われは神なり」と宣言するときに意味していることだ。この言葉は、いかなる無意識も存在しない気づきの状態から発せられている。

それはスーフィーのマンスールが「アナ・ル・ハック――われは真理なり」と宣言するときに意味していることだ。

これらの偉大な言葉はきわめて意義深い。それらはただ、あなたは意識と同じ大きさだと言っているのだ。それ以上でもそれ以下でもない。麻薬《ドラッグ》に大きな魅力があるのはそのためだ。ドラッグは化学的に、意識がいまよりも少々広がるように強いるからだ。LSDやマリファナやメスカリン、こういったものは突然の意識の拡大をもたらす。もちろんそれは強いられたもの、暴力的なものであり、なされるべきではない。そしてそれは化学反応だ。あなたの霊性にはなんの関係もない。それを通じて成長することはない！　成長は自発的な努力によって生まれる。成長は安くはない。ただのわずかなLSD、ほんのわずかな量のLSDが霊性の成長をもたらせるほど、それほど安っぽいものではない。

オルダス・ハクスレーはまったくまちがっている。彼はLSDによって、カビールやエックハルトや馬祖と同じ体験に達したと思いはじめた。いいや、それは同じ体験ではない。そう、なにかは似ている。その類似性は意識の拡大にある。だがそれは非常に異なってもいる。それは強いられたものだ。あなたの生体機能や生化学への暴力だ。そしてあなたは同じままだ！　それによって成長することはない。ひとたびドラッグの影響が消滅すれば、あなたはふたたび同じ人間になる。相変わらずのちっぽけな人間になってしまう。

カビールは二度と同じにはならない。なぜならその意識の拡大は、ただの強いられたものではないからだ。彼はそれに向かって成長した。もうあともどりは存在しない。それは彼の一部となった。それは彼の存在となった。彼はそれを自分のものにした。

だがその魅力は理解できる。その魅力はつねに存在してきた。それは現代という時代とはなんの関係もない。それはつねに存在している。ヴェーダの時代から、人間はずっと、ドラッグにとほうもなく魅きつけられてきた。それは贋《にせ》のコインだ。きわめて不自然なやりかたで真実のわずかな一瞥をもたらす。だが人はつねに拡大を求めている。人は偉大になることを望んでいる。

人はお金によって偉大になりたいと望むこともある。そう、お金もまたあなたに拡大の感覚を与える。それはドラッグだ。多くのお金を手にしているとき、あなたは自分の境界線がそれほど接近してはいないと感じる。それは遠くにある。あなたは望むだけの車を手に入れることができる。あなたは制限されていない。急にロールス・ロイスが欲しくなったとしても、手に入れることができる。あなたは自由を感じる。お金がないときロールス・ロイスがそばを通り過ぎると、欲望が湧きあがる。だが限界がある。あなたのポケットは空っぽだ。貯金は全然ない。あなたは傷つく。壁だ――。あなたはそれを越えてゆくことができない。自動車はそこにある。あなたはその車を見る。いますぐにでも手に入れることは可能だ。それなのにあなたと車のあいだには壁が存在する。貧しさという壁が――。

お金はあなたに拡大の感覚を、自由の感覚を与える。だがそれもまた偽りの自由だ。もっと多くのものを手に入れることはできるが、それがあなたの成長を助けることはない。あなたがもっと大きくなるわけではない。あなたのもつものは大きくなるが、あなたの存在は同じままだ。権力も同様だ。一国の首相や大統領になると、あなたは力強く感じる。軍隊、警察、法廷――国家の装備全体があなたのものになる。国の境界線があなたの境界になる。あなたはとほうもなく力強く感じる。だがそれもまたドラッグだ。

私に言わせてほしい。政治やお金は、ＬＳＤやマリファナと同じだけドラッグだ。そしてそれらははるかに危険だ。もしＬＳＤかお金かを選ぶしかないとしたら、ＬＳＤのほうがずっとましだ。もし政治かＬＳＤかを選ぶしかないとしたら、ＬＳＤのほうがずっとましだ。そのほうがはるかに宗教的だ。なぜ私はそう言うのか？　あなたはＬＳＤによって自分自身を破壊するだけだが、お金によっては他人をも破壊するからだ。あなたはＬＳＤによって、みずからの生化学、生理を破壊するにすぎない。だが政治によっては、何百万もの人びとを破壊することになる。

　ちょっと考えてごらん。アドルフ・ヒトラーが麻薬常用者だったとしたら、世界はずっとましだっただろう。彼がＬＳＤに関わっていたなら、あるいは注射器を手にしていたなら、私たちは祝福を感じていたことだろう。このように神に感謝していただろう。「彼が家のなかにいつづけるのは、そして注射を打ちラリっているのは、とてもいいことです。世界は彼がいなければ、容易にやってゆけます」

　お金や政治ははるかに危険なドラッグだ。さて、これはまったく皮肉なことだ。政治家たちはつねにドラッグに反対する。お金をもっている人たちはつねにドラッグに反対する。彼らは自分自身が麻薬常用者だとは気づいていない。そして彼らのほうがはるかに危険な妄想《トリップ》をしている。彼らのトリップは、当然ながら他の人たちの人生をも巻きこんでしまうからだ。人間には自分のしたいことをする自由がある。ＬＳＤはせいぜい自殺的なものになるくらいで、人殺しになることはない。それは自殺だ！　そして人には自殺をおかす自由がある。少なくとも自殺するのは自由でなくてはならない。それはその人の人生だからだ。あなたが生きることを望まないとしたら、それはオーケーだ。だがお金は人殺しであり、権力政治も人殺しだ。それは他の人を殺してしまう。

　私はドラッグを選ぶようにと言っているのではない。私はいかなるドラッグもよくないと言っているのだ。お金、政治、ＬＳＤ、マリファナ——あなたがこういったものを選ぶのは、それらがあなたの意識を拡大するというまちがった考えをもっているからだ。意識はきわめて単純に、まったく容易に拡大されうる。実は、それはすでに広がっているからだ。あなたはまちがった観念とともに生きているにすぎない。そのまちがった観念があなたの障壁、あなたの牢獄だ。

あなたはたずねている。「私は真実になりたいと望んでいます……」

あなたは望むことも厭《いと》うこともできない。それはあなたの選択の問題ではない。真実はある！　あなたが望もうと望むまいと関係ない。偽りなら選ぶこともできる。だが真実を選ぶことはできない。真実は存在している。クリシュナムルティがあれほど〝無選択の気づき〟を主張しているのはそのためだ。真実を選ぶことはできない。真実はすでに存在している！　それはあなたの選択にはなんの関係もない。望むことや厭うことにはなんの関わりもない。

選択を落とす瞬間、真実が存在する。真実を見ることができないのは、あなたの選択のせいだ。その選択があなたの目をおおう目隠しのように作用している。望むことや厭うことが問題なのだ！　なにかを望むゆえに、ありのままを見ることができない。また、なにかを厭うゆえに、ありのままを見ることができない。望むことや厭うことで、あなたは目をおおう色眼鏡をかけ、ありのままの実在の本当の色を見ることはない。

「私は真実になりたいと望んでいます」とあなたは言う。そのようにしてあなたは虚偽のままでいるのだ。あなたは真実なのだ！　望むことや厭うことを落としなさい！　どうしてあなたが虚偽になどなれるだろう？　存在とは真実だ。あることは真実だ。あなたはここにいる。生きて、呼吸している。どうして偽りになどなれる？　あなたの選択が問題だ。選択するなら、あなたはキリスト教徒やヒンドゥー教徒やイスラム教徒になる。真実であるなら、あなたはヒンドゥー教徒でもイスラム教徒でもキリスト教徒でもない。選択するなら、あなたはインドや中国やドイツに同化する。だが真実であるなら、全体があなたに属し、あなたは全体に属している。あなたは普遍的になる。

全体があなたを通じて生きている。あなたはただの部分ではない。全体があなたを通じて、完全無欠なものとして生きている。選ぶなら、望むなら、厭うなら、あなたは道に迷う。

さて、「私は真実になりたいと望んでいます」とあなたは言う。それなら真実の名のもとに、あなたはまたしても虚偽になる。人はそのようにしてキリスト教徒になる。その人はキリスト教は真実であり、「私は真実になりたいと望んでいる」のだと思っている。それでキリスト教徒になる。どうかキリスト教徒にならないでほしい。ヒンドゥー教徒にならないでほしい。あなたはキリストなのだ！　なんでキリスト教徒になることがある？　キリストの境地はあなたの本性だ。キリストの境地はイエスとはなんの関係もない。それはイエスのものであるのと同じだけ、あなたのものでもある。キリストの境地とは無選択の気づきの状態だ。

だから願望という点から考えないようにしてほしい。「私は真実になりたいと望んでいます」――。さあ、これが虚偽となるやりかただ。この望みを落としなさい。ただありなさい。なろうとしてはならない。〝なること〟は虚偽になることだ。〝あること〟は真実だ。そのちがいを理解しなさい！

〝なること〟は未来にある。それには目標がある。〝あること〟はいまここにある。それは目標ではない。それはすでに実状だ。だからあなたが何者であれ、ただそのままでありなさい。なにかほかのものになろうとしてはならない。あなたは「あのようになれ！」と理想や目標を教えこまれてきた。あなたはずっとなにかになるよう強いられてきた。

私の教えのすべてはこれだ。あなたがなんであれ、何者であれ、それはすばらしい。充分すぎるほどだ。ただそのままでありなさい。なることをやめ、ありなさい！

そして当然、「私は真実になりたいと望んでいます」とくれば、「しかし、いったいそれはなんなのでしょう。どうすればいいのでしょう？」となる。ひとたび〝なる〟という観点から考えはじめると、たしかに目標はなんなのか知りたくなる。それはどのようなものなのだろう？　私がなりたいと思っているこの真実とはなんなのだろう？　そして当然、目標が生じれば、〝どうすれば〟も出てくる。どうやってそれをかなえるのか？　そしてあらゆる技術や方法論が……。

私は「あなたはそれだ」と言う。ウパニシャッドの神秘家は「タット・トヴァム・アシ――汝それなり」と言う。あなたはすでにそれなのだ。なるという問題ではない。神はどこか未来にいるのではない。神はまさにいまこの瞬間、あなたの内側に、あなたの外側に、あらゆるところにいる。なぜなら神しかいないからだ。そのほかにはなにも存在しないからだ。存在するものすべてが神性だ。

だからありなさい！　なろうとしてはならない。そしてひとつのことが別のことにつながってゆく。もしあなたがなりたいと思っているとしたら、「なにが理想だろう？　なにになるべきだろう？」という考えが生じる。そうすると、このようになるべきだという理想を思い描かなければならなくなる。キリストのように、仏陀のように、クリシュナのようになるべきだ――。そうしてあるイメージを選ばなければならなくなり、あなたはカーボン・コピーになってしまう。

クリシュナはけっしてくり返されたことがない。あなたには単純な事実がわからないのだろうか？クリシュナは二度も存在したことはない。きわめて単純な事実がわからないのだろうか？仏陀をくり返すことはできない。それぞれの存在が比類なきものであり、完全に独自だ。あなたもそうだ。誰かになろうとしているのなら、あなたは偽りの存在に、擬い物になる。カーボン・コピーになる。オリジナルになりなさい！あなたは自分自身にしかなれない。行くべきところはどこにもなく、なるべきものは存在しない。

だが自我《エゴ》はなにか目標を求める。自我は現在の瞬間と目標とのあいだに存在する。自我の仕組みを理解しなさい。大きな目標をもっているほど、自我は大きくなる。キリストになりたいとしたら、キリスト教徒だとしたら、あなたは大きな自我をもつ。敬虔でさえあるかもしれないが、なんのちがいもない。敬虔な自我は、他のどんな自我とも同じだけ自我に凝り固まっている。ときにはふつうの自我よりも危険なことさえある。

もしキリスト教徒だとしたら、あなたはエゴ・トリップをしている。自我《エゴ》とはあなたと目標との隔たりのことだ。人びとは私のもとをおとずれ、「どうやって自我を落とせばいいのでしょう？」とたずねる。なることを落とさないかぎり、自我を落とすことはできない。観念、理想、希望、未来を落とさないかぎり、自我を落とすことはできない。

自我《エゴ》は現在の瞬間と未来の理想とのあいだに存在する。理想が大きいほど、理想が遠く離れているほど、それだけ自我が存在するスペースは大きくなる。その可能性は大きくなる。宗教的な人が物質主義者よりもエゴイストなのはそのためだ。物質主義者は宗教的な人ほどのスペースをもつことはできない。宗教的な人は神になることを望んでいる！　さあ、これはもっとも大いなる可能性だ。これ以上の理想がもてるだろうか？　宗教的な人は解脱《モークシャ》、天国、楽園にたどり着きたいと思っている。さあ、これ以上遠く離れた彼岸を想像できるかね？　宗教的な人たちは絶対的に完全になりたいと思っている。いまや自我は、この完全性という観念の暗がりに存在することになる。

聞きなさい！　私はあなたが神になるべきだとは言わない。私はあなたが神だと宣言する。それなら自我《エゴ》が生じるという問題はいっさい存在しない。スペースはまったく残されていない。あなたは天国に行くことになっているわけではない。すでにそこにいる。ちょっとまわりをよく見てごらん。あなたはすでにそこにいる！　それは〝いまにあること〟だ。楽園とは〝いまにあること〟だ。それは現在という瞬間のはたらきなのだ。

目標や理想があると自我《エゴ》は力をつける。そして自我とともにあれば千とひとつの問題が存在する。一方で、それは偉大な理想をもつことでとてもいい気分になる。もう一方で、それはあなたにやましさを感じさせる。たえずやましさを感じさせる。なぜならあなたはつねに欠けているからだ。そのような理想は不可能であり、あなたはそれを達成することができない。それを達成する道は存在しない。

だからあなたはつねに欠けている。このようにして、一方で自我が力をつけ、もう一方でやましさが生じるようになる。やましさとは自我の影だ。

この奇妙な現象を観察したことはないだろうか？　自我《エゴ》の強い人たちは、小さなことで非常にやましさを感じている。あなたが煙草を吸うとする。もしエゴイストであれば、あなたはやましさを感じる。さあ、煙草を吸うのはたわいもない、つまらないことだ。まったくたわいもない。まったくつまらない。やましさを感じるほどのものはなにもない。だが宗教的な人たちはやましさを感じている。彼は煙草を吸うべきではないという理想我をもっているからだ。さあ、煙草を吸うべきではないというその理想と、煙草を吸っているという現実は、二つのものを作りだす。理想は彼の気分をよくする。「私は宗教的な人間だ。煙草を吸うべきではないということは知っている。私はそうしようとさえした。ベストをつくした」。だが彼は何度も誘惑に負けたとも感じる。彼は理想に達しなかったため、やましさを感じる。そしてやましさを感じている人は、誰にでもやましさを感じさせようとする。それは当然だ。どうしてひとりで罪を感じているだけですむだろう？　それはあんまりだ。つらすぎる。

それでやましさをもっている人は、まわりじゅうにやましさを作りだす。誰にでもささいなことで、的はずれなことで、やましさを感じさせようとする。あなたが長髪だとしたら、彼はやましさを感じさせようとする。それはなんでもないことだ。その人の人生なのだから——。もし長髪にしたいのなら、それでいい！　ものごとを自分のやりかたでやっていると、彼はあなたにやましさを感じさせようとする。あなたがなにをやろうと、彼はあやまちを見つける。あやまちを見つけずにはいられない。

彼はやましさに苦しんでいるからだ。どうしてひとりで苦しんでいられるだろう？　誰もがやましさを感じていると、彼はほっとする。少なくとも、「こんな目にあってるのは私だけじゃない。誰もが同じ境遇にある」という慰めにはなる。

他人にやましさを感じさせるための策略は、彼らに理想を与えることだ。これはきわめて微妙な策略だ。両親は子どもに、「こんなふうになりなさい」と理想を与える。彼らは〝こんなふう〟になどなってはいない。誰もそうなってはいない。それなのに彼らは子どもに理想を与える。これは子どもにやましさを感じさせるための、きわめて微妙で狡猾なやりかただ。さあ、子どもは何度も「ぼくは理想に近づいていない。実際にはそれから遠ざかっている！」と感じるだろう。だから傷つけられる。それは彼を落ちこませ、落胆させる。

それゆえに、世界にこれほどの不幸を目にするのだ。それは現実のものではない。九九パーセントは押しつけられた理想が原因だ。そしてそれが、あなたに笑うことをゆるさない。楽しむことをゆるさない。どんな理想ももたない人は、ほかの誰にもやましさを感じさせはしない。

つい先日の夜、ある若い男がやってきて、「私は自分が同性愛だということを、ものすごくやましく感じています。それは不自然なことです」と言った。さあ、彼がマハトマ・ガンディーやヴァチカンの法王やプリーのシャンカラチャリヤをたずねていたとしたら、いったいどうなっていただろう？　彼らはきっと彼に自責の念を感じさせていただろう。そして彼のほうは、どんな拷問人の手にでもかかる用意ができていた！　彼にはその用意があった。彼自身がそれを求めていた。彼は聖者《マハトマ》たちがやってきて自分にやましさを感じさせてくれるように呼びかけていた。ひとりではその仕事をそんなにうまくやることはできない。それで彼は専門家を求めていた。

だが彼はまちがった人のところにやってきた。私は彼に話した。

「それがどうした！　あなたはなぜそれを不自然だと言うのかね？」

「不自然ではありませんか？」彼は言う。彼は驚いてショックを受けた。

「それは不自然ではないでしょうか？」

「どうしてそれが不自然になどなりうる？　私の自然の定義はこうだ。起こっていることが自然なこと――。まず第一に、どうして不自然なことが起こりうる？」私は言った。

私はすぐに、彼が溝から脱け出そうとしているのがわかった。その顔には微笑みが浮かびはじめていた。そこで彼は言った。

「不自然ではないのですか？　倒錯ではないでしょうか？　ある種の異常ではないでしょうか？」

「そんなことはない！」と私。

「しかし、動物たちは同性愛にはなりません」と彼。

私はこう言った。

「彼らにはそれだけの知性がないのだ！　彼らは定められた生を生きる。なんであれ生体機能が与えたものを、そのやりかたで生きる。バッファローが草を食べているのを見にいってみるといい。バッファローはある草だけを食べ、それ以外は食べない。最高級の食物を与えてみてもいいが、バッファローは気にかけない。自分の草を食べつづけるだろう。バッファローには選択の余地がない。意識はきわめて狭く、ほとんど皆無だ。人間には知性がある。彼は関わるための、生きるための、新しいやりかたを見つけようとする。人間は新しいやりかたを見つける唯一の動物だ。

さて、家のなかに住むのは不自然だ。どの動物もそうしないのだから——。それではこれは倒錯なのだろうか？　また、服を着るのは異常だ。どの動物も服など着ないからだ。これは倒錯なのかね？　料理をするのは不自然だ。どの動物もそんなことはしない！　料理された食物を食べるのはまちがっているのかね？　飲んだり食べたりするために、自分の家に人びとを招待するのは不自然だ。どの動物もほかの動物を招待したりはしない。実際、動物は食べたいときにはいつも秘密にする。犬になにかを与えてごらん。すぐに隅のほうに行ってみんなに背を向け、急いで食べてしまう。招待などしない。〝おいでよ！〟と友だちを呼んだりはしない。犬にとってそれは自然だが、あなたは犬ではない。あなたははるかに優秀だ。より大きな知性をもち、より大きな可能性をもっている。人間はあらゆることを自分独自のやりかたにする。それが彼の自然だ」

彼は楽になった。私には、彼の頭の上にのしかかっていた大きな重荷が、山が消えてしまったのがわかった。どれだけのあいだ彼が自由でいられるか、気を楽にしていられるか、私には確かでない。どこかの聖者《マハトマ》が彼をつかまえ、ふたたび「これは不自然なことだ」という同じ観念を植えつけるかもしれない。聖者たちはサディストかマゾヒストだ。避けなさい！　いつでも聖者を見つけたら、彼があなたの心にやましさを植えつけないうちに、できるだけ早く逃げ出しなさい。

あなたがなにになりえようと、それはあなたなのだ。目標など存在しない。そして私たちはどこに向かっているわけでもない。ただこの場を祝っているのだ。〝存在〟は旅ではない。それは祝祭だ。それを祝祭として考えなさい！　楽しみや喜びとみなしなさい！　それを苦悩に変えてはならない！　義務や仕事に変えてはならない！　それを戯れにするのだ！

宗教的になるということで、私が意味しているのはこれだ。やましさも自我《エゴ》もなく、いかなるたぐいの妄想《トリップ》もなく、ただ〝いまここ〟にいること――。木々や鳥たち、山や川、そして星たちとともにあること――。

あなたは牢獄にいるのではない。あなたがいるのは神の家、神の神殿だ。それを牢獄などと呼ばないでほしい。そうではない。あなたは誤解している。それをあやまって解釈している。私を聞いているときにも、あなたはたくさんのことをあやまって解釈することができる。あなたは解釈しつづける。

二つのシーンを……。一番目――。

ガーデン・クラブの会合で話をしていた苗木屋は、春の庭を肥沃にするために古い馬の肥やしを使うことの利点を強調していた。質疑応答の時間になると、ノートをとっていた都会育ちのご婦人が手を上げた。講演者がうなずくと、彼女は熱心にたずねた。

「古い馬の肥やしが最上の肥料だとおっしゃいましたわね。教えていただけませんか。何歳くらいの馬がいいのかしら?」

二番目――。

田舎育ちの女性が、小さな男の子を連れて州立学校にやってきた。夫のことをたずねられると、彼女はこのようにうち明けた。

「この子の父親のことはたいして知りません。彼はここを出てから私に求愛し、それで私たちは結婚したんです。そのすぐあとで、彼がホボセクシュアルだとわかりました」

「あなたがおっしゃるのはホモセクシュアルのことですね」訂正が入れられた。

「いいえ、私が言ってるのは *hobosexual* (*hobo*＝浮浪者)です。彼はただのろくでなしで、色気ちがいの道楽者だったんですわ」


それぞれの人にその人独自の言葉の解釈がある。だから私がなにか言うとき、あなたがそれからなにを理解することになるのか、私にはわからない。どの人も無意識のなかに自分だけの辞書をもっている。その個人辞書が侵入し、変化させ、ゆがめつづける。

私はあなたたちに、自由になるようにと話している。あなたは誤解してしまった。あなたは自分が牢獄にいるのだと考えた。そう、私は「自由になりなさい！」と言う。あなたはすぐに、まるで自分が牢獄にいるかのように解釈する。強調点全体が変わってしまった。私の力点はあなたにある。自由であれ！　あなたの力点は牢獄に移ってしまった。そこであなたは言う。「私は牢獄にいる。牢獄を脱出しないかぎり、どうして自由になれるだろう？」。私が強調していたのは、「自由でありなさい。そしてあなたが自由であれば、どんな牢獄も存在しない」ということだった。牢獄が作りだされているのは、自由でいないというあなたの習慣による。

見てごらん！　力点全体が変わってしまった。そしてそれはほとんど同じことを意味しているように見える。私が「自由であれ！」と言うとき、誰かが「そのとおり、私は牢獄にいる」と言うとしたら、そこにどんなちがいがあるのだろう？　大きなちがいが、重大なちがいがある。ものごと全体が変わってしまった。「私は牢獄にいる」とあなたが言うとき、それはまったく別のことだ。そのときには、監視人や牢獄、そういったものに責任が負わされることになる。そして彼らがあなたをゆるさないかぎり、どうやって脱出できるだろう？　あなたは誰かほかの人に責任を投げつけてしまった。

「自由であれ！」と言うとき、私が言っているのは「あなたに責任がある」ということだ。自由であるかどうかはあなたの問題だ。自由でないことを選んでしまえば、牢獄が存在することになる。監視人や看守がいることになる。自由であることを選べば、監視人も牢獄も、すべてが消え去る。自由でいないという習慣をただ落としなさい。

どうすればそれを落とせるだろう？　自由と意識は手に手をとって進む。意識的になるほど自由になるし、意識的でなくなるほど自由ではなくなる。動物たちは意識が少ないため、自由も少ない。岩には意識がなく、ほとんど皆無なため、さらに自由は少ない。人間は、少なくともこの地球上では、もっとも高次に進化した存在だ。人間には少し自由がある。そしてブッダには絶対的な自由がある。それが彼の意識だ。

だからそれは意識化の度合いの問題でしかない。牢獄はあなたの無意識の層から成り立っている。意識的であるようになりなさい。そのほかに牢獄などない。

そして覚えておきなさい。心は非常に狡猾だ。それはつねにあなたをだます道を見つけることができる。それはだますための非常に多くの策略を習得している。心は別の言葉を使うだけのこともあるし、あなたはそのちがいを知ることさえないだろう。そのちがいはきわめて微妙なため、ほとんど同義に見える。このようにして心はごまかしを行なっている。

だから私がなにか言っているとき、それを解釈しないようにしなさい。できるだけ注意深く、ただそれに耳をかたむけなさい。たったひとつの言葉も、読点《コンマ》ひとつさえ変えてはならない。私が言っていることをただ聞きなさい。それにあなたの心をもちこんではならない。さもないと、あなたはなにか別のことを聞くことになる。心の狡猾さにつねに気をつけていなさい。あなたはその狡猾さを育ててきた。自分に向けるために育ててきたわけではなく、他人に向けるために育ててきた。私たちは誰をもだまそうとしている。やがて心はだますことの専門家になってしまう。そうしてそれはあなたをもだますようになる。

聞いた話だ——。

あるジャーナリストが死んだ。彼はジャーナリストだったので、当然ながら大統領や首相の家でもすぐに歓迎され、なかに通されていた。約束などまったく必要なかった。偉大なジャーナリストだったのだ。そういうわけで、彼は天国へと突進していった。なんで彼が地獄に行くことがある？　だが彼は聖ペテロに制止された。聖ペテロは言う。

「待ちなさい！　ここにはもうジャーナリストは必要ない。もう割り当て人数いっぱいだ。ここには一二人しか必要ない。実は、彼らは無用でもある。天国でいま印刷されている新聞などないのだから」

実際、ニュースはまったく存在しない！　そこではなにも起こらない。ものごとはまったくスムーズに進んでいる。どうしてニュースが起こりえよう？　そして聖者たちの生活についてどんなニュースが考えられるだろう。彼らは木の下に坐っている。菩提樹の下で瞑想しながら坐っている。だからその新聞はたいした新聞ではない。それでもただ発行するためだけに、ただの形式として、新聞は発行されている。そしてそれには毎日「同前」と書いてある。前と同じ——。

「ジャーナリストはまったく必要ない。あなたは地獄に行きなさい。あそこではつねに、より多くのジャーナリストが必要とされている。たくさんのニュースがあるし、多くの新聞がある。それに新しい新聞も計画されているという。そう聞いている。あそこに行けば大きな仕事があるし、大いに楽しめるだろう！」

だが、そのジャーナリストは天国に入りたかったのでこう言った。

「ひとつお願いがあります。私はジャーナリストというものを知っています。もしどのジャーナリストかを、なんとかして地獄に行かせることができたら、その人の場所を私にくれませんか？」

聖ペテロは彼を気の毒に思ってこう言った。

「よろしい。ひとりのジャーナリストを地獄に行くよう改心させるのにどれくらいかかるかね？」

「二四時間です。二四時間でけっこうです」彼は言った。

それで彼は二四時間天国に入ることをゆるされた。彼はすぐにこのようなうわさを広めはじめた。

〝もっともすばらしい新聞のひとつが計画されている。編集長を募集している。副編集長を募集している。編集補佐を募集している。そしてその可能性は大きい。だがそのためには地獄に行かなくてはならない〟

二四時間のうちに彼はそこらじゅうをまわった。全員のジャーナリストにも会った。そして二四時間後、誰かが立ち去ったかどうかを知るために聖ペテロのところに行くと、聖ペテロはただもう扉を閉めて彼に言った。

「外に出ないでくれ。彼らは全員行ってしまったんだ！」

だがそのジャーナリストはこう言った。

「だめです。そういうことなら私も行かなくては――。たぶんなにかあるのでしょう。どうか私のじゃまをしないでください。私は行かなくてはならない」

そのうわさを広めたのは彼自身だった。だが一二人の人が信じてしまうと、自分でもそれを信じるようになる。

このようにして、心はとても狡猾になった。あなたはあざむきにあざむきつづけてきた。あざむくことにおいてあまりに専門家になってしまったため、それはあなたをもあざむいている。


過失傷害の裁判において、車椅子に乗って法廷で訴えていた原告は、莫大な和解額を勝ち取った。激怒した被告側の弁護士は、車椅子の勝訴者に詰め寄った。彼はどなった。

「おまえはでっち上げてるんだ。私には、おまえが芝居をやってるのはわかっている。神に誓って、証拠をつかむまで残りの人生をつけまわしてやる」

その弁護士には、その男が詐欺師であることが、その車椅子が見せかけだということが、完全によくわかっていた。そいつは完全に良好だった。体には悪いところなどどこにもなかった。それで彼は「神に誓って、証拠をつかむまで残りの人生をつけまわしてやる」と言ったのだ。

「どうぞいらしてください」車椅子の男は微笑みながら答えた。「私の予定をあなたにお知らせしておきましょう。まずロンドンに行ってなにか服を買うつもりです。そしてリビエラに行って日光浴をします。そしてそのあとで……ルルドに行きます。奇跡のために――」

心はとても狡猾で、つねに道を見つけることができる。それはルルドに行くことができる。だが、ひとたび他人をこういったペテンにかければ、遅かれ早かれ自分自身が犠牲者になる。自分の心に気をつけなさい。それを信頼してはならない。疑いなさい。自分の心を疑いはじめたなら、それは大いなる瞬間になる。心への疑いが生じる瞬間、あなたは真の自己《セルフ》を信頼しはじめる。心を信頼すれば、あなたは真の自己《セルフ》を疑う。心を信頼しなければ、真の自己《セルフ》を信頼するようになる。

これこそ師《マスター》を信頼するということが意味しているすべてだ。あなたが私のもとにやってくるとき、それはたんに、あなたが自分自身の心を疑うのを助けるための方策にすぎない。あなたは私を信頼するようになり、「私はあなたに耳をかたむけます。自分の心に耳をかすつもりはありません。自分の心には充分長いあいだ耳をかしてきました。それはどこにも導くことはありません。ぐるぐる回っています。何度も同じ道筋をとっています。それはくり返しであり、単調なものです」と言う。「私はあなたに耳をかたむけます」と言う。

師は心を脱するための口実にすぎない。ひとたびあなたが心を脱すれば、師を信頼する必要はない。あなたは自分自身の主人公《マスター》に出会っているからだ。師《マスター》はたんにあなた自身の主人公《マスター》への通路にすぎない。師を媒介として、それは容易になる。さもないと心はあざむきつづけ、あなたは心をどうすればいいのかわからなくなる。

師に耳をかたむけることで、やがて心は無視されるようになる。そしてあなたは何度も心を落とさなければならない。師がなにかそれに反することを語っているからだ。それはつねに心に反している！　無視されると心は死にはじめる。信頼されなくなると心は死にはじめる。それはその正しい大きさに落ち着いてゆく。いまのところは見せかけている。いまはそれがあなたの生全体であるかのように見せかけている。それは小さくてちっぽけな機械装置《メカニズム》にすぎない。使うのにはいいが、それを主《あるじ》にするのはきわめて危険だ。

心は「なれ！」と言い、師は「あれ！」と言う。心は「望め！」と言い、師は「楽しめ！」と言う。心は言う。「あなたは長い道のりを行かなくてはならない」——。師は言う。「あなたは到着している。あなたはサラハだ。すでに的を射ぬいている」——。

三番目の質問——。

文明についてどう思われますか？　絶対的にそれに反対されますか？

文明はどこにも存在していない。だからどうやってそれに反対できるだろう？　それは装いにすぎない。そう、人間は太古の、原始の無垢を失ってしまった。だが文明的になってはいない。それは文明的になるための道ではないからだ。文明的になるための唯一の道は、自分自身の基盤を無垢に置くことだ。そこから成長するために、原始の無垢に基盤を置くことだ。

それゆえイエスは言う。「生まれ変わらないかぎり、ふたたび子どもにならないかぎり、けっして真理とはなにかを知ることはない」

このいわゆる文明は擬い物だ。それは贋のコインだ。私が反対しているとしたら、それは文明に反対しているのではない。こんなものは文明ではないからだ。私がそれに反対しているのは、これがまったく文明ではないからだ。それは擬い物だ。

聞いた話だ――。

かつてある人が、先の英国皇太子《プリンス・オブ・ウエールズ》にこうたずねた。

「文明についてどうお考えですか？」

皇太子は答えた。

「それはいい考えだ――誰かがそいつをはじめるべきだね」

この答えはいい。そう、誰かがそいつをはじめるべきだ。それはまだはじまってはいない。人間は文明的になってはいない。ただ見せかけているだけだ。

私は見せかけには反対だ。偽善には反対だ。人間は自分が文明的になっているように見せかけているにすぎない。少しひっかいてみれば、文明化されていない人間が見つかるだろう。少しひっかいてみれば、すべての善良なものはうわべにすぎない。そしてすべての悪しきものはきわめて根深い。それは皮一枚の厚さの文明だ。万事がうまくいっていると、あなたは微笑んだりなにやかにやしている。そして誰かが言葉をぶつけて侮辱すると、あなたは怒り狂う。あなたは狂人となり、殺してやりたいと思う。つい一瞬前、あなたは笑っていた。そして一瞬後には、殺す用意ができている。あなたの残忍な潜在性が表面化する。いったいこれはなんという文明だろう?

人間は真に瞑想的になってはじめて文明的になりうる。瞑想だけが真の文明を世界にもたらすことができる。ブッダたちだけが文明的になっている。

そしてこれは逆説だ。そういったブッダたちは原始的なものに反対してはいない。彼らは原始的なものを基盤として使っている。幼年期の無垢を基盤として使っている。そしてその基盤の上に偉大な寺院が建てられる。この文明は幼年期の無垢を破壊し、そうしておいてあなたに贋のコインを与える。それはまず、あなたの原初の無垢を破壊する。ひとたび原初の無垢が破壊されると、あなたは狡猾になる。巧妙で打算的になる。このようにしてあなたは罠にかけられる。このようにしてこの社会はあなたを文明化しつづけている。

それはまず、あなたを真の自己《セルフ》から引き離す。ひとたびあなたが引き離されると、それはあなたに贋のコインを与える。あなたはそれに依存するしかない。真の文明はあなたの本性に反対したりしない。幼年期に反対したりしない。それはその上に根ざした成長となるだろう。それは原始的な無垢にたいしてどんな敵意ももたない。それはその開花になるだろう。それはさらなる高みへと向かうが、原初の無垢に根ざしている。

この文明は気ちがいざた以外のなにものでもない。地球全体が巨大な精神病院《マッドハウス》になってしまったのが、あなたにはわからないのだろうか？　人びとはその魂を失っている。人びとはもはや人間ではない。彼らは真の自己《セルフ》を失っている。人間性を失っている。すべてを失っている！　彼らは芝居屋にすぎない。仮面はもっているが、本来の顔を失っている。

私は大いに文明に賛成だ。だがこれは文明ではない。私がそれに反対するのはそのためだ。私は人間が真に文明的に、真に文化的になってほしい。だがそのような文化は、成長することだけが可能であり、外側から強制することはできない。それが生まれることが可能なのは、内側からだけだ。それは周辺へと広がることはできるが、中心において生じるべきもの、生じなければならないものだ。

この文明はちょうど反対のことをやっている。それはものごとを外側から押しつける。世界中に非暴力の教えが存在する。マハーヴィーラ、仏陀、イエス——彼らはみんな非暴力を説いている。彼らが非暴力を説いたのは、彼らが非暴力を楽しんでいるからだ。だが信者たちは？　彼らは非暴力のどんな瞬間も楽しんではいない。彼らが知っているのは暴力だけだ。だが彼らは追従者であるため、非暴力であるふりをする。非暴力を自分自身に強いる。人格を作りあげる。その人格は彼らのまわりにあるにすぎない。それは鎧《よろい》だ。奥底では、いまにも噴火せんばかりの火山のように煮えくりかえっている。そして表面では、偽りの笑みを、作り物の笑みを浮かべている。

こんなものは文明ではない。これはまったく醜い現象だ。そう、私は非暴力が内側から生まれることを望んでいる。外側から作りあげるのではなく、助けることで――。それが「教育 *education*」という言葉の本来の意味だ。それはちょうど井戸から水を汲み上げるようなものだ。教育とは「引き出す」ことを意味している。それが *education* という言葉の本来の意味だ。だがいったい教育がなにをやっているだろう？　それはなにひとつ引き出したりしない。それは詰めこんでいる。子どもの頭にものごとを詰めこみつづけている。子どものことなどまったくおかまいなしだ。子どものことなど考えもしない。子どもは、そのなかにさらに多くの情報を入れるための機械として使われているにすぎない。こんなものは教育ではない！

子どもの生命《ソウル》を外にあらわさなくてはならない。子どもの内に隠されているものを外にあらわさなくてはならない。子どもを型にはめる必要はない。彼の自由には触れないでおくべきだ。そして彼の意識が成長するように助けなくてはならない。より多くの知識がよりすばらしい教育なのではない！さらなる気づきこそ教育だ。さらなる愛こそ教育だ。そして教育が文明を創造する。

この文明は偽物であり、その教育は偽物だ。それゆえ私は反対している。私がそれに反対するのは、それが本当は文明ではないからだ。

和尚、私はあなたのジョークを大いに楽しんでいます。そこでひとつ質問したいのです。ジョークはなぜこれほどにも笑いを生むのでしょうか？

ひとつには、あなたは笑うことをゆるされていない。あなたの笑いは抑制されている。それは抑えつけられたバネのようだ。どんな口実でも充分だ。するとそれは跳び出す。あなたは悲しそうな浮かない顔をしているように教えられてきた。深刻であるように教えこまれてきた。

もし深刻そうにしていれば、誰もあなたがなにかまちがったことをしているとは思わない。それは受け容れられる。それがものごとのあるべき姿だ。だがあなたが笑っていると、笑いすぎていると、人びとはきまり悪く感じるようになる。なにかが変だと思うようになる。「この人はなぜ笑ってるんだ？」――――。そしてなんの理由もなく笑っているとしたら、あなたは狂っている。すると彼らは、あなたを精神科医のところに連れてゆく。あなたを入院させる。人びとは言う。「彼はなんの理由もないのに笑っている！　狂った人だけがなんの理由もなく笑うものだ」

よりよい世界、より文明的な世界、真に文明的な世界では、笑いは自然なものとして受け容れられるだろう。誰かが悲しそうにしているときだけ、私たちはその人を入院させる。

悲しみは病気だ。笑いは健康だ。そういうわけで、笑うことをゆるされなかったために、どんなささいな口実でも……。ジョークは笑うための口実だ。あなたは狂っていると言われることなく笑うことができる。「ジョークのせいだ」と言うことができる。そしてジョークにはあるはたらきがある。それはあなたを解きほぐす。ジョークの機能全体は非常に複雑だ。見かけはいくぶん単純だが、奥深いところではとても複雑だ。ジョークは簡単なもの《ジョーク》ではない！　それは難解な現象だ。わずかな言葉、わずかなせりふで、雰囲気全体にこれほどの変化を生みだすことができる。なにが起こっているのだろう？

ジョークが語られるとき、あなたはまず、なにか笑いがあるのだろうと期待しはじめる。あなたはその準備をととのえる。自己催眠をかける。耳をすませる。あなたはうとうとして眠っていたのかもしれない。だがいまやジョークの時間だ。あなたは耳をすませる。背骨はまっすぐに伸び、注意深く耳をかたむける。もっと気づくようになる。そしてストーリーは、あなたのなかにいっそうの緊張を作りだすようなかたちで進行する。あなたは結末を知りたくなる。ジョークはひとつの平面を進行し、そのなかに可笑《おか》しなものはなにもないように見える。すると、突然のオチがある。その突然のオチがあなたのバネを解き放つ。あなたは待ちに待ちつづけているため、ますます緊張してゆく。そしてそこにはなにもないように見える。すると突然それがある！　そしてそれがあまりに不意にあらわれるため、まったく思いがけないため、あなたは自分の深刻さを忘れてしまう。自分が誰かを忘れてしまう。その不意打ちによってふたたび子どもになる。そうしてあなたは笑う。あなたの抑制されていた笑いが解き放たれたのだ。

ジョークはたんに、社会が笑いかたを忘れてしまったことを示している。人びとがもっと笑っているよりよい世界では、私たちはひとつのものを失うことになる。ジョークだ――。その必要はなくなってしまう。人びとは笑っているだろう。幸せでいることだろう。その理由？　それぞれの瞬間が笑いの瞬間になるからだ。そしてもし生を見つめることができれば、それはすべてジョークだ。だがあなたは見ることをゆるされていない！　あなたの目には馬の目隠し《ブリンカー》が取りつけられている。あなたはある程度しか見ることをゆるされていない。その可笑しさを見ることをゆるされていない。それは可笑しなものなのだ！

子どもたちはもっと容易にそれを見ることができる。子どものほうがより簡単に、より大声で笑うのはそのためだ。そして彼らは両親にきまり悪さを感じさせる。彼らにはそのばかばかしさ全体が見えるからだ。そしてブリンカーはまだ取りつけられていない。父親は子どもに「正直でいなさい。いつも正直でいるんだぞ！」と言いつづけている。そうして誰かがドアをノックすると言う。「お父さんは家にいないと言ってきなさい」。さあ、子どもは……。父親はなにが起こっているのかわかっていない。だが子どもは笑う。彼にはどういうことなのか信じられない。これは可笑しい！　そして子どもは、ドアをノックしている知らない人のところに行ってこう言う。「お父さんは自分は家にいないと言ってるよ」

彼は状況から精髄《ジュース》のすべてをしぼり出している。それをあますところなく楽しんでいる。

私たちはブリンカーをつけて生きている。私たちは、生の可笑しさを見ないように育てられている。さもなければ、それは可笑しなものだ。それゆえ、ときにはジョークがなくても、なにかささいなことで……。たとえば、フォードがすべって地面にころんだことがある。そこに立っていた人たちはなぜ大笑いしたのだろう？　彼らは顔には出していなかったかもしれない。だが大笑いしていた。

　ちょっと考えてごらん。もし乞食がバナナの皮ですべったとしても、誰も気にかけはしない。だが一国の大統領がバナナの皮ですべったら、全世界が笑う。なぜだろう？　それはバナナの皮がものごとを正しい状態にもどしたからだ！　そのバナナの皮は、大統領も乞食と同じ人間だということを彼に示した。そしてバナナの皮はどんな区別もしない。乞食が来ようと、大統領が来ようと、首相が来ようと、なんの区別もない。バナナの皮はバナナの皮だ。それは気にかけない。

　もしふつうの人がころんだとしたら、あなたは少しは笑うだろう。だがそれほどでもない。彼はふつうの人だからだ。彼は自分が実物以上のものだと証明しようとしているわけではない。だからそれほどの笑いはない。だが大統領がバナナの皮ですべったとしたら、不意にその可笑しさ、その現実があらわになる。この男は自分が世界の頂点にいると思っていた――。誰をだまそうとしていたのだ？　バナナの皮でさえだまされてはいない。そうしてあなたは笑う。

　見守ってごらん。いつであれあなたが笑うときには、生の可笑しさがブリンカーをすりぬけて入ってきたのだ。あなたはふたたび子どもになっている。ジョークはあなたを幼年期の状態に、その無垢へと連れもどす。それはわずかのあいだ、ブリンカーが目からずり落ちるのを助ける。

　いくつかジョークを聞きなさい――。

地元の男性のひとりが、尋常ならざる状況で死んでいるのを発見された。そこで検死陪審員が選出され、陪審長はある女性を証言のために呼び出した。その男は彼女のベッドで死んでいたのだ。ここにいる者はみんな顔見知りだし、自分自身の言葉でなにが起こったのかを話せばいいだけなのだ、と陪審長は彼女を勇気づけた。

その女性の話によると、死んでしまったその男とは地元のパブで知り合ったという。チャンスがおとずれると、彼はもう一杯やりに彼女のそばに近づいてきた。とんとん拍子にことは進み、最後には二人いっしょにベッドのなかにいた。

突然彼女は、彼の目のなかに奇妙な表情をみとめた。それを彼女は検死陪審員にこのような言葉で述べた。

「アタシは〝イキソウ《カミング》！〟って思ったの。でもカレは逝ってる《ゴーイング》とこだったの」

では二番目――。

ホテルで夜をむかえることになった年老いた司祭は、三つのシングルベッドのある部屋をあてがわれた。二つのベッドにはすでに先客がいた。灯りが消されてしばらくすると、そのうちのひとりは司祭が眠れないほどの大きないびきをかきはじめた。その騒音は夜がふけるにつれて高まり、まったくひどいものになっていった。真夜中からおよそ二時間か三時間後、いびきをかいていた男はベッドで寝返りをうち、ぞっとするようなうめき声を上げて静かになった。

司祭はもうひとりの紳士は眠っているものだと思っていたが、この時点でその男が喜びの声を上げるのを耳にした。

「やつは死んじまった！　やったぜ、やつは死んじまった！」

そして最後のはとびっきりのやつだ。それに瞑想しなさい——。

ある日、イエスが村を歩いていると、怒りに燃えた暴徒たちに出会った。彼らはひとりの女を、壁を背にして後退させ、石を投げつけようとしていた。

イエスは手を上げて暴徒を静めると、おごそかにこう言った。

「さあ、罪のない者は最初の石を投げるがいい」

即座に小柄な老婦人が大きな岩を拾い、女にむかってほうり投げた。

「お母さん」イエスは歯ぎしりしながら言う。「あんたはぼくを怒らせるんだから！」

そして最後の質問――。
あなたがオレンジ色を愛しているのは明らかです。でも、それならなぜ、あなた自身はオレンジ色を身につけないのですか？

私が？　オレンジ色を愛してるって？　とんでもない！　大っ嫌いだ！　だから私は、あなたたちにそれを着せている。それはまだ光明を得ていないことにたいする罰みたいなものだ。

人間という神話

第5話

25 April 1977

腐肉のにおい　好むハエには
　白檀《びゃくだん》の香り　悪臭となる
涅槃《さとり》に背を向く存在は
　粗末な輪廻《まよい》の世界を願う

水たまる　牛の足跡
　時をへずして涸れつきる
心も同じ　堅固なれど　円満ならざる質に充つ
　この欠けしもの　やがて涸れゆく

塩辛い海の水
　雲は汲み上げ　甘く変える
ゆるぎなき利他の心も
　五感をよぶ毒　甘露に変える

言葉およばぬなら　満たされぬことなし
　想いおよばぬなら　至福そのもの
雲よりの雷鳴　人恐るるとも
　実りは熟す　雨注ぐとき

人間とは神話だ。そしてそれはもっとも危険な神話だ。なぜなら、人間というものが存在すると信じているとしたら、人間を進化させようとはしないからだ。その必要はなくなる。自分がすでに人間だということを信じているなら、すべての成長は停止する。

あなたはすでに人間だというわけではなく、そうなりうる潜在性にすぎない。そうなることはできる。そうならないかもしれない。取り逃がすこともある。覚えておきなさい。それを取り逃がす可能性もある。

人間は誕生してはいない。それは与えられた現実ではない。あなたはそれを当然のことと思うわけにはいかない。それはただの可能性にすぎない。人間はいまのところ、木ではなく種子として存在している。人間はいまだ現実のものとなっていない。そして、潜在しているものと現実化しているものとのちがいは広大だ。

いまのままの人間は機械にすぎない。それでも彼は働きはするし、世間で成功はする。いわゆる人生を生きて死にはする。だが心にとめておきなさい。彼は存在してはいない。彼の機能は機械と同じだ。彼はロボットだ。

人間は機械だ。たしかに、この機械はその内部に、機械のはたらきを超えてゆけるなにかを育てることも可能だ。この機械はふつうの機械ではない。それはみずからを超えてゆくという、とほうもない潜在性を秘めている。それはみずからの構造を超越するなにかを生みだすことができる。それは仏陀やキリストやグルジェフのような人を生みだしたこともある。それは人間を生みだしたこともある。だが、自分がすでに人間なのだと信じてはならない。もし信じれば、その信念は自殺的なものになる。ひとたびなにかがすでにあるのだと信じれば、私たちはそれを探すことをやめてしまうからだ。それを生みだすことを、それを発見することを、それを進化させることをやめてしまう。

病人が、重い病気の人が、自分を健康だと思っているところを想像してごらん。いったい彼は医者に行くだろうか？　なにか薬を飲むだろうか？　治療を受けに行くだろうか？　自分から病院に行くだろうか？　彼は自分が健康だ、完全に良好な状態だと信じている。それなのに彼は死にかかっている！　その信念は彼を殺すことになるだろう。

それゆえ私は、この神話は非常に危険だと言う。それは、これまでに宗教家や政治家によって展開された、もっとも危険な神話だ。人間がすでにこの地上にいるという——。この地球にいる何億という人びとはただの可能性にすぎない。そして不幸なことに、人びとの大部分はけっして現実のものになろうとはしない。不幸にも、人びとの多くは機械として死をむかえる。

人間は機械だと言うとき、私はなにを意味しているのだろう？　私が言っているのは、人間は過去によって生きているということだ。人間は死んだ構造によって生きている。習慣によって生きている。お決まりの人生を生きている。人間は同じ輪のなかを、同じ轍《わだち》のなかを進みつづけている。くり返し

くり返し――。人生の悪循環を見ることができないだろうか？　あなたは毎日同じことをやっている。希望をいだき、腹を立て、欲望し、熱望し、官能的になり、性的になり、欲求不満になり……。そしてまた希望をいだき……。ふたたび輪の全体が動きはじめる。どの希望も欲求不満に終わる。けっしてそれ以外にはならない。そしてそれぞれの欲求不満のあとに、新たな希望が生まれる。こうして輪が動きはじめる。

東洋では、私たちはそれをサンサーラの輪と呼んでいる。それは車輪だ！　その輻《スポーク》は同じだ。そしてあなたは何度もそれに惑わされる。あなたはまたしても希望をいだきはじめる。そしてあなたは知っている。以前にも希望したことがあることを。数えきれないほど希望したことがあることを。そしてその希望からなにも起こってはいないことを――。ただ輪が回りつづけるだけだ。そしてそれはあなたを殺し、その生を破壊しつづけている。

時はあなたの手からすりぬけている。失われたどの瞬間も永遠に失われる。それなのに、あなたは古きものをくり返しつづける。

これこそ、私が人間は機械だと言うときに意味しているものだ。私はゲオルギー・グルジェフにまったく同意する。彼はよく、「あなたはまだ魂をもっていない」と言っていたものだ。彼は、人間にはまだ魂がないと、あれほど徹底して言いきった最初の人間だった。そう、魂はあなたのうちに誕生しうる。だが、あなたはそれに生を与えなければならない。あなたはそれに生を与えることができるようにならなくてはならない。

宗教家たちは何世紀にもわたり、あなたにはすでに魂がある、あなたはすでに人間なのだと説いてきた。そうではない。ただ潜在的にそうであるにすぎない。現実にもそうなることはできる。だがその神話は破壊されなければならない。事実を見つめなさい。あなたは意識的な存在ではない。そしてもし意識的な存在でないとしたら、どうして人間でありえよう？

岩とあなたのちがいはなにか？　動物とあなたのちがいはなにか？　木とあなたのちがいはなにか？　そのちがいとは、意識のちがいだ。だがあなたにどれほどの意識があるだろう？　ただときどきの明滅にすぎない。ときおり、まれな瞬間に、意識的になるにすぎない。そしてそれはほんの数秒であり、あなたはふたたび無意識へと後退する。そう、それが起こることもある。それはあなたの潜在性なのだから――。ときには、われ知らず、それが起こることもある。

ある日、太陽が昇ろうとしている。そしてあなたは〝存在〟と同調している。すると突然それがある。その美、その祝福、その芳香、その光輝――。突然それが存在し、あなたはそうでありえたものを味わう。あなたがそうありうるなにか、そうであるなにかを味わう。だがそれが存在することに注意を向ける瞬間、それはもう消えてしまう。記憶だけが残される。ただまれなる瞬間……。愛のなかにいるとき、満月を見つめているとき、太陽が昇るとき、静かな山の洞窟に坐っているとき、子どもが遊んでいるのを、くすくす笑っているのを見つめているとき……。そう、ときには音楽のなかでも……。だがこのような瞬間はまれだ。

ふつうの人が、いわゆる人間が、生涯で七つの気づきの瞬間に達したとしたら、それは多すぎるくらいだ。まれに、ごくまれに、ただ一条の光がさしこんでは消えてゆく。そしてあなたはありふれた人生に返ってゆく。退屈で死んだような人生に——。これはふつうの人にだけ言えることではない。いわゆる特別な人たちも同じだ。

つい先日、私はカール・ユングの話を読んでいた。この時代のもっとも偉大な心理学者のひとりだ。だが、このような人たちを心理学者と呼ぶべきなのかと、不思議に思うことがある。彼は非常に落ち着きのない人、まったく落ち着きのない人だった。一瞬たりとも静かに坐っていることができなかった。体を回したり、ゆすったり、あれやこれやとやっていた。なにもすることがなければ、パイプをふかしたりしていた。彼はひっきりなしに煙草を吸う人だった。そうして彼は心臓発作を起こし、医者は煙草をやめるように告げた。完全な禁煙——。さあ、それはとてもむずかしいことだった。彼はどうしようもないほど落ち着かなくなった。気が狂いそうになった。部屋のなかをあちこち歩き回り、外に出たりした。なんの理由もなく——。こっちの椅子に坐ったり、あっちの椅子に坐ったりしていた。そうして彼は、パイプが非常に役にたっていたという事実を悟った。それは発散だった。一種の落ち着きのなさの発散だった。そこで彼は医者にたずねた。「空のパイプを口にくわえていてもいいですか？　そうしてもいいですか？」。空っぽのパイプとは！　「それは私の助けになるのです」——。

それはみとめられた。彼はただ煙草を吸っているように見せるために、何年も空のパイプをくわえていた。彼はパイプを見つめ、それを手にもち、もてあそんでいた。そしてこれが、この時代の偉大な心理学者の話なのだ！　なんという無意識！　あまりに習慣に支配され、あまりに無意識に支配されている！　それはまったく幼稚に見える。そうしておいて、私たちは合理化を見いだしつづける。自分自身にたいしてふりをしつづける。なぜそうしたかについて、自分を防衛し、守りつづける。

カール・ユングは四五歳のとき、ある女性と恋に落ちた。彼はとても愛情深い奥さんと結婚していた。うまくいっていないことなどなにもなかった。だがそれは落ち着きのなさだったにちがいない。四五歳あたりに近づくと、人は一生が過ぎてしまったかのように感じはじめる。こうしたことが必ずといっていいほど起こる。死は近づいている。そして死が近づいているために、人は霊性的《スピリチュアル》になるか性的《セクシュアル》になるか、どちらかになる。

この二つだけが防衛手段になる。真理の探求、死ぬことのない永遠なるものの探求に転じるか、あるいはいっそうエロティックな夢想におぼれはじめるか、そのどちらかになる。そしてとりわけ、人生のすべてを頭で生きている知識人は、四五歳の年齢で犠牲になりやすい。そのとき性が報復を行なう。それは否定されていたが、いまや死が近づいている。そして、あなたがふたたびここにいることになるかどうか、生が存在するのかどうか、けっしてわからない。死はこちらに近づいているのに、あなたは頭の人生を生きている。性が激しく噴出することになる。

カール・グスタフ・ユングは若い女性と恋に落ちた。さあ、これは彼の名声にまったく反していた。奥さんはかき乱された。そして夫人は、彼をとほうもなく愛し信頼していた。彼はそれを美しく合理化した。彼の合理化を見てごらん。これこそ無意識な人間が生きつづけるやりかただ。彼はなにかを無意識にやり、そのあとでそれを合理化しようとする。それが無自覚でないことを証明しようとする。

「私はそれをまったく意識的にやっている。実際、それはなされるべきなのだ」――。

彼はなにをやったのか？　彼はすぐさま、世界には二つのタイプの女性が存在するという理論を展開した。一方は母親タイプであり、世話をやくタイプ、妻タイプだ。もう一方は愛人タイプであり、愛を受けとり、創造的刺激《インスピレーション》となる者だ。そして男性は両方とも必要としている。そしてカール・グスタフ・ユングのような男には、たしかに両方とも必要だ。彼にはインスピレーションも必要だからだ。世話をやく女性も必要だ。それは彼の奥さんが満たしている。彼女は愛情深い母親タイプだ。だがそれで彼の必要を満たすことにはならない。彼はインスピレーションも必要としている。夢追うような女性も、彼を深い夢へといざなうことのできる愛人も必要としている。それは彼にとってなくてはならないものだ。ユングはこのような理論を展開した。これは合理化だ。

さて、彼はもう一方の部分、すなわち男にも二つのタイプがあるという理論を展開しはしなかった。そこのところで、あなたはそれが合理化だということを知ることができる。もしそれが真の洞察だとしたら、もう一方の部分、すなわち男にも父親タイプと恋人タイプの二つのタイプがあるということになる……。それならユングの奥さんにも二人必要になる！　もしユングが自分を恋人タイプだと考えるなら、彼女には父親タイプが必要になる。自分を父親タイプだと考えるなら、恋人タイプが必要になる。だが彼はそれを展開することはなかった。このようにして、あなたはそれが洞察ではないことを知ることができる。それは策略にたけた心、合理化にすぎない。

私たちは合理化しつづける。ものごとを無意識に行なっている。なぜ自分がそうしているのか知ることなく、それを行なっている。だが私たちは事実を受け容れることができない。「私は自分でも気がついていないことを、そしてその理由もわからないことをやりつづけている」ということを受け容れるのは、ひどく自尊心を傷つける。合理化に気をつけなさい。

そして、どうしてこのような人たちが他人の助けになれるだろう？　カール・ユングの患者の多くが自殺したということは、よく知られている事実だ。なぜだろう？　その人たちは助けを求めてやってきていた。なぜ彼らは自殺してしまったのだろう？　なにかが根本的にまちがっていたにちがいない。彼の分析はまったくひどいものだ。彼はとても傲慢な人、とても自己中心的な人だった。たえず争う用意があった。彼の精神分析学のすべては、ジークムント・フロイトに対抗するたんなる傲慢さのあらわれとして展開されただけなのかもしれない。それもまた、ただの合理化だったのかもしれない。というのも、彼自身、自分が他人を助けていると考えていたのと同じ問題で苦しんでいたように見えるからだ。

ユングはずっと幽霊を恐れていた。老年になってからでさえ、彼は幽霊を恐れていた。彼は自分のもっとも重要な本を、生前には刊行しなかった。人びとが事実を知るのを恐れていたのだ。だから彼の自伝は刊行されたが、それは彼が死んではじめて発行されるように定められていた。さあ、これはいったいなんという真理、真正さだろう？　彼はまちがっていると思われたり誤解されることを非常に恐れていた。それで生前には、自分の人生を明かすようなどんな事実もけっしてゆるそうとはしなかった。

私はある逸話を読んでいた――。

ある男が精神科医をたずね、医者の前で自分の身の上を話しつづけていた。それは幼児期の体験、感情面での生活、食習慣、職業上の問題、そのほか思いつくことすべてにわたっていた。

「そうですねえ、私にはどこもおかしくないように見えますよ。あなたは私と同じくらいまともなようです」医者は言う。

「でも先生」患者は異議をはさんだ。ぞっとするような調子が彼の声にただよった。「問題はこの蝶々なんです。私はこいつらにがまんならないんだ。まわりじゅうにくっついてるんだから」

「後生だから――」医者はあとずさりしながら叫んだ。「そいつらをこっちにやらないでくれ!」

患者も医者も、みんな同じ境遇にある。精神分析家も分析を受ける者も、そんなに遠く離れてはいない。それはゲームのようなものだ。おそらく精神分析家のほうが賢いかもしれない。だが彼が真実を知っているというわけではない。真実を知るためには、とほうもなく意識的にならなくてはならないからだ。それ以外に道はない。それは知的な考察の問題ではない。哲学的な思索とはなんの関係もない。真実を知るためには、人は気づき《アウエアネス》へと成長してゆかなくてはならない。

グルジェフはよく、未来の心理学について語っていたものだ。彼は「心理学はいまだ存在していない」と言っていた。どうしてそれが存在できるだろう？　人間さえ存在していないというのに！　人間が存在しないのに、どうして人間に関する科学が存在できるだろう？　まずは人間が存在しなければならない。そうして人間に関する科学が存在できる。現在のところは、なにがあるにしても、それは心理学ではない。おそらくそれは、人間という機械についてのなにかなのだろう。

心理学《サイコロジー》はブッダのまわりにだけ存在しうる。ブッダは意識とともに生きている。あなたは彼のサイキを、彼の魂を見いだすことができる。ふつうの人は魂なしで生きている。そう、彼の機械の機能におかしなところを見つけることはできる。そしてそのおかしなところを正常にすることはできる。現在私たちが心理学として知っているものは、行動主義以外のなにものでもない。そしてその意味では、パブロフやスキナーのほうがフロイトやユングよりもはるかに実状にそっている。彼らは人間を機械だと考えているからだ。いまある人間についてなら、彼らは正しい。だが絶対的に正しいわけではない。彼らはこれが最終であり、人間はそれ以外になりようがないと考えているからだ。それが彼らの限界だ。彼らは人間を機械でしかありえないと考えている。今日の人間に関するかぎり、彼らは正しい。人間は機械だ。だが彼らは、人間はそれ以外になりようがないと考えている。そこで彼らはまちがう。だがフロイトやユングやアドラーはもっとまちがっている。彼らは人間がすでに地上にいると思っているからだ。必要なのは人間を研究することだけであり、それでわかると思っている。だが人間は存在していない。それはまったく無意識的な状況にある。

人間とは神話だ。それをもっとも基本的な洞察のひとつにしなさい。それは偽りから脱け出すのに、欺瞞から脱け出すのに役だつだろう。

タントラとは、あなたをもっと意識的にする努力だ。「タントラ」という言葉そのものが、気づきの拡大を意味している。それはサンスクリットの「タン」という語根から派生した。「タン」とは拡大を意味する。タントラとは「意識の拡大」という意味だ。そして理解すべき根本的な事実、もっとも基本となる事実は、人はすっかり眠りこけているということだ。人は目覚めなければならない。

タントラは集団方法《スクール・メソッド》の価値をみとめている。それもまた理解されなくてはならない。その意味で、グルジェフはこの時代のもっとも偉大なタントリカのひとりだ。たとえば、人が眠っているとしたら、その人がひとりで目覚めていられるようになる可能性はほんのわずかしかない。それをこんなふうに見てごらん。新年になると、あなたはいつものように思う。数多くの新年が過ぎ去っていった。そしてあなたは毎年、二度と煙草を吸わないという誓いを立てている。また新しい年がめぐってきて、あなたは今回こそそれが起こるだろうと考える。もうけっして煙草は吸わないと誓いを立てる。だがほかの人のところに行って、それを話したりはしない。あなたは心配なのだ。他人にそれを言うのは危険だ。自分のことはよくわかっている。あなたは何度も誓いを破ってきた。それはひどく自尊心を傷つけている。それで自分の心にしまっておくことにする。さあ、誓いが守られる可能性は一〇〇のうちひとつしかない。九九の可能性は、遅かれ早かれ破られるほうにある。

あなたは無意識的な存在だ。あなたの誓いなどたいした意味はない。だがもし、出かけていって町のみんなに話したとしたら――友人や同僚や子どもや妻に――みんなにむかって「私は禁煙の誓いを立てた」と話したとしたら、煙草を吸わない可能性はもっと多くなる。少なくとも一〇パーセントにはなる。最初のほうはたったひとつの可能性しかなかったが、今度は一〇の可能性がある。九〇パーセントの可能性は煙草を吸うほうにある。それでも、禁煙にいっそうの土台が、いっそうの堅実性がもたらされる。一パーセントから一〇パーセントになる。だがもし、禁煙者のグループに加わるとしたら、禁煙者の会に入るとしたら、その可能性はさらに大きくなる。煙草を吸わない可能性は九九パーセントになる。なにが起こっているのだろう?

ひとりのときには外側からの助けはなにもない。あなたはひとりだ。簡単に眠ってしまうことができる。そして誰も知らないのだから、気にすることもない。みんなが知っていれば、そのことがあなたをより油断なくさせるように機能する。いまや自尊心がかかっている。名誉や面目がかかっている。だが禁煙者の会に入れば、可能性はさらに大きくなる。あなたは習慣によって生きているからだ! 誰かがポケットから煙草の箱を取り出すと、あなたは不意に自分のポケットをさぐりはじめる。まさに機械的だ。誰かが煙草を吸っていると、煙草はなんとすてきなものだったろうと思いはじめる。誰も吸っていないと、禁煙者の会にいると、あなたにそれを思い出させる人はいない。そして習慣は、使わないことによってやがて消えてゆく。習慣は使われなければ、やがてはなくなってしまう。それは消滅へと向かい、あなたにたいする支配力を失う。

タントラは、人が目覚めていることができるのはグループ・メソッドによるしかない、スクールによるしかないと言う。それゆえ、私はこれほどまでにサニヤスを主張しているのだ。ひとりならあなたには見込みがない。いっしょにいればより大きな可能性がある。それはまるで、一〇人の人間が荒野で行方不明になり、非常に危険な夜がおとずれるようなものだ。敵が彼らを殺すかもしれない。獰猛な動物が彼らを殺すかもしれない。追いはぎが来るかもしれない。人殺しが来るかもしれない。状況は非常にきびしいものだ。そこで彼らはグループ・メソッドについて決める。「各自が一時間起きていよう」と話す。みんなが夜に八時間目覚めていられると考えるのは、無意識な人間に多くを求めすぎている。だが、おのおのが一時間は目覚めていられるだろう。そしてその人が眠りにつく前にほかの誰かを起こす。それなら、少なくともグループのうちのひとりが、夜どおし目を覚ましている可能性は大きくなる。

あるいは、グルジェフがよく言っていたように、あなたは牢獄のなかにいて、牢から出たいと思っている。ひとりならたいしたチャンスはない。だが四人全員がグループになれば、もっと多くのチャンスが生まれる。監視人に一発くらわすこともできる。監視人を殺すこともできる。壁を壊すこともできる。四人全員がいっしょになれば、自由の身になれる可能性はずっと大きくなる。

だが、牢獄の外にいる、すでに自由の身である少数の人と接触すれば、その可能性はさらに大きくなる。それこそ師《マスター》を見いだすということの意味のすべてだ。すでに牢の外にいる人を見いだすということ――。彼はとほうもない助けになりうる。多くの理由がある。彼は牢から脱出するのに要する必要なものを供給することができる。あなたが脱獄できるように、道具を、ヤスリをとどけることができる。外から見守って、監視人がいつ交替するかを知らせることができる。その合間には脱出できる可能性がある。監視人が夜何時に眠るかを知らせることもできる。監視人がある特別な夜に祝杯をあげるよう、手はずをととのえることもできる。パーティーを口実に、看守を家に招待することもできる。彼には、あなたが内側からではできない千とひとつのことをすることができる。彼は外側から、あなたの助けになるものを見つけることができる。あなたが刑務所から自由になったとき、人びとに受け容れられる環境を、保護されて家に迎え入れられる環境を生みだすことができる。もし社会が外側であなたを受け容れる用意がないとしたら、あなたは刑務所から脱出するかもしれないが、社会があなたを当局に引きもどすだろう。

すでに目覚めている誰かと接触することは必要不可欠だ。そして誰もが目覚めようと思っている人たちといっしょにいることも必要不可欠だ。これがスクール・メソッドの、グループ・メソッドの意味だ。タントラはグループ・メソッドだ。それはともにあるようにと言う。できるかぎりの可能性を見いだしなさい。そうすれば多くの人がいっしょにいることができる。そして彼らはそのエネルギーをプールすることができる。非常に知性的な人もいるし、とても愛情深い人もいる。どちらも半分だ。だがいっしょにいることで、彼らはいっそうの統一性、いっそうの全体性をもつ。

男性は半分であり、女性も半分だ。タントラをのぞいては、あらゆる探求者が異性なしでやろうとしてきた。男性はひとりで努力し、女性もひとりで努力している。タントラは言う。なぜいっしょにならないのか？　手をつながないのか？　女性は半分であり、男性も半分だ。ひとつになれば、より大いなるエネルギーに、より全体的なエネルギーに、より健全なエネルギーになる。ひとつになりなさい！　陰と陽をいっしょに機能させなさい。そうすれば脱出の可能性はもっと大きくなる。

他の方法《メソッド》は戦いや奮闘を用いている。男性は女性と戦いはじめる。女性から逃避しはじめる。助けとなる可能性を使うよりも、むしろ女性を敵とみなすようになる。タントラは、これはまったくの愚行だと言う。あなたは女性と戦うことで、エネルギーを不必要に浪費している。なぜなら、戦うべきもっと大きなものがあるからだ！　女性と親しくするほうがいい。彼女があなたを助けるようにしなさい。そしてあなたは彼女を助けるのだ。一体のものとして、ともに進みなさい。そうすれば、無意識的な性向に立ち向かうための、より大きなチャンスを手にするだろう。

あらゆる可能性を使いなさい。そうしてはじめて、意識的な存在へと進化しうるチャンスが、ブッダとなりうるチャンスが生まれる。

さあ、詩句《スートラ》だ。これらはきわめて意義深い詩句だ。最初の詩句——。

腐肉のにおい　好むハエには
白檀《びゃくだん》の香り　悪臭となる
涅槃《さとり》に背を向く存在は

粗末な輪廻《まよい》の世界を願う

まずはじめに、ちょうど私が話していたように、人間は機械だということだ。人間は習慣、過去、記憶によって生きている。人間はすでに知っている知識、以前に習得した知識によって生きている。それで人は、新たなるものを見逃しつづける。そして真理はつねに新たなるものだ。人は腐肉のにおいを、けがらわしい悪臭を好むハエのようだ。そのようなハエにとって、白檀の香りは悪臭となる。ハエにはある記憶の鋳型が、特定の過去がある。ハエはずっと肉の腐ったにおいを芳香だと思っていた。それがハエの知識であり、習慣であり、日常だ。それがハエにとっての死んだ過去だ。さて、ハエは思いがけなく白檀に出くわす。そのハエにとって、白檀の芳香はまったくけがらわしい悪臭のように思えるだろう。

驚くことはない。それこそあなたたちに起こっていることだ。あなたがあまりにも肉体のなかで生きているとしたら、たとえ魂のうちに生きている人に近づいても、なにかがおかしいと感じるだろう。仏陀のような人をたずねても、あなたは芳香を感じはしない。悪臭さえ感じるかもしれない。それはあなたの解釈だ。さもなければ、なぜ人びとはイエスを殺したのだろう？　イエスは白檀だった！　そして人びとは愚かしくも彼を殺してしまった。なぜ人びとはソクラテスに毒を盛ったのだろう？　ソクラテスは白檀だった！　だがハエにわかるのは、人びとにわかるのは、自分の過去だけだ。人びとは自分の過去によって解釈する。

いつかこんな話を読んだことがある——。

ある遊女が、アテネでもっとも有名な遊女がソクラテスをたずねた。するとそこには少数の人たちが坐っていた。ほんのわずかの人たち、ちょうどここと同じように、少数の人たちが坐っていた。そしてソクラテスは彼らに向かって話していた。遊女はあたりを見まわすと、ソクラテスに言った。「どういうわけでしょう？　あなたのような偉大なかたに、これほどわずかの人しか耳をかたむけていないなんて？　私はアテネの人はみんなここにいるものだと思っていました！　それに、もっとも地位ある人たち、もっとも名誉ある人たちの姿が見あたりません。政治家や宗教家や知識人たち、ここには彼らの姿が見えません。どうなっているのですか？　ソクラテス、いつか私の家に来てごらんなさい。彼らが列をなして立っているのを目にすることでしょう！」

ソクラテスは言う。「そのとおり。なぜなら、あなたは万人のための需要を満たしているからだ。私はそうではない。私が魅きつけているのはほんの少数、選ばれた少数だけだ。他の者たちは私の芳香を感じることはできない。彼らは避けている！　たとえ私に出くわしたとしても、彼らは逃げ出すだろう。彼らは恐れている。これは全面的に異質な芳香なのだ」。ソクラテスはこのように語った。

その遊女はとほうもない知性の人だったにちがいない。彼女はソクラテスの目をのぞきこみ、ひれ伏してこう言った。「ソクラテス、あなたの友人のひとりとして私を受け容れてください」。そして彼女は小さなスクールの一員となり、けっして離れることがなかった。

大いなる気づきの女性だったにちがいない。これほどにも突然の変身――。彼女は一瞬にしてそれを理解した！　だがアテネはソクラテスを殺してしまった。人びとはその男を好まなかった。その男はとても危険に見えた。彼にたいする多くの告発があった。そのひとつはこのようなものだった。「彼は人びとの信念を破壊している。若者の心を破壊している。彼は無法者だ。これ以上彼が生きているのをみとめていたら、社会は根こそぎ壊されてしまう。彼は危険な敵だ」。彼はなにをしていたのだろうか？

彼はなにか全面的に異なることを行なっていた。彼は無心の状態を創造しようとしていた。だが人びとは、「ソクラテスは人の心を破壊している」と考えた。彼らもまた正しい。ハエもまた正しい。そう、若者たちはとほうもなくソクラテスに魅きつけられていた。なぜなら、若者たちだけがそうしたものに魅かれうるからだ。若さだけがそのような勇気をもっている。たとえ年老いた人が私やソクラテスのもとにやってくるとしても、それは若々しい人たちに限られる。それゆえに彼らはやってきた。さもなければ来ることはできない。老いて腐敗した心の持ち主は、私のもとに来ることはできない。体は老いているかもしれない。だが年をとった男、あるいは女が私のもとをおとずれるとしたら、彼女はどこかしらいまだに若々しい。いまなお新たなものを理解し、新たなものを学ぶことができる。

「老犬に新しい芸をしこむことはできない」という言葉がある。それはとてもむずかしい。老犬は古い芸を覚えている。そしてそれをくり返しつづける。老いた心になにを教えるにしても、それは非常に困難だ。

そしてこういったことは、あなたがこれまでに教えられてきたこととまったく根本的に異なっており、まったく正反対であるため、その人が真に若々しくないかぎり耳をかたむけることさえできない。

それで若者たちが魅きつけられていたのだ。それは永遠なるもののなにかが、宇宙の永遠なるみずみずしさのなにかが、ソクラテスをとおしてあふれていた徴《しるし》だ。

イエスが生きていた時代には、若者たちが彼にしたがっていたということに気がつくだろう。若者たちが法王に会いにいっているのを目にすることはない。老人たち、死人たち、とおの昔に死んでいる人たち、彼らが法王に会いにゆく。初代のシャンカラチャリヤが生きていた時代には、若者たちが彼をとりまいていたことに気がつくだろう。だがプリーのヒンドゥー教主《シャンカラチャリヤ》に耳をかすのは、死体やしかばねだけだ。生きている人たちを目にすることはできない。

どんな寺院にでも行ってのぞいてみるといい。老いた女や老いた男が目に入る。若者などいはしない。実際、宗教が真に存在するときは、つねに若者たちが魅きつけられる。真理が存在しているときには、若者たちが魅きつけられる。そして教理や教義や信条といった偽りだけが残るとき、老人たちがやってくる。若者たちが魅きつけられているのなら、それは真理がみずみずしいことを意味する。それで若者たちが魅きつけられているのだ。真理が古ぼけてほとんど死んでいるときには、死人たちが引きよせられる。

老人たちが引きよせられるのは死の恐怖のためにすぎない。老年期には無神論者でさえ有神論者になる。恐れているのだ――。若者がなにかに魅きつけられるとき、それは死の恐怖のためではない。彼はいまだ死のなにものも知らないからだ。それはとほうもない生への愛のためだ。そしてそれが、真の宗教と偽りの宗教のちがいだ。偽りの宗教は恐怖志向であり、真の宗教は愛志向だ。

　あなたも聞いたことがあるにちがいない。世界のあらゆる言語にはこの醜い言葉が存在する。「神を畏怖する *godfearing*」(信心深い)――。これは死んだように愚鈍な老人たちによって造語されたにちがいない。「神を畏怖する」とは？　どうして神を恐れることができるだろう？　そして神を恐れるとしたら、どうして神を愛せるだろう？　恐怖から愛が生まれることはない。ただ憎悪だけが生まれうる。恐怖から神に対立することはありうる。彼はあなたの敵だからだ。どうして愛することなどできるだろう？　そしてもし神を愛しているとしたら、どうして恐れることなどできるだろう？　あなたは自分の愛している人を恐れたことがあるだろうか？　母親を愛しているとしたら、彼女を恐れたことがあるだろうか？　連れ合いの女性を愛しているとしたら、その女性を恐れたことがあるだろうか？　もし愛していれば、恐怖は存在しない。愛はあらゆる恐怖を追いはらう。「*godloving*」――熱烈に神を愛する、神を夢中に愛するという言葉が本当だ。

　だがそれは若々しい心にのみ可能だ。若々しい心が若い体をしていようと老いた体をしていようと、それは関係ない。だがそれは若々しい心にのみ可能だ。さて、ソクラテスは若者たちを魅きつけたためにひどいめにあわされた。仏陀は若者たちを魅きつけたためにひどいめにあわされた。だがつねに心にとめておきなさい。いつであれ宗教が誕生するときには、若者たちが世界中のあらゆるところから殺到する。

彼らこそ、なにかが起こっているということの徴《しるし》になるべきだ。老人たちがどこかに殺到しているとしたら、そこではなにも起こっていないと確信していい。それは活気のあるところではない！　若者たちが向かっているところ、それが活気のある場所だ。だが……

腐肉のにおい　好むハエには
白檀《びゃくだん》の香り　悪臭となる
涅槃《さとり》に背を向く存在は
粗末な輪廻《まよい》の世界を願う

真理は未知のものであり、神秘のものだ。過去の習慣をとおしてそれに近づくことはできない。どんな習慣もないとき、はじめて近づくことが可能になる。

キリスト教の聖職者の法衣は *habit*（習慣）と呼ばれている。それは *habit* という言葉のみごとな使いかただ。そう、私はこのように言う。あらゆる習慣《ハビット》から裸のとき、どんな習慣もなくすべての装いが落とされているとき、あなたは記憶ではなく気づきによって機能している。これらは二つの異なる機能だ。記憶によって機能するなら、ありのままを見ることはない。あなたは以前に知っているものを見つづける。現在を過去の立場から解釈する。そこには存在しないなにかを押しつけている。ありもしないものを見ており、あるそのものを見ようとしない。記憶はわきにのけられなくてはならない。記憶は役にたつ。それを使うのはいい。だが、真理は記憶によって知られたことなどない。どうして記憶によって真理を知ることができるだろう？　あなたは過去において真理を知ってはいないというのに――。

真理は知られてはいない。真理は見知らぬ人のようだ。あなたはすべての記憶をわきへのけなくてはならない。自分の心にこう言わなくてはならない。「静かにしていてくれ。おまえなしで見させてくれ！　曇った目ではなく、ただ明晰に見させてくれ。思考も、信条も、聖典も、哲学も、宗教もなしに――。直接に、じかに見させてくれ！　〝いまここ〟を見させてくれ。私が直面しているものを見つめさせてくれ」。そうしてはじめて、あなたは真理の神秘と同調するようになる。

そして心にとめなさい。真理はけっして記憶にはならない。あなたがそれを知ったときでさえ、けっして記憶にはならない。真理はあまりに広大で、記憶によって包みこむことはできない。そしてそれがふたたび存在するとき、あなたがそれを知るとき、いつでもまた新たになる。それはけっして古くならない。つねに新しい。つねに新鮮だ。けっして古くならないということが、その特質のひとつだ。それはつねにみずみずしい。

「だから真理を知りたいのなら……」サラハは王に言う。「王よ、本当に私に起こった真理を知りたいのなら、心をわきにのけなさい。私には、あなたがちょうどハエのようなものだということがわかる。あなたが生きてきたのは肉体と精神の生であり、あなたはそれらを超えたものをなにも知らない。私はここにいる。両者の彼方にいる。そして、あなたの心にそってそれを説明する道はない。そう、それは説明できない。あなたが本当にそれを体験したいのなら、体験することはできる。けれども説明することはできない」

神を定義することはできない。神を説明することはできない。覚えておいてほしい。けっしてそれを説明しようとしてはならない。もし説明するとしたら、あなたはそれを言い逃すことになるからだ。神はどんな思考によっても包みこむことはできない。だが神を生きることはできる。神を愛することはできる。あなたは神になれる！　それは可能だ。だが心が神を包みこむことはできない。心はとても小さな容器《うつわ》だ。それはティー・スプーンのようだ。それなのに、あなたは太平洋をスプーンに容れたいと思っているのかね？　そう、わずかな塩辛い水をスプーンに容れることはできる。だが、それが太平洋の印象を、広大さの印象をもたらすことはない。スプーンのなかでは嵐は起こらない。大きな波が生じることもない。そう、そのような味はするが、それは大洋ではない。

サラハは言う。「王よ、私を見たいのなら、心をわきにのけなくてはならない。あなたはハエのような心をもっている。ある特定の思考や感情の習慣をもっている。特定の生の習慣をもっている。あなたは肉体と精神の生を生きている。そして、これまでにあなたが知っているすべては、せいぜいのところあなたが耳にしたことにすぎない。あなたは聖典を読んではいる……」

かつては、サラハ自身が王に聖典を読み聞かせていた。彼はそのことをよく知っている。王がなにを知っているのかはわかっている。王の知識は情報にすぎない。サラハは言う。「それが私に起こったのです！　けれどもそれを見るためには、異なった質の視力を必要とするでしょう」

心が真理と出会うことはない。真理と遭遇することはない。心のありかたと真理のありかたは絶対的に分離している。それは別の現実だ。それゆえに、世界中のあらゆる神秘家は無心の状態に達することを主張している。それが瞑想のすべてだ。無心の状態、無思考の状態――。しかも、あますところなく気づいており、気づきによって光り輝いている。ただひとつの思考も存在しないとき、あなたの空にはどんな雲のけがれもない。そして太陽は明るく照り輝いている。

私たちはふつう、数多くの思考、欲望、野心、夢に曇らされているため、太陽は照ることができない。太陽はそれらの暗い雲のうしろに隠れている。欲望は雲、思考は雲、想像は雲だ。そしてありのままを知るためには、曇らされていないことが必要になる。

サラハは言う――。

涅槃《さとり》に背を向く存在は　粗末な輪廻《まよい》の世界を願う

「輪廻《サンサーラ》」とは、肉体として、心として、自我《エゴ》として生きることだ。サンサーラとは外向きに生きることを意味する。サンサーラとは物とともに生きることだ。サンサーラとは、すべては物質以外のなにものでもないという考えとともに生きることだ。サンサーラとは、権力、名声、影響力という三つの毒を意味する。さらなる権力、さらなる名声、さらなる財産、さらなる影響力、あれやこれやを手に入れるという考えとともにこの世を生きることだ。それがサンサーラ――この世――という言葉の意味だ。

ちょっと自分自身を見守ってごらん。あなたは人とともに生きているだろうか、それとも物とだけ生きているのだろうか？　あなたの奥さんは人だろうか、物だろうか？　あなたの夫は人だろうか、物だろうか？　自分の夫を人として、かけがえのない、本質的に大切な人として接しているだろうか？　それともただの有用なものとして――彼がパンとバターの供給者だとか、彼女が子どものめんどうをみる家政婦だとか――みなしているのだろうか？　あなたの奥さんは彼女自身が究極目的だろうか、それともただの実用品なのだろうか？　使用すべき日用品なのだろうか？　あるときは彼女を性的に使い、またあるときは別のやりかたで使う――。だが人を使うということは、その人はあなたにとって物であり、人ではないということだ。

人を使うことはできない。物だけが使われうる。人を買うことはできない。物だけが買われうる。人はそれほどとほうもない価値を、神性を、尊厳をもっている。どうして人を使うことができるだろう？　そう、その人は彼女ないし彼の愛から与えることはできる。だが使うことはできない。そしてあなたは感謝を感じるべきだ。奥さんに感謝を感じたことがあるかね？　父親に、母親に、感謝を感じたことがあるだろうか？　友だちに感謝を感じたことは？　あなたは見知らぬ人に感謝を感じることはあるが、身近な人たちにはけっして感謝をしない。その人たちのことをあたりまえに思っているからだ。

物とともに生きることがサンサーラに生きることだ。人とともに生きることがニルヴァーナに生きることだ。そしてひとたび人とともに生きはじめると、物は消え去ってゆく。ふつうは人でさえ物におとしめられている。だが、人が瞑想的になると物さえも人になる。木は人になり、岩は人になる。あらゆるものがやがては人間性をもつようになる。神は実在のいたるところにゆきわたっているからだ。

サラハは言う。「王よ、あなたはサンサーラに生きている。それではニルヴァーナのありようを理解することはできない。本当にそれを理解したいのなら、あなたはそれを生きなければならない。ほかに道はない。知るためには、そのなにかを味わう必要がある。そして私はここに、あなたの目の前に立っている。それなのに、あなたは説明を求めている！　ニルヴァーナが目の前に立っているのに、理論を求めるのですか？　それだけではない。あなたはまったく目が見えないにちがいない。あなたは自分のいるサンサーラにもどるよう、私を説得しにやってきた！　ハエが私に、肉の腐臭のために白檀の森とその香りを離れるよう説得している」

「あなたは狂ってしまったのだろうか？」サラハは王に言う。「私があなたの世界にもどるよう説得するよりも、あなたが私の世界に来るように説得させてください。私はあなたの世界を知っている。そしてこの新しい現実も知っている。私にはくらべることができる。あなたは自分の世界しか知らない。私の現実を知らない。あなたにはくらべることができない」

仏陀のような人が、この世界は幻想だと言うとき、それに瞑想することだ。彼はこの世界も知っているからだ。どこかの無神論者や唯物論者や共産主義者が、ニルヴァーナの世界は幻想にすぎないと言うとき、それについてはまったく思いわずらう必要はない。彼はそれを知らないのだから――。彼が知っているのはこの世界だけだ。別の世界にたいする彼の主張を信頼することはできない。彼は瞑想したことがない。そのなかに入っていったことがない。

見てごらん。瞑想した者たちはすべて、ただのひとりも内なるリアリティを否定したことはない。ただのひとりも！　例外なく、あらゆる瞑想者は神秘家になった。瞑想したことのない者たち、彼らが知っているのはハエの世界だけだ。けがらわしい腐肉の悪臭の世界だけだ。彼らは腐敗した〝物〟の世界に住んでいる。彼らの知っているのはそれだけであり、まちがいなくその言説は信頼できない。仏陀のような人は信頼できる。キリストのような人は信頼できる。マハーヴィーラのような人は信頼できる。彼らは両方とも知っている！　彼らは低いものも高いものも知っている。そして高みを知ることで、彼らは瞑想されるべき低いものについても、なにごとかを語っている。それをすぐさま拒絶してはならない。

たとえばマルクス、エンゲルス、レーニン、スターリン、毛沢東――彼らは瞑想したことがない。そして神は存在しないと言う。さあ、これはまるで、人が科学者の研究所に入ったこともないのに、科学についてなにか言うようなものだ。研究所に入ったこともない人が、相対性理論はたわごとにすぎないと言うようなものだ。そんなものは当てにならない。あなたは研究所に行かなくてはならない。

高等数学に入ってゆかなくてはならない。それを証明しなければならない！　ただそれを理解できないからといって、それを否定することはみとめられない。

相対性理論を理解している人はほんのわずかしかいない。アインシュタインが生きていた当時、世界中で彼の理論を理解している人は一二人しかいなかったと言われている。そしてそれも過大視であり、その人数は正しくないと考えている人もいる。彼の理論を正確に理解していた人は、一二人もいなかったというのだ。だがそれが理由で、それは正しくないと言うことはできない。それについて投票で決することはできない。選挙でそれをくつがえすことはできない。あなたは同じ手順をくぐりぬけなければならない。

さて、マルクスが神は存在しないと言っているのは、たんに愚かな声明をしているにすぎない。瞑想したことも、黙想したことも、祈ったこともないのに——。彼の声明は的はずれだ。瞑想したことのある者、少しでもみずからの存在を探求したことのある者、彼らは同じ真理に達している。

涅槃《さとり》に背を向く存在は
粗末な輪廻《まよい》の世界を願う

サラハはこう言っている。「あなたは涅槃《ニルヴァーナ》に背を向けている。そして幻影を求めて走り回っている。王よ、あなたは私を説得しにやってきたのでしょう？　私をごらんなさい。なんと歓喜に満ちているだろう。私を見なさい！　私はあなたの宮殿を離れた者と同じ人間ではない。まったく別の人間なのです」

彼は王の意識を現在の瞬間へと導こうとしていた。そしてそれに成功した。彼は大いなる現前《プレゼンス》の人だったにちがいない。彼は王を、ハエの世界、腐肉の世界から引っぱり出した。白檀とその香りの世界に引き入れた。

二番目の詩句《スートラ》——。

水たまる　牛の足跡
時をへずして涸れつきる
心も同じ　堅固なれど　円満ならざる質に充つ
この欠けしもの　やがて涸れゆく

彼は言う。「ごらんなさい！　牛が歩み、大地には足跡がきざまれている。その足跡には水が、雨水がたまっている。それはどのくらいのあいだ存在するだろう？　遅かれ早かれ蒸発し、水のたまった牛の足跡はもうなくなってしまう。だが海はつねにある。牛の足跡の水もまた海からきたものだが、それでもなにかがちがっている」

海はいつまでもある。増えることも減ることもない。大きな雲がそこからたち昇っても減りはしない。大きな川がその水を注ぎ入れても増えはしない。それはつねに同じだ。だがこの小さな牛の足跡は、いまは水がたまっていても、数時間か数日のうちに消えてしまう。涸れつきてしまう。人間の頭の頭蓋骨も同じだ。それはまさに牛の足跡のようだ。こんなにもちっぽけなもの――。わずかの水があるだけだ。それを信頼しすぎないようにしなさい。それはすでに涸れようとしている。それは消え去ってしまう。頭蓋骨はまったくちっぽけなものだ。宇宙を頭蓋骨のなかに容れることができると思ってはならない。

そしてそれは一時的なものでしかありえない。永遠のものではありえない。

水たまる　牛の足跡
時をへずして涸れつきる
心も同じ　堅固なれど　円満ならざる質に充つ
この欠けしもの　やがて涸れゆく

小さな頭蓋骨のなかに、あなたはなにをかかえているのだろう？　その中身はなんなのだろう？　欲望、夢、野心、思考、想像、意志、感情――こういったものが、あなたが中身としてかかえこんでいるものだ。それらはみんな涸れてゆく。すべての中身が涸れつきてしまう！　だから力点を中身から容器《うつわ》に変えなさい。それがタントラの秘密のすべてだ。容器を見つめ、中身を見てはならない。空は雲でいっぱいだ。雲を見てはならない。空を見つめなさい。頭のなかになにがあるのか、心のなかになにがあるのかを見てはならない。ただ意識に目を向けなさい。感情がある、怒りがある、愛がある、貪欲がある、恐れがある、ねたみがある——こういったものは中身だ。まさにその背景に、果てしない意識の空が存在する。

中身によって生きる人は機械の生を生きる。そして力点を中身から容器《うつわ》に変える人は、気づきの生を、仏《ブッダフッド》の境地の生を生きるようになる。

そしてサラハは言う。「王よ、あなたが心のなかにかかえているこれらの中身は、すぐに涸れつきるでしょう。牛の足跡をごらんなさい！　あなたの頭はあれより大きいわけではない。頭蓋骨はあれより大きいわけではない。けれどもあなたの意識は果てしない」

さあ、これは理解されなくてはならない。感情は頭のなかにある。だが意識は頭のなかにはない。実は、頭は意識のなかにある！　意識は広大ではかりしれない。感情や欲望や野心は頭のなかにある。それらは涸れてゆく。だが、たとえあなたの頭が完全に終わりをむかえ、大地に消えてしまったとしても、意識が消滅することはない。あなたは自分のなかに意識をかかえているのではない。意識があなたを包みこんでいるのだ。それはあなたよりも広大だ。

このようにたずねる人たちがいる。誰かがやってきて、私にこのようにたずねることがある。「人体のなかで魂はどこに存在するのでしょう？　心臓でしょうか？　臍でしょうか？　頭でしょうか？

魂はどこにあるのですか？」――。彼らは自分たちがまったく適切な質問をしていると思っている。だがそれは肉体のどこにもありはしない。肉体が魂のうちにあるのだ。魂は肉体よりも広大な現象だ。魂はあなたをとりまいている。

そして、あなたの魂と私の魂は別のものではない！　私たちは存在世界のうちに生きている。ひとつの魂の海に生きている。ひとつの魂が、内も外も私たちをとりまいている。それはすべてひとつのエネルギーだ。私に別の魂があるわけではないし、あなたに別の魂があるわけではない。私たちにあるのは別の肉体だ。それはちょうど、電球を流れ、ラジオを流れ、テレビを流れ、扇風機を動かし、千とひとつのことをする電流のようだ。扇風機は電球とは別だが、それらを流れている電気は同じだ。

私たちはひとつのエネルギーだ。そのあらわれは異なるが、本質はひとつだ。あなたが中身に目を向けるなら、私が中身に目を向けるなら、たしかに私の夢はあなたのものとは異なっている。私たちは夢を分かち合うことはできない。私には私の野心があり、あなたにはあなたの野心がある。そして分かち合うことができないだけでなく、私たちの夢はぶつかり合っている。私の野心はあなたの野心に対立し、あなたの野心は私の野心に対立している。だが私たちが中身を忘れ、ただ意識を、純粋な意識を、雲なき空を見つめるなら、そのときどこに〝あなた〟があり、どこに〝私〟があるだろう？　私たちはひとつだ。

そのような瞬間に合一が存在する。そしてそのような瞬間に、普遍的な意識が存在する。

あらゆる意識は普遍的だ。無意識は個人的だ。意識は普遍的だ。あなたが真に人間となる日、あなたは普遍的な人間となる。それがブッダ——普遍的人間——の意味だ。全面的な、絶対的な気づきに達した者——。

機械としての人間は別々だ。これは理解されなくてはならない。あなたに腎臓病があるとしても、私にはなにもない。私に頭痛があるとしても、あなたに頭痛があるわけではない。たとえあなたが私を愛しているとしても、頭痛を分かち合うことはできない。たとえ私があなたを愛しているとしても、あなたの痛みを経験することはできない。だが、私たち二人がいっしょに坐って瞑想していて、私の心のなかにどんな中身もなく、あなたの心のなかにもどんな中身もない瞬間がおとずれるとしたら、私たちは二つではない。瞑想者たちは分離したものとしてはじまるが、ひとつのものとして終わる。

あなたたちみんなが、私に耳をかたむけてここで瞑想のうちに坐っているとしたら、そのときあなたたちは複数ではない。あなたたちはひとりになる。それはただのひとりではない。話す者と聞く者は分離していない。私たちはひとつに橋渡しされる。二〇人の瞑想者が部屋で瞑想しているとして、彼らが真の瞑想に達するときには、もはや二〇人ではない。部屋に存在するのは、ただひとつの瞑想的な質になる。

このような物語がある——。

少数の人びとが仏陀に会いにやってきた。アーナンダは部屋の外で番をして坐っていた。しかしあまりに時間がかかるため、アーナンダは心配になった。彼は何度もなかをのぞいた。だがそれはずっとつづいていた。そこで彼は、なにが起こっているのかを見ようとして部屋のなかに入っていった。するとそこには誰も見あたらなかった。仏陀が坐っているだけだった。そこで彼は仏陀にたずねた。
「あの人たちはどこに行ってしまったのですか？　ほかに扉はありませんし、唯一の扉のところには私が坐っていました。いったい彼らはどこに行ってしまったのですか？」
するとと仏陀はこう言った。「彼らは瞑想しているのだ」――。

これは美しい物語だ。彼らはみんな瞑想へと落ちてゆき、アーナンダには彼らが見えなかった。彼はまだ瞑想者ではなかったからだ。彼はこの新たな現象を、このエネルギーの全面的な転換を見ることができなかった。彼らはそこにいなかった。なぜなら、肉体として存在していなかったからだ。心として存在していなかったからだ。彼らの自我《エゴ》は溶け去っていた。アーナンダには、彼に見ることのできるものしか見えなかった。新たな現実が起こっていたのだ。

かつて大国の王が仏陀に会いにやってきた。宰相が行くようにと説得したのだ。だが彼は非常に疑り深い人物だった。政治家や王侯がふつうそうであるように――。非常に猜疑心が強い。彼はそもそも行きたくはなかった。政治的な理由だけのために、彼は会いにきたのだ。なぜなら都では、彼が仏陀に反対しているといううわさが広まっていたからだ。そしてあらゆる人が仏陀に賛同していた。だから彼は心配になった。それは外交的ではないため、彼は会いにいった。

宰相とともに、仏陀が一万の僧たちと坐っている林園に近づいてゆくと、彼はひどく不安にかられた。彼は剣を抜くと宰相に言った。「いったいどうなっているのだ？　そこには一万の人びとが滞在しているとおまえは言っただろう。それなのに、私たちがこんなに近づいても、ざわめきひとつない！　なにか陰謀でもあるのではないか？」

宰相は笑ってこう言った。「あなたは仏陀の人びとをご存知ないのです。剣をお納めください！　行きましょう。陰謀もなにもありはしません。心配する必要はありません。彼らはあなたを殺そうとなどしていません。あなたは仏陀の人びとをご存知ないのです」

だがひどく疑念にかられながら、剣に手をかけて王は林園へと入っていった。彼は驚いた。まるで誰もいないかのように、樹下に静かに坐る一万もの人たちがいるとは、信じられなかった。彼は仏陀にたずねた。「これは奇跡です！　一万もの人が――。一〇人の人間でさえ、いっしょにいるととても大きなざわめきを生みだします。この人たちはなにをやっているのですか？　この人たちになにが起こったのですか？　なにかまずいことでもあったのですか？　彼らはまだ生きているのですか？　まるで彫像のように見えます！　それに、ここに坐ってなにをやっているのですか？　彼らはなにかをするべきです！」

すると仏陀はこう言った。「彼らはなにごとかを行なっている。しかしそれは、外側とはなんの関わりもない。彼らは内なる世界でなにかを行なっている。彼らは肉体のうちにあるのではなく、存在のうちにある。まさに核心にいる。そしていま、一万の人びとは存在しない。彼らはみんなひとつの意識の一部になっている」

三番目の詩句《スートラ》――。

塩辛い海の水

雲は汲み上げ　甘く変える

ゆるぎなき利他の心も

五感をよぶ毒　甘露に変える

タントラの基本的な姿勢とは、感覚的なものは崇高なものに変容しうる、物質は精神に変容しうる、無意識は意識へと変容しうるというものだ。

現代物理学は、物質はエネルギーへと変換しうる、エネルギーは物質へと変換しうると言う。実際、それらは二つではなく、同じエネルギーが二つのかたちで機能しているのだ。タントラは、セックスはサマーディへと変容しうると言う。これは基本的、根本的なところでは、同様のアプローチだ。低いものは高いものへと変容しうる。低いものも高いものもひとつに結ばれているからだ。それは梯子だ。分離してはいない。どこも分かたれてはいない。そのあいだにはいかなる断絶も存在しない。あなたは低いものから高いものへと動いてゆくことができる。高いものから低いものへと動いてゆくことができる。

そしてその梯子こそ、人間というものだ。彼はもっとも低い段に存在することもできる。それは彼の決めることだ。彼は上方へと向かうこともできる。もっとも高い段に存在することもできる。けものとして存在することもできるし、ブッダとして存在することもできる。最低も最高も、どちらも彼の梯子だ。そして人間は梯子だ。深い無意識へと落ちていって岩になることもできるし、絶対的な意識へと昇りつめて神になることもできる。だが両者は分離してはいない。それがタントラの美しさだ。

タントラは非分割的だ。タントラは分裂症でない唯一の宗教だ。タントラは真に健全な唯一の宗教であり、もっとも健全な宗教だ。なぜなら、それは分けないからだ。分割するとあなたは亀裂を生みだす。肉体は悪だ、肉体は敵だ、肉体は責められなくてはならない、肉体は悪魔に仕えていると人びとに教えるとしたら、あなたは人間のなかに亀裂を生みだしている。すると人間は肉体を恐れるようになる。そしてやがて、橋渡しできない隔たりが生みだされ、人は二つの部分に引き裂かれてしまう。彼は正反対の方向に引きちぎられる。体は体のほうに引っぱろうとし、心は心のほうに引っぱろうとする。葛藤や混乱が生みだされる。

タントラは、あなたはひとつだと言う。どんな混乱もかかえる必要はない。あなたはひとつのリアリティに融合しうる。どんな葛藤もかかえる必要はない。ばらばらに引きちぎられる必要はない。狂ってしまう必要はない。あなたは手に入るものすべてを愛することができる。そしてそれを進化させることができる。深い愛、気づかい、創造性によって、それは進化しうる。肉体は魂の敵ではない。

肉体はまさに剣の鞘《さや》だ。肉体はまさに神殿であり、あなたの住処《すみか》だ。それは敵ではなく友だ。タントラはあらゆる種類の暴力を落とす。他人への暴力だけでなく、自分自身への暴力も――。タントラは、現実をまるごと愛しなさいと言う。そう、多くのものを進化させることが可能だ。だがすべての進化は愛によって起こる。戦う必要はなにもない。

塩辛い海の水
雲は汲み上げ　甘く変える

塩辛い海の水を飲むことはできない。あまりに辛く、塩でいっぱいだ。塩辛い海の水を飲めば、あなたは死んでしまうだろう。だが雲が生じて海から水を汲み上げると、それは甘く変わる。それなら飲むことができる。

サラハは言う。サマーディは雲のようであり、瞑想的なエネルギーは雲のようだ――。それはあなたの性を高次の領域へと変容する。肉体的な存在を非肉体的な存在へと変容する。この世の辛く苦い体験を、甘い甘露のようなニルヴァーナの体験に変容する。それを変容する雲を創造することができるなら、サンサーラそのものがニルヴァーナになる。その雲を、仏陀は現にダルマメーガ・サマーディと名づけている。法雲三昧、ダルマメーガ・サマーディ――。

あなたはその雲を創造することができる。その雲は瞑想によって生みだされる。熱烈に瞑想し、思考を落とし、欲望や野心を落としつづけなさい。あなたの意識はやがて燃えさかる火のようになる。するとその雲がそこにある。いまやあなたは、どんなものでもその火によって変容することができる。その火が質を変える。その火は錬金術的だ。瞑想によって低いものは高いものになる。卑金属は黄金に変わる。

塩辛い海の水
雲は汲み上げ　甘く変える
ゆるぎなき利他の心も
五感をよぶ毒　甘露に変える

二つのことがある。第一に、人はみずからの存在のうちに瞑想の雲を創造しなくてはならない。そして第二は慈悲だ。他者を利する者となること——。仏陀は二つのことを主張している。瞑想と慈悲、プラギャンとカルナーだ。彼が言うには、瞑想者が自己中心的になりすぎるということもありうる。そのときにもまたなにかがおかしくなってしまう。瞑想し、歓喜しなさい。だがその歓喜を分かち合いなさい。分かち合いつづけなさい。それを秘めてしまってはならない。ひとたび秘蔵しはじめると自我《エゴ》が生じるようになるからだ。なにも秘めておいてはならない。あなたが手にした瞬間、それを与えなさい。するとあなたはさらに多くを得るようになる。与えれば与えるほど、あなたはさらに得る。

するとすべては甘露になる。あらゆるものが甘露なのだ。どうやってそれを変容するかを知らなくてはならないだけだ。私たちはその錬金術を知らなければならない。

最後の詩句《スートラ》――。

言葉およばぬなら　満たされぬことなし
想いおよばぬなら　至福そのもの
雲よりの雷鳴　人恐るるとも
実りは熟す　雨注ぐとき

言葉のおよばぬもの……。サラハは言う。「それがなんなのかを私にたずねてはなりません。それは言葉のおよばぬもの、語ることのできないものです。それを表現することはできない。それを表現しうるような言語など存在しない。けれども体験することならできる。私の満足をごらんなさい！　どんなに私が満たされていることか！　あなたは以前にも私を知っていた。私がどれほど落ち着きなく、あらゆることにどれほど不満だったかを――。そしてあらゆるものが手に入っていた。私はあなたのお気に入りだったから、あらゆるものを手に入れることができた。それでも私は満たされていなかった。さあ、ごらんなさい！　私は墓場にいる。頭をおおう屋根さえない！　そして王や王妃と暮らしているのではなく、この矢作《やはぎ》の女性と暮らしている。けれども私の目をのぞきこんでごらんなさい。どれほど私が満たされていることか——。言葉のおよばぬなにかが起こっているのを、見ることができないのですか？　私の波動を感じることができないのですか？　あなたはそれほどにも鈍く死んでいるのだろうか？　それで説明を必要としているのだろうか？」

言葉およばぬなら　満たされぬことなし

それこそ、人が真理に達したかどうかの唯一の判断基準だ。彼はけっして不満にはならない。彼の満足は絶対だ。彼を満足から引きずり出すことはできない。彼を不満にさせることはできない。なにが起ころうと彼は同じであり、満たされている。成功でも失敗でも、生でも死でも、友がいてもいなくても、愛する人がいてもいなくても、なんのちがいもない。その静謐、その静穏はまさに絶対的だ。彼は中心がすわっている。

言葉およばぬなら　満たされぬことなし

語りえないものが起こっているのだとすれば、それを知る方法はひとつしかない。その方法とは満足を見ることだ。

想いおよばぬなら　至福そのもの

彼は言う。「そして私にはわかる。あなたは私になにが起こっているのか想像することができないのでしょう。どうして想像できるでしょう？　というのも、あなたはそれをまったく知らないからだ。想像はつねに、あなたが知っている同じことのくり返しだ」

幸福を想像することはできる。あなたはその半端ものを知っている。不幸を想像することはできる。あなたはそれを知っている。いっぱい知っている。たとえ幸福を知らないとしても、幸福を想像することはできる。それを不幸の反対のものとして想像することはできる。だが、どうやって至福を想像できるだろう？　あなたはそれを知ってはいない。そしてそれには反対のものがない。それは二元性のようなものではない。想像することは不可能だ。

だからサラハは言う。「私には理解できる。あなたは想像することができないのでしょう。けれども私は、それを想像するようにと言ってはいない。ごらんなさい！　それは〝いまここ〟に現前している」。そしてあなたがそれを想像できないとしたら、それもまた真理の判断基準だ。真理は想像することができない。見ることはできるが、想像することはできない。あなたはそのヴィジョンをもつことはできる。しかしそれを夢見ることはできない。そしてそれが、夢とヴィジョンのちがいだ。

夢はあなたのものであり、ヴィジョンはあなたのものではない。

キリストは神を見た。そして『聖書』は、彼がヴィジョンを見たと言う。さて、精神分析家は、それは夢にすぎないと言うだろう。精神分析家は夢とヴィジョンのちがいを知らない。夢はあなたのものであり、あなたが想像し、あなたが作りだしている。それはあなたの空想だ。ヴィジョンはあなたの思いもよらない晴天の霹靂だ。その一部でさえ、あなたによって考えられたことのないものだ。それはそれほどにも完全に新しい。そのときには、それはヴィジョンだ。ヴィジョンは神からのものであり、夢はあなたの心からのものだ。

想いおよばぬなら　至福そのもの

「私をごらんなさい。あなたはなにが起こっているのかを想像することはできない。見ることができないのですか？　あなたには見るための目がある。見つめなさい。見守りなさい。私の手をとりなさい！　私にもっと近づきなさい。私にたいしてただ感じやすくありなさい。私の波動があなたの存在をゆり動かすことができるように——。すると想いもおよばぬなにかを、言葉のおよばぬなにかを、体験することが可能になる」

雲よりの雷鳴　人恐るるとも……

そしてサラハは言う。「私にはわかる……」。彼は王が少々恐れているのを見たのにちがいない。私は毎日それを目にしている。人びとがやってくると、私は彼らが震えているのを、不安になって怖がっているのを目にする。そして彼らは言う。「和尚、私たちは怖いのです」。私にはわかる！　サラハは、王が内側深くで震えていたのを目にしたのにちがいない。外側ではないかもしれない。彼は偉大な王だった。非常に鍛錬された人だったにちがいない。彼はきっと直立していただろう。だが奥底では恐れていたにちがいない。

サラハのような人、仏陀のような人に近づかれるとき、それはつねに起こる。あなたは恐れるしかない。つい先日の夜、若い男性がやってきてこう言った。「しかしどうして私はあなたが怖いのでしょうか？　あなたは私にたいして、なにもまちがったことはしていません。それなのに、なぜ私はあなたを恐れているのでしょう？　私はたしかにあなたを愛しています。でもどうしてあなたが怖いのでしょうか？」

それは自然なことだ。深淵に近づくとき、あなたはなにを思う？　あなたは怖くなる。そのなかに落ちてしまい、二度ともとにもどれない可能性は大いにある。それはやり直しのきかない、取り返しのつかないものになる。すっかり完全にそのなかに消えてしまうことになる。ふたたび帰ってくることはできないだろう。恐怖は当然だ。

サラハは言う——。

雲よりの雷鳴　人恐るるとも……

彼は言う。「私は雲のようだ。そしてあなたは雷鳴のために、稲妻のために恐れている」。だが思い起こしなさい――。

実りは熟す　雨注ぐとき

「けれども王よ、私があなたに雨注ぐのをゆるせば、種子は芽を出すでしょう。そして、いまはまだあなたの後ろに隠れ、まだ生まれてはいない〝その人〟が誕生するでしょう。あなたは熟すことができる。成熟することができる。花開くことができる」

「私はあなたを大いなる収穫に招待しているのです」とサラハは言う。

意識という収穫、気づきという収穫に――。

私は破壊者

第6話

26 April 1977

最初の質問——。

近ごろ私は光明《エンライトンメント》の白昼夢を見ています。それは愛や名声よりもいっそう心地よいものです。白昼夢を見ることに関して、なにかおっしゃることがありますか?

質問はプレム・パンカジャからだ。愛や名声に関するかぎり、白昼夢になにも問題はない。それらは夢の世界の一部だ。好きなだけ夢見るがいい。愛は夢であり、名声もそうだ。それらは夢に反するものではない。実際、夢見がやむとそれらは消えてしまう。それらは同じ次元に、夢の次元に存在している。

だが、悟りの夢を見ることはできない。光明は夢が消え去ってはじめて可能になる。光明とは夢見の不在だ。白昼であろうと夜であろうと関係ない。光明とは、いまや意識があますところなく気づいているということだ。覚めた意識において、夢見は存在しえない。

夢見は闇のようだ。それは光がないときに存在する。光があるとき、闇はただ存在することができない。夢見が存在するのは、生が暗くぼんやりとして陰鬱だからだ。夢見は代用品として存在する。私たちは真の喜びをもたないため、それゆえに夢を見る。私たちは生において本当にはなにももっていないため、それゆえに夢を見る。さもなければ、私たちは現にある空虚さをどうやって許容するというのだろう? みずからの現実をどうやって許容するというのだろう? それは絶対に耐えられない。夢がそれを耐えられるようにする。夢が私たちを助ける。それは私たちに言う。「待ちなさい。今日はうまくいかなかったのかい？　心配することはない。明日はすべてうまくいくだろう。すべてうまくいくにちがいない。やってみよう。まだ充分に努力していなかったのかもしれない。正しい方向に向かっていなかったのかもしれない。運がなかったのかもしれない。神が私たちに反対していたのかもしれない。だがそんなことはいつまでもつづかないさ」。そして神は慈悲深く情け深い。世界のあらゆる宗教が、神はとても情け深く、とても慈悲深いと言う。それは希望だ。

イスラム教徒はたえずくり返している。「慈悲深く情け深き――ラフマーニ・ラヒーム――神よ」。なぜ？　なんのために何度もくり返すのだろう？　神という言葉を口にするたびに、彼らは〝慈悲深い〟〝情け深い〟をくり返す。なぜだろう？　もし神が情け深くないとしたら、私たちの希望や夢はどこに存在するというのだろう。神は私たちの夢が存在するために情け深くなくてはならない。そこにこそ私たちの希望が存在するからだ。彼の情け、彼の慈悲のうちに――。明日はものごとはうまくいく、明日はうまくいくだろう……。

白昼夢は、愛や名声に関してなら、外向きのエネルギーに関してなら問題ない。外に向かうとき、私たちは夢のなかへと向かうからだ。この世は夢のような現象だ。ヒンドゥー教徒がこの世をマーヤ――幻影――と呼ぶときに意味しているのは、そのことだ。それは夢と同じ素材でできている。それは目を開けて見る白昼夢だ。

だが、光明は存在の全面的に異なる次元だ。そこに夢はない。そして夢を見つづけるとしたら、光明は可能ではない。

つい先日、私はすばらしい逸話を読んでいた——。

牧師はオウムを飼っていた。だが、しゃべるようにしこもうとするあらゆる努力にもかかわらず、その鳥は口をつぐんだままだった。牧師はある日、たずねてきた教区民の初老の婦人にこのことをもらした。彼女は関心をもってこう言った。

「私もしゃべらないオウムを飼っているんですよ。いい考えがありますわ。二羽をいっしょにして、どうなるか見てみましょう」

さて、彼らはこのようにした。牧師と教区民の婦人は、オウムを大きな鳥かごに入れると、声は聞こえるが姿は見えないところに身を隠した。はじめはまったく静かだった。それから羽ばたきの音がして、老婦人のオウムが叫ぶのが聞こえた。

「ねえ、ちょっと愛し合うってのはどうかしら?」

牧師のオウムがそれに答えた。

「ぼくはそれを何年ものあいだ、無言で祈り、待ち望んできたんだ。今日ぼくの夢はかなった。やっとしゃべることができるよ」

愛や名声を待ち望み、祈り、夢見ているとしたら、それはいつかは起こる! それはむずかしいことではない。ただ一徹さが必要なだけだ。するとそれは起こる。ずっと望みつづければいいだけだ。それはきっと起こる。なぜなら、それはあなたの夢だからだ。まるでそれが現実になったと言えるほどに、それを投影して見ることのできる場を、あなたはどこかに見つけることだろう。

女性あるいは男性と恋に落ちるとき、あなたは正確にはなにをやっているのだろう？　あなたは内側に夢をたずさえている。そして不意にその女性がスクリーンとして機能する。あなたは自分の夢を彼女に投影する。「私の夢はかなった」とあなたは感じはじめる。その女性も自分の夢をあなたに投影している。あなたがスクリーンとして機能し、彼女は自分の夢がかなったと感じる。夢見ることをつづければ、あなたはいつの日かスクリーンを見いだす。誰かがスクリーンとなり、あなたの夢は実現する。

だが光明は夢ではない。それはすべての夢の脱落だ。だから光明の夢を見ないでほしい。愛は夢見ることによって可能だ。実際、それは夢見ることではじめて可能になる。それは夢見る者にだけ起こる。だが光明は、夢見ることでは可能にならない。夢の存在そのものがそれを不可能にしてしまう。

それを夢見れば取り逃がす。それを待ち望めば取り逃がす。それを希望すれば取り逃がす。では、どうすればいいのだろう？　あなたのやるべきことは、夢の仕組《メカニズム》みを理解することだ。光明はわきにのけておいていい。それはあなたの知ったことではない。夢のはたらきをただ深く見つめなさい。夢がどのように機能するのかを理解しなさい。その理解こそが明晰さをもたらす。その明晰さのなかで、夢見はやみ、消え去ってゆく。

夢見が存在しないとき、光明が存在する。

光明のことは忘れなさい！　それについて考えることさえすべきではない。どうして考えることができるだろう？　なにを考えようとあやまることになる。どうして望むことができるだろう？　それに関するすべての望みはまちがいになってしまう。どうして願うことができるだろう？　それを願うことはできない。では、どうしたらいい？

願望することを理解しようとしなさい。希望することを理解しようとしなさい。夢見ることを理解しようとしなさい。必要なのはそれだ。自分の心がこれまでどのように機能してきたのか、ただ理解しようとすることだ。心のはたらきを見抜くことで、心は消え去ってゆく。心の内なるメカニズムを、ただよく見つめなさい。すると突然、それは停止する。その停止のうちに光明が存在する。その停止において、実在の全面的に新たな次元の味わいが存在する。

夢見はひとつの次元であり、実在はまた別の次元だ。実在はあるが、夢見は信じることにすぎない。

二番目の質問——。

あなたは最近のいくつかの講話で、私たちの問題は問題などではなく、実体がないということを話されました。

抑圧的なカトリックの家庭で育てられ、同じくらい狂った教育システムのなかで二一年間を過ごしたとしても、あなたはこのようにおっしゃるつもりですか？　すべての鎧《よろい》の層、すべての条件づけ、すべての抑圧は存在しない。即座に、いま落とすことができると？　脳や肉体の筋組織に残された刻印《インプリント》のすべてはどうなるというのですか？

これはきわめて意義深い質問だ。質問はジャヤナンダからだ。この質問が意義深いのは、それが人間の内なるリアリティに関しての、二つの異なったアプローチを示しているからだ。

西洋的なアプローチは、問題について考えること、問題の原因を見いだすことだ。それは問題の歴史、その過去に入ってゆくことであり、そもそもの始まりから問題を根絶しようとすることだ。心の条件づけをはずすこと、あるいは心を条件づけしなおすこと、体を条件づけしなおすこと、脳に残されたその刻印のすべてを除去することだ。これが西洋的なアプローチだ。精神分析は記憶へと入ってゆき、そこで作業する。それは幼年期に入ってゆく。過去に入ってゆく。それは逆行してゆく。その問題がどこで生じたのかを見いだそうとする。その問題は、あなたが子どもだった五〇年前、母親との関係で生じたのかもしれない。そのようにして精神分析は逆行してゆく。

五〇年の歴史！　それは非常に長びくし、なかなかはかどらないものになる。そしてそうなったときでさえ、たいした役にはたたない。問題は無数に存在するからだ。それはひとつの問題だけのことではない。ひとつの問題の歴史へと入ってゆくことはできる。自分の一生を調べて原因を見つけだすことはできる。ひとつの問題は除去できるかもしれない。だが問題は無数に存在する。もしそれぞれの問題に入ってゆこうとするなら、一生にわたる問題を解決しようとするなら、何百万もの生が必要になる。くり返させてほしい。一生にわたる問題を解決するために、あなたは何度も何度も、何百万回も生まれ変わらなくてはならない。これはほとんど実際的ではない。これは不可能だ。そして、この一生の問題を解決しようとしているときの何百万もの生のすべて、それらの生がそれ自体の問題を作りだし……といったぐあいだ。あなたはますます問題に引きずりこまれる。これはばかげている!

さて、同じような精神分析学的アプローチが肉体にも行なわれている。ロルフィングやバイオエナジェティックス、その他の方法が存在する。それらは肉体の刻印を、筋組織のなかの刻印を除去しようとする。あなたはまたしても、肉体の歴史へと入ってゆかなくてはならない。だが、同様な論理的傾向の上に立つどちらのアプローチにも、ひとつ確かなことがある。それは、問題が過去に由来するということだ。だからどうにかして、過去のなかで解決をつけなくてはならない。

人間の心は、つねに二つの不可能を行なおうとしている。ひとつは過去を改めることだ。それは不可能だ。過去は起こってしまった。真に過去に入ってゆくことなどできない。過去に入っていると思っているときには、せいぜいその記憶に入っているのであって、それは真の過去ではない。それは記憶にすぎない。過去はもう存在しない。だからそれを改めることはできない。これは人間の不可能な目標のひとつだ。人はそのためにひどく苦しんでいる。あなたは過去をぬぐい去りたい。どうやってそれを取り消せるというのだろう？　過去は確固たるものだ。過去とは、そのすべての可能性が使い果たされているということであり、それが現実になってしまったということだ。もうそれを改めるという可能性は存在しない。取り消したりやりなおしたりする可能性はいっさいない。過去にたいしてはなにひとつできない。

そして、人間の心をつねに支配してきた二つめの不可能な考えとは、未来を確実なものにすることだ。それもまた不可能だ。未来とはいまだ存在しないもののことだ。それを確実なものにすることはできない。未来は不確実なままだ。未来は開いたままだ。未来とは純粋な可能性だ！　それが起こらないかぎり、あなたは確信することができない。

過去は混じりけのない現実だ。それは起こってしまった。いまやそれに関してはなにもできない。この二つのはざまで、人はつねに不可能を思いながら立ちすくんでいる。彼は未来について、明日について、すべてを確実にしたい。それは不可能だ。できるかぎり深く、それをハートにきざみなさい。それはむりなのだ——。未来を確実なものにするために、現在の瞬間をむだにしてはならない。未来とは不確実性であり、それが未来の特質だ。そして、ふり返ることで時間をむだにしてはならない。過去は起こってしまった。それは死んだ出来事だ。それに関してはなにもできない。あなたにできるのは、せいぜいそれを解釈しなおすことくらいだ。それがすべてだ。それが精神分析のやっていることだ。解釈しなおす——。再解釈することはできる。だが過去は同じままだ。

精神分析と占星術……。占星術はどうにかして未来を確実なものにしようとし、精神分析は過去を改めようとする。どちらも科学ではない。両方とも不可能だ。だが、どちらにも何百万もの信奉者がいる。人はそういったやりかたを好むからだ。人は未来を確信したい。それで占星術師をたずね、易経におうかがいをたて、タロット占い師のところに行く。自分をだますための、自分をあざむくための、千とひとつの方法が存在する。

そして過去は変えられると言う者たちがいる。人は彼らにも相談する。

ひとたびこの二つのものが落ちれば、あらゆるたぐいの愚かさから自由になる。そうなると精神分析家をたずねることもないし、占星術師をたずねることもない。あなたは過去が終わっているのがわかる。あなたもまた、それとともに終わっている。そして未来は起こっていない。いつであれそれが起こるとき、私たちは知るだろう。それについては、いまのところなにもできない。あなたにできるのは現在の瞬間を破壊することだけだ。手のうちにあり真実である唯一の瞬間を――。

西洋はたえず問題を、どうやってそれを解決するかということを見つめてきた。西洋は問題を非常に深刻に受けとっている。そしてあなたがある論理にそっているときには、前提条件を与えられているときには、その論理は完璧に見えるものだ。

私はちょうどある逸話を読んでいた――。

偉大な哲学者でもあり、世界的にも有名な数学者が飛行機に乗っていた。不意に機長からのアナウンスが行なわれたとき、彼は座席に坐って深遠な数学的問題に思いをめぐらせていた。

「申しわけありません、少々遅れそうです。一番エンジンが脱落し、私たちはいま三つのエンジンで飛行しています」

一〇分ほどして別のアナウンスがあった。

「さらに遅れるのではないかと思われます。二番エンジンと三番エンジンも脱落し、四番エンジンだけになりました」

そこで哲学者は、となりに坐る連れのほうを向いて言った。

「まいったな。もうひとつ脱落したら、夜どおし空の上にいるのか！」


あるラインにそって考えているとき、その方向性そのものがあることを可能にする。ばかげたことも可能にする。ひとたび人間の問題を非常に深刻に受けとってしまうと、ひとたび人間を問題とみなすようになると、あなたはある前提条件を受け容れてしまっている。あなたはまちがった第一歩を踏み出している。こうなると、その方向に向かうことはできるし、どこまでも進んでゆくことができる。今世紀においては、精神現象や精神分析学に関する膨大な文献が生みだされている。無数の論文、専門書や本が書かれている。ひとたびフロイトがある種の論理の扉を開くと、それは今世紀全体を支配してしまった。

東洋には全面的に異なる展望がある。第一に、それはどんな問題も深刻ではないと言う。どんな問題も深刻ではないと言う瞬間に、問題はほぼ九九パーセント死んでいる。それにたいするヴィジョン全体が変化する。東洋の言う第二のことは、問題が存在するのは、あなたがそれと自己同化しているのが原因だということだ。それは過去とはなんの関係もない。歴史とはなんの関係もない。あなたがそれと同化してしまっている。それが真の問題だ。そしてそれが、あらゆる問題を解く鍵だ。

たとえば、あなたが怒りっぽい人だとする。精神分析家をたずねたとしたら、彼はこう言うだろう。「過去に入ってゆきなさい。この怒りはどのようにして生じたのか？　どのような状況で、それがあなたの心にさらに条件づけられ、刻印されていったのか？　私たちはこれらの刻印のすべてを洗い落とさなくてはならないでしょう。それらをぬぐいとらねばなりません。あなたの過去を完全にきれいにしなくてはなりません」

東洋の神秘家をたずねたとしたら、彼はこう言うだろう。「あなたは自分が怒りだと思っている。怒りとひとつだと感じている。ものごとがおかしくなるのは、そこのところだ。今度怒りが起こったら、ただの観察者でいなさい。ただの目撃者でいるのだ。怒りと同化してはならない。〝私は怒りだ〟と言わないこと。〝私は怒っている〟と言わないことだ。まるでそれがテレビの画面で起こっているかのように、ただそれが起こっているのを見つめなさい。まるで誰かほかの人を見ているかのように、自分自身を見つめなさい」

あなたは純粋な意識だ。怒りの雲があなたのまわりにやってくるとき、ただそれを見つめなさい。

そして同化しないように油断しないでいなさい。ことの全体は、いかにして問題と同化しないかということだ。ひとたびそれを身につければ……。そしてそのときには〝数多くの問題〟などというものは存在しなくなる。その鍵が、その同じ鍵が、あらゆる錠を開けるからだ。怒りも、貪欲も、セックスも同じだ。心に可能な他のすべてのことも同じだ。

東洋はただ、非同化にとどまるようにと言う。覚えていること――それこそグルジェフが「自己想起 *self-remembering*」と言うときに意味しているものだ。自分が目撃者であることを覚えていなさい！　留意するのだ！　それこそ仏陀の言っていることだ。雲が通り過ぎようとしていることに目を見張っていなさい！　その雲は過去から生じているのかもしれない。だがそんなことは無意味だ。それにはある過去があるにちがいない。ただだしぬけに生じることはありえない。それはある出来事の連続から生じるにちがいない。だがそんなことは関係ない。なぜそんなことを気にかける？　いまのいま、まさにこの瞬間、あなたはそれから離れていることができる。自分をそれから切り離すことができる。橋はまさにいま破壊することができる。そしてそれが破壊されうるのは、いまにおいてだけだ。

過去に入ってゆくことは助けにならない。その怒りは三〇年前に生じ、あなたはその日それと同化してしまった。もうあなたは、その過去において非同化することはできない。それはもう存在しない。だがこの瞬間、まさにこの瞬間に非同化することはできる。すると過去の一連の怒りの全体は、もはやあなたの一部ではなくなる。

質問は的を射たものだ。ジャヤナンダはたずねている。「あなたは最近のいくつかの講話で、私たちの問題は問題などではなく、実体がないということを話されました。抑圧的なカトリックの家庭で育てられ……」

あなたはいまこの瞬間に非カトリックになれる。〝い、ま、ま！〟と私は言う。逆行することも、両親や社会や聖職者や教会のしたすべてをぬぐい去る必要もない。そんなことは貴重な現在という時間のまったくの浪費だ。まず第一に、それは多くの年月を破壊してしまっている。いまふたたび、それは現在の瞬間を破壊しようとしている。あなたはただそれを捨て去ることができる。ちょうど蛇が古い皮を脱ぎ捨てるように。

「抑圧的なカトリックの家庭で育てられ、同じくらい狂った教育システムのなかで二一年間を過ごしたとしても、あなたはこのようにおっしゃるつもりですか？　すべての鎧《よろい》の層、すべての条件づけ、すべての抑圧は存在しないと？」

いいや、それらは存在する。だがそういったものが存在しているのは、肉体や脳のなかだ。それらは意識のなかには存在しない。意識は条件づけできないからだ。意識は自由なままだ！　自由がその内奥の質であり、自由がその本性だ。現にそのようにたずねることでさえ、あなたはその自由を示している。

「狂った教育システムのなかでの二一年間」と言うとき、「抑圧的なカトリックの家庭で育てられ」と言うとき、この瞬間においては、あなたは自己同化していない。あなたは多年にわたるカトリックの抑圧、多年にわたるある種の教育を見ることができる。この瞬間、あなたがそれを見ているとき、この意識はもはやカトリックではない。さもなければ、誰が気づいているというのだろう？　あなたが本当にカトリックになってしまっているとしたら、いったい誰が気づいているというのだろう？　それなら気づくようになる可能性などなかっただろう。

「同じくらい狂った教育システムのなかでの二一年間」と言えるとしたら、ひとつのことは確かだ。あなたはまだ狂っていない。そのシステムは失敗した。それは効き目がなかった。ジャヤナンダ、あなたは狂ってはいない。それゆえに、システム全体を狂ったものとして見ることができる。狂人は自分が狂っているのを見ることはできない。正気の人だけが、これが狂気だということを見ることができる。狂気を狂気として見るためには、正気が必要だ。この二一年間の狂ったシステムは失敗した。抑圧的な条件づけのすべては失敗した。それは本当に成功することなどできない。それが成功するのは、あなたがそれと自己同化する割合と同じだけだ。いかなる瞬間にも、あなたは離れていることができる。

それは存在する。私はそれが存在しないと言っているのではない。だがそれはもう、あなたの意識の一部ではない。

これが意識の美しさだ。意識はなんであれすりぬけることができる。それにはいかなる障壁も、いかなる限界も存在しない。ほんの一瞬前、あなたはイギリス人だった。国家主義《ナショナリズム》のナンセンスを理解すれば、一瞬後には、あなたはもうイギリス人ではない。私はあなたの白い肌が変わってしまうと言っているのではない。それは白いままだ。だがあなたはもう、白人であることに自己同化していない。もう黒人に対立してはいない。あなたはその愚かさを知る。私が言っているのは、ただ自分がイギリス人ではないことを見ることによって、あなたが英語を忘れてしまうということではない。そうではない。それはいぜんとして記憶のなかに存在する。だがあなたの意識はすりぬけている。あなたの意識は谷間を見つめ、丘の上に立っている。いまやイギリス人は谷間で死に、あなたは丘の上に立っている。はるか遠く、触れられることなく、離れて——。

東洋の方法論のすべては「観照する」というひとつの言葉にまとめることができる。そして西洋の方法論のすべては「分析する」というひとつのものごとにまとめることができる。分析すれば、あなたはぐるぐると回りつづける。観照すれば、あなたはただ循環から脱け出す。

分析は悪循環だ。本気で分析に入ってゆけば、あなたはただ途方にくれてしまう。そんなことがどうして可能だろう? たとえば、過去に入ってゆくのであれば、いったいどこで終えるつもりかね? 正確にはどこで? 過去に入ってゆくとしたら、あなたのセクシュアリティはどこではじまったのだろう? 一四歳のとき? だがそうすると、それはだしぬけに生じたのだろうか? それは肉体のなかで準備を進めていたにちがいない。ではいつ? あなたが生まれたとき? だがそれなら、あなたが母親のおなかにいたときには、それは準備を進めていなかったのだろうか? するといつ? あなたが身ごもられた瞬間? だがその前はどうなのか? あなたの性の半分は母親の卵子のなかで成長していたし、半分は父親の精子のなかで成長していた。さあつづけよう。あなたはいったいどこで終えるつもりかね？　あなたはアダムとイヴまで進まなければならない。そしてそのときでさえ、それは終わりではない。父なる神その人にまで進まなければならない。まず第一に、彼はなぜアダムを創造したのか？……

分析はつねに中途半端に終わる。だから分析は、本当には誰も助けはしない。それは助けることなどできない。あなたを少しは現実に適応させる。それがすべてだ。それは一種の適応だ。自分の問題に関して、その起源や、どのようにしてそれが生じたかについて、わずかばかり理解するのに役にたつ。そしてそのわずかな知的理解は、社会によりよく適応するのに役にたつ。だがあなたは同じ人間のままだ。それによる変容はない。それによる根元的な変化はない。

観照することは革命だ。それは根元的な変化だ。まさに根底からの！　それは存在世界のうちに全面的に新たな人間をもたらす。それは、あなたの意識をあらゆる条件づけから連れ出すからだ。条件づけは肉体のなかに、心のなかに存在する。だが意識は、条件づけられることなくとどまっている。それは純粋だ。つねに純粋だ。それはヴァージンだ。その純潔は冒瀆されえない。

東洋のアプローチは、あなたにこの純真な意識を、この純粋性を、この無垢を思い起こさせることにある。それこそ、サラハが王に何度も言っていることだ。私たちの力点は空にあり、西洋の力点は雲にある。雲には起源がある。それらがどこから生まれるのかを見つけるつもりなら、海へと向かわなくてはならない。そして太陽の光、水の蒸発、かたちをとる雲……。そうしてつづけることはできる。だがそれは、循環のなかを進んでゆくことになる。雲はかたちをとり、そしてまたやってくる。木々と恋に落ち、ふたたび大地へと注ぎはじめる。川となり、海へと向かい、蒸発し、ふたたび太陽の光のもとへとかけ昇る。そしてまた雲となり、ふたたび大地に舞い降りる……。それはどこまでもぐるぐるとつづいてゆく。それは輪だ。あなたはどこから出るつもりなのだろう？　ひとつのことが別のことへとつながってゆく。そうしてあなたは輪のなかにとどまる。

空には起源がない。空は創造されてはいない。それはなにかで作られているわけではない。実際には、どんなものが存在するためにも、空は不可欠なもの、アプリオリなものとして必要とされる。それは、他のどんなものが存在するよりも前に、存在していなければならない。キリスト教の神学者にたずねてみるといい。彼は「神が世界を創造した」と言う。神が世界を創造する前に、空が存在したのかどうかたずねてごらん。もし空がなかったとしたら、神はどこに存在していたのだろう？　神には空間が必要だったにちがいない。もしどんな空間も存在しなかったとしたら、神はどこに世界を創造したのだろう？　どこに世界を置いたのだろう？　空間は不可欠だ。神が存在するためにさえ――。「神が空間を創造した」と言うことはできない。それはばかげたことになる。そうすると、彼には存在するための空間がどこにもなかったことになるからだ。空間は神に先立っていなければならない。

空はつねに存在する。東洋のアプローチは、空を思い起こすことだ。西洋のアプローチは、あなたを雲にたいしてますます注意深くさせる。そして少しばかりあなたを助ける。だが、それがあなたに内奥の核心を気づかせることはない。周辺ならそうだ。あなたは周辺に少しは気づくようになる。だが中心には気づかない。そして周辺は大嵐だ。あなたは台風の目を見いださなくてはならない。そしてそれは、観照することによってはじめて起こる。

観照することは条件づけを変えはしない。観照することは肉体の筋組織を変えはしない。だが観照することは、あなたがすべての筋組織を、すべての条件づけを超えているという体験をもたらす。そのような超えたる瞬間、超越の瞬間においては、いかなる問題も存在しない。あなたにとっては——。

そしていまやあなたしだいだ。肉体はなおも筋組織をかかえており、心はなおも条件づけをかかえている。いまやあなたしだいだ。ときに問題が恋しくなることがあれば、心身のなかに入り、問題をかかえてそれを楽しむこともできる。それをかかえたくなければ、外にとどまることもできる。問題は刻印《インプリント》として身体精神現象のうちにとどまるが、あなたはそれから超然とし、離れている。

それこそ覚者《ブッダ》がどのようにして活動しているかだ。あなたも記憶を使う。ブッダもまた記憶を使う。だが彼はそれに同化してはいない。彼は記憶を機械装置《メカニズム》として使う。たとえば、私は言葉を使っている。言葉を使う必要があるとき、私は心とその刻印のすべてを使っている。だが「私は心ではない」という気づきがたえず存在する。だから私はボスのままであり、心は召使のままだ。心が呼び出されると、それはやってくる。その有用性は存在する。だがそれが優位に立つことはできない。

だからあなたの疑問は正しい。問題は存在する。だがそれらは、種子のかたちで肉体と精神のうちに存在するにすぎない。どうして過去を変えることができるだろう？　あなたは過去にカトリックだった。もしあなたが四〇年間カトリックだったとしたら、どうしてその四〇年間を変え、カトリックでなくすることができるだろう？　いいや、その四〇年間はカトリックであった期間としてとどまる。それはむりだ。だがあなたは、それからすりぬけることができる。あなたはいまや、それが自己同化にすぎなかったのだということを知っている。その四〇年間を破壊することはできないし、破壊する必要もない。あなたがその家の主人であれば、その必要はない。あなたはその四〇年間を、あるやりかたで、創造的なやりかたで使うことさえできる。その狂った教育でさえ、創造的なやりかたで使うことができる。

「脳や肉体の筋組織に残された刻印《インプリント》のすべてはどうなるというのですか？」

それらは存在する。だが種子として、潜在的に存在する。あなたが寂しすぎると感じるなら、問題がほしいのなら、それらをかかえることもできる。不幸なしではあまりに不幸だと感じるなら、それらをかかえることもできる。それらはいつでも手に入る。だがそれをもつ必要はない。それをもつ必然性は存在しない。それはあなたの選択になる。

未来の人間たちは、分析の道をつづけるのか、それとも観照の道に変えるのかを決めなくてはならない。私は両方の方法《メソッド》を使っている。私は特に西洋からやってくる探求者のために分析を使っている。私は彼らをグループ・セラピーに入れる。そういったグループは分析的であり、精神分析学の副産物だ。それらは発展している。フロイトがもしやってきたとしたら、エンカウンターをみとめることはできないだろう。また、彼にとって原初療法《プライマル・セラピー》をみとめるのはむずかしいだろう。「なにが起こっているのだ？　この人たちはみんな狂ってしまったのか？」——。だが、それらは彼の仕事の支流だ。彼は先駆者だった。彼がいなければ、原初療法など存在しなかっただろう。彼がゲームの全体をはじめたのだ。

西洋の人たちがやってくると、私は彼らをグループに入れる。彼らにとってはそれがいい。人は自分に容易なものからはじめるべきだ。そうしてやがて、私はゆっくりと変えてゆく。彼らはまず、エンカウンターや原初療法のような発散浄化《カタルシス》のグループに入る。それから私は、彼らをインテンシヴ・エンライトンメントに入れはじめる。そしてヴィパサナだ。ヴィパサナとは観照することだ。エンカウンターからヴィパサナへの道のりには、大いなる統合が存在する。エンカウンターからヴィパサナへと移るとき、あなたは西洋から東洋へと動いているのだ。

三番目の質問——。

あなたの行為もまた、この世界に善いことと悪いことを同じ割合でもたらすことになるのでしょうか？

どの行為のことだね？　私のなかになにか行為を見つけることができるかね？　話すことのほかに？　そしてそれについても、私は自分の話すあらゆることが矛盾するよう、可能なかぎりの気づかいをしている。だから結局は、ただの虚空が残される。それが矛盾の効用だ。私はプラス1を話したら、すぐにマイナス1を話す。そうして、全体的な結果はゼロになる。

私はやり手ではない。私はなにもしてはいない。あなたが行為と呼べるのは、私があなたたちに話すことだけだ。そしてそれはあまりに矛盾しているため、善いことも悪いこともたらすことはできない。私は自分自身を否定しつづけている。そしてこの無為の状態を理解すれば、あなたは意識のもっとも高い可能性を理解するだろう。最高の意識はやり手ではない。それは〝在ること《ビーイング》〟だ。そしてなにか行為のようなものがあらわれるとしたら、それは戯れにすぎない。私の話はただの遊びだ。

そしてその努力のすべては、あなたが私に関して教条主義的にならないようにすることにある。それはむりだ。私はそんな可能性をゆるしはしない。私はあまりに矛盾している。どうして教義《ドグマ》など作りだせる？　あなたがドグマを作ろうとすれば、すぐに私がそれに反論しているのを見いだすだろう。

あるキリスト教の宣教師が、かつて私に会いにきて言ったものだ。「あなたはあまりに多く話しています。いま必要なものは、あなたの哲学を紹介するための小冊子です。要するに、キリスト教の教理《カテ》問答《キズム》書のようなものです」

私は言った。「それはむずかしい。もし誰かが私を〝要約〟しようとしたら、彼は狂ってしまうだろう。そしてどうやって選ぶかも、なにを選ぶかもわからないだろう」

ひとたび私が逝ってしまえば、多くの人が私に関する哲学の博士論文の作業でおかしくなってしまうだろう。私は語りうるすべてを語っているし、否定しうるすべてを否定しているからだ。

四番目の質問――。

あやまった信念による質問かもしれませんが……。あなたはなぜ、これほど自我《エゴ》に反対して話しているのですか？　自我もまた神のあらわれ、〝存在〟の戯れるゲームではありませんか？

あなたがそれを理解しているのであれば、自我《エゴ》に関する問題は存在しない。それこそ私が自我に反対して話しつづけている目的のすべてだ。あなたがなく神があるように――。自我もまた神の戯れだという、それほどの深い理解に達しているとしたら、それはまったく問題ない！　それならどんな問題も存在しない。落とすべきものがないのだから、落とす必要など存在しない。

自我《エゴ》もまた神の戯れだと理解しているのであれば、あなたはそのなかにはいない。あらゆるものが神のものであり――それが無我の意味するものだ――自我さえもそうだ。

だが気をつけなさい！　あなたは自分をごまかしているだけなのかもしれない。そして心はとても狡猾だ。あなたは神の名において自我《エゴ》を救おうとしているのかもしれない。それはあなたしだいだ！　だが注意深くありなさい。すべてが神のものだと真に理解しているとしたら、あなたはいない。

そのときどこに自我《エゴ》があるというのだろう？　自我とはなにを意味しているのか？　それはこういうことだ。私には私的な生がある。私は万物の流れの一部ではない。川の一部ではない。私は泳いでいる。流れに逆らっている。私には自分だけの私的な目標《ゴール》がある。〝存在〟がどこに向かっているかなど気にかけない。私には私的な目標があり、それを見つけようとし、それを達成しようとしている。

自我とは私的な目標をもつことを意味する。自我は白痴的だ。「白痴 *idiot*」という言葉はまったくすばらしい。それは私的な「流儀 *idiom*」をもつことを意味している。私的な目標、私的なスタイルをもつことを意味している。自我《エゴ》は白痴的だ。それはただ「私は万物の一部ではない。私は自分だけのものであり分離している。私は孤島だ。私は大陸に属してはいない」と言う。この、全体に属していないということが、自我のなんたるかだ。この分離しているという観念——。

それゆえ、あらゆる神秘家は自我《エゴ》を落とせという。彼らはなにを言おうとしているのだろう？　彼らが言っているのは、分離してはならないということだ。自我を落とすということが意味しているのは、そのことにほかならない。分離してはならない。〝存在〟とともにあれ——。そして川に逆らって流れてはならない。それは愚かしい。あなたはただ疲れてしまい、うち負かされるだろう。川とともに行きなさい。どこまでも川とともに行きなさい。あなたは川の一部なのだ。するとくつろぎや安らぎや喜びが存在する。

川とともにあれば喜びがある。川に逆らえば重圧が、苦悩がある。自我《エゴ》は苦悩や重圧を生む。

さて、あなたはたずねている。「あなたはなぜ、これほど自我《エゴ》に反対して話しているのですか？　自我もまた神のあらわれ、〝存在〟の戯れるゲームではありませんか？」

あなたがその理解に達しているのであれば、少なくともあなたにたいしては、私は自我《エゴ》を落とせとは言わない。それならあなたには落とすべき自我がない。だがきわめて注意深く、用心深くありなさい。心はとても狡猾だ。

こんな小さな逸話を聞いたことがある——。

猿とハイエナがジャングルのなかをいっしょに歩いていた。そのときハイエナが言った。

「ボクが向こうのあの草むらを通るたびに、いつも大きなライオンが跳び出してくる。そしてボクをぶちつづけるんだ。ボクにはなぜだかわからないんだ！」

「へえ、そうか。今回はオレがいっしょに行ってやるよ。そしてキミを守ってやるさ」猿は言った。

そこで彼らはいっしょに歩いていった。そしてちょうどその草むらにさしかかると、ライオンが跳び出してきてハイエナをぶちはじめた。猿はただ木に登ってそれを見ていた。ライオンが行ってしまうと、半死半生のハイエナは猿にたずねた。

「どうしてキミは、降りてきてボクを助けてくれなかったの？」

すると猿は言った。

「キミがあんまり笑ってるもんで、キミのほうが勝ってると思ったんだ」

自我《エゴ》に気をつけなさい！　それは自分を守る手段を見つけることができる。上手に合理化することができる。自我は偉大な合理主義者だ。そして合理化こそ、そのよりどころのすべてだ。


五番目の質問――。

愛する和尚、どうか私が心配しないですむようにこう言ってください。

「アループ、すべてはあなたとともに絶対的にすばらしく進んでいる。あなたの心がどれほどこころみようと、いまや遅すぎる。あなたは私の庇護のもとで安全にいだかれている。あともどりなど存在しない。そしてこれから、もっともっと至福に満ちてゆくだろう」

ありがとう、和尚。私はそう願っています。でも、ときにはぐらついてしまいます。


質問はアループからだ。さて、最初のこと――。あなたは私がこう言わなくてはならないと言う。

「すべてはあなたとともに絶対的にすばらしく進んでいる」

ただ私がそう言うだけで、それはすばらしくなどならない。それはあなたに慰めを与えるかもしれない。だが私は、どのような慰めを与えるためにもここにいるわけではない。本当のことを受け容れるか、あるいはまったく気にしないでいなさい。慰めは偽物だ。それはもてあそぶための玩具《おもちゃ》だ。それはただの暇つぶしだ。そして暇をつぶすことは時間をむだにすることだ。

そしてもうひとつ。「すべては絶対的にすばらしく進んでいる」とあなたは言う。むずかしい。「絶対的にすばらしく」というのはむずかしい。この地上においては、なにごとも絶対的ではない。観照することをのぞいて――。醜悪であることも絶対的ではないし、すばらしいことも絶対的ではない。幸福は絶対的ではないし、不幸も絶対的ではない。ただ観照することだけだ。そして観照しているとき、あなたは醜悪だともすばらしいとも感じない。幸せにも不幸せにも感じない。あなたはたんに観照者を感じている。

私の仕事のすべては、あなたを観照者にすることだ。あなたはなにもかもすばらしくなることを望んでいる。観照者になることを望んではいない。あなたはもっと楽しい体験をしたい。それでたえず慰めを求めている。人びとが私のところにやってくるのは、本当は助けを得るためではなく、慰められるため、ただ激励されるためだ。私がすべてはうまくいっていると言えば、彼らは気分がよくなる。だがどれほどのあいだこの気分が助けになるだろう？　遅かれ早かれそれは消えてしまう。ふたたび彼らはやってこなくてはならない。そして、私がまた頭をなでるのを待っている。こんなことはあなたを助けはしない。あなたに必要なのは変容だ。そしてこれは私への依存を生みだす。私はあなたを依存させるべきではない。あなたは自立していなければならない。あなただけの真の自己《セルフ》にならなくてはならない。独自でなければならない。

「あなたの心がどれほどこころみようと、いまや遅すぎる」

けっして遅すぎはしない！　あなたはふたたび古い皮を身にまとうこともありうる。ふたたびそれと同化することもありうる。そしてそれが本当に遅すぎるときには、このような質問をすることはない。そのときあなたは、もうあともどりの可能性がないことを知る。それはあなたのなかで確かなものになる。それはあなた自身の知となる。そのために私の証明書を必要とはしない。証明書を必要とするということこそ、それが起こっていないことを示している。あなたはぐらついている。

聞いた話だ――。

ムラ・ナスルディンは法廷にいるところだった。検事は言った。

「この犯罪は名人級の犯人のしわざです。熟練した、賢明な方法で遂行されております」

顔を赤らめながら、被告人のムラ・ナスルディンは立ち上がって言った。

「だんな、おだてたってだめだよ。おれは白状するつもりなんかないからな」

だが彼は白状してしまった。アループは白状してしまった。これは質問ではない。告白だ。彼女が心配しているのは自然なことだ。少なくともこの段階で、心配しないことを期待するのは思いやりにかけている。彼女はときにはぐらついていると感じる。それは人間的で自然なことだ。それを否定したり、衝立《ついたて》を作って隠してしまうより、受け容れるほうがいい。

「どうか私が心配しないですむようにこう言ってください」

どうして心配しないですむだろう？　ただ私がそう言うだけで？　それがそれほど簡単なことなら、私は誰もにそう言っていたことだろう。それはそんなに簡単なことではない。私がなにを言おうと、あなたはそれを自分のやりかたで解釈し、新しい心配ごとを見つけるだろう。私がなにを言おうと、あなたはそれを解釈せずにはいられない。それを全面的に受け容れることはできない。全面的に信頼することはできない。そして私は、それを全面的に信頼しなければならないと言っているのではない。これはただ自然なことだと言っているのだ。私はあなたからどんな不自然なことも求めはしない。どんなばかげたことも求めはしない。それは自然なことだ！　ぐらつくこともある。私に反対することもある。とても否定的になることもある。ただすべてを終わりにし、古い世界に帰ってしまおうと思うこともある。私はあなたがなにか犯罪的なことをしているとは言わない。いいや、それはただ人間的なことだ。とても自然なことだ。もしそうでなかったら、どこかがまちがっている。どこかがおかしい。

私がなにを言おうと、それはまたしても、同じ心配している心によって解釈される。たとえ私が正確に「そうだ、アループ、すべてはあなたとともに絶対的にすばらしく進んでいる……」と言ったとしても、あなたはこう思うだろう。「和尚はからかっているのかしら？　彼は本気で言ってるのかしら？」。心配している心がそれに跳びかかる。あなたの解釈が入りこむのは避けられない。

この小さな物語を聞きなさい――。

牧師は夜遅く集会から家に帰ろうとしていた。彼は車をとばしているとき、夕べの祈りを唱えていなかったことをふと思い出した。ひっそりとした田舎道の片側に車を止めると、彼は車から降りた。そして、ヘッドライトの灯りで日課の礼拝を行ないはじめた。

はじめてからそれほどたたないうちに、彼が大いに驚いたことに、大型トラックがやってきた。トラックの運転手はなにかめんどうがあったのだと思い、車を止めてウィンドーをおろした。そしてこうたずねた。

「大将、なにかやっかいごとでもあんのかい？」

「いいえ、すべては順調ですよ。ありがとう」牧師は答えた。

運転手はギアを入れると、発車の音に負けないように大声で叫んだ。

「おれに言えるのはこんだけだ。あんたがそこで読んでる本――そいつはとんでもなくすげえ本らしいな！」

さあ、ちょっと思い浮かべてごらん。人里離れた小道の上で、誰かが車のヘッドライトで本を読んでいる――。あなたはどう思う？　『聖書』を読んでいるとは想像できるかね？　『聖書』を読むのになんでそんなに急ぐことがある？　誰かがそれほどにも『聖書』を読むことに興味をもつことがありうるだろうか？　彼は待てないのだろうか？　家に帰ってから読むことができないのだろうか？　トラックの運転手は、彼の心にそって解釈したにちがいない。彼は言う。「おれに言えるのはこんだけだ。あんたがそこで読んでる本――そいつはとんでもなくすげえ本らしいな！」

あなたはたえず解釈している。そして当然、自分の心にそって解釈している。私の言おうとしていることは聞きとめられない。あなたはそれを自分なりに聞く。もし心配しているとしたら、あなたはそれについても心配するだろう。もし疑っているとしたら、それについても疑うだろう。もし否定的だとしたら、それについても否定的になるだろう。もし信頼しているとしたら、あなたは信頼することだろう。

アループは言う。「私が心配しないですむようにただこう言ってください」。いいや、心配はそんなに簡単に止めることはできない。私がそう言うことでは役にたたない。あなたはなにかをしなくてはならない。私の言っていることをしなくてはならない。もう少し実践的でなければならない。あなたは観照しなければならない。

ひどく腹をすかした三人の宿無しがいた。彼らは、親方がお米を料理している家にやってきた。親方が彼らに言うには、今夜泊まってもいい、そして一番いい夢を見た者があったかいご飯にありつける、ということだった。

かくして次の朝、最初の宿無しはこう言った。

「おれは自分が王様になった夢を見たよ」

二番目の宿無しはこう言った。

「そんなものはなんでもないさ。おれなんか自分が神様になった夢を見たよ」

すると三番目の宿無しが言った。

「おれの夢はまったくありふれたもんだった。まったく勝てる見込みはないな。おれはあったかいご飯が冷める夢を見た。そこで降りていって、そいつを食っちまった」


これこそ〝実践的〟ということで私が意味しているものだ。だからアループ、実践的でありなさい！私の言っていることを実行しなさい。私がそう言うだけでは役にたたない。そしてご飯は本当に冷めようとしている。あなたは私に夢を作りだすのを助けてもらいたい。そしてご飯は冷めようとしている。ただ降りていって、ご飯を食べなさい！

もし私がこう言ったとしても、それはあなたに夢を与えるだけだ。「アループ、すべてはあなたとともに絶対的にすばらしく進んでいる。あなたの心がどれほどこころみようと、いまや遅すぎる。あなたは私の庇護のもとで安全にいだかれている。あともどりなど存在しない」

まず第一に、私にはそんなことは言えない。無事で安全でいたいという願望そのものが、霊性の成長に反しているからだ。私はあなたを危険な領域へと追いやろうとしている。深淵へと追いやろうとしている。あなたは私の庇護のもとで安全でありたいと望んでいる。ところが私のほうは、あなたを〝存在〟という騒動のなかに投げこもうとしている。いかなる無事も、いかなる安全もない――。私は守護者ではない。私は破壊者だ。私はあなたの防衛装置ではない。あなたが真に私を理解するなら、私は危険に満ちた生になろうとしているのだ。

私を理解するなら、あなたはつねに安全なしでいることになる。けっして無事や安全を求めたりはしない。あなたは無事や安全を嫌悪する。それらを敵だと思う。現にそうなのだ。あなたは生のなかで可能なすべてにたいし、開きさらされていることを楽しむようになる。そう、死にたいしてもさらされている。〝すべて〟というのは死も含まれる。真の生は瞬間ごとに死と向かい合っている。本物でない、作り物の生だけが安全だ。

いいや、わたしにはそんなことは言えない。「あなたは私の庇護のもとで安全にいだかれている。あともどりなど存在しない」などとは――。落ちることはありうる。最後の段からでも落ちることはありうる。光明を得ないかぎり、あともどりは存在する。引き返すことはありうる。あなたはうち消すことができる。そむくことができる。拒むことができる。ふたたびみじめさのなかに落ちてゆくこともできる。最後の最後の段からでも、落ちることはありうる。梯子全体を超えてゆかないかぎり、たとえ最後の段であっても――ただの誰でもない人にならないかぎり――落ちてしまうことはありうる。ほんのわずかな自我《エゴ》、自我のゆらめきだけで、あなたを引きもどすには充分だ。それはふたたび凝結しうる。ふたたび結集しうる。それはふたたび新たな妄想の旅になりうる。

そして、安全は私の道ではない。サニヤシンであるということは、安全なしの生を生きる用意があるということだ。それは大いなる勇気だ。そしてその大いなる勇気とともに、大いなる至福が可能となる。

「そしてあなたはこれから、もっと、もっと、もっと、至福に満ちてゆくだろう」

私はエミール・クーエのような人ではない。私は催眠術師ではない。そう、あなたはこんなふうにして自分に催眠術をかけることもできる。それこそまさにクーエの方法論だ。彼は自分の患者に言う。「思い描き、夢想し、想像し、目に浮かべなさい。毎夜眠る前に、毎朝眠りのあとで、何度も何度もくり返しなさい。〝私はよくなってゆく、もっと健康になってゆく、もっと幸せになってゆく……〟と。くり返しなさい。復唱しつづけなさい」

そう、それは少しばかり役にたつ。それはあなたのまわりに幻想を作りだす。だが、あなたは私に幻想を作りだすのを助けてもらいたいのだろうか？　私のアプローチのすべては脱催眠のアプローチだ。まったく催眠などではない。私はあなたがどのような幻想で催眠をかけられることも望まない。私があなたに望むのは、すべての幻想から完全に脱催眠することだ。幻想を脱した状態、完全に幻想を脱した状態にあるとき、光明はすぐそばにある。

そしてアループはつづける。「ありがとう、和尚。私はそう願っています」

見なさい！　彼女の心はすでに解釈しはじめている。「私はそう願っています」――。それはそうではない。たんに彼女が願っているだけだ。どうして自分自身をだませるだろう!

「私はそう願っています。でも、ときにはぐらついてしまいます」

そして私は、あなたがぐらつくのを非難しているのではない。ときにぐらつくことは、完全にオーケーだ。ときにぐらつくことは、完全に人間的なことだ。それは完全にまともだ! けっしてそれを非難してはならない! それを受け容れなさい! 偽りの安定を作りだそうとしてはならない。それは頭のものであり、ごまかしだ。あなたをどこにも導きはしない。それをそのままにしておきなさい。それをそのまま受け容れなさい。そしてもっと注意深くなりなさい。もっと観照する者になりなさい。そのような観照のなかでのみ、あなたは安全になる。そのような観照のなかでのみ、毎日さらに至福に満ちてゆく。それを復唱することによるのではなく——。

そのような観照のなかでのみ、あなたはみずからの存在の中心に達する。そこには死が存在しない。ただありあまるほどの生だけがある。そこで人は、サラハの語っている甘露を味わう。

六番目の質問——。

私の目が明らかなものを見ることをじゃましているのは、正確にはなんなのでしょうか? 私はただ、なにをするべきでなにをするべきでないのかがわからないのです。いつになれば、私は静寂の響

きを聞くことができるのでしょうか?

「私の目が明らかなものを見るのをじゃましているのは、正確にはなんなのでしょうか?」

それを見たいという願望そのものだ。明らかなものを望むことはできない。明らかなものは現状なのだ! 望むなら、あなたは離れてしまう。探し求めるなら、まさにその瞬間にそれを遠ざけてしまう。それはもはや明らかではなくなる。もう身近ではなくなる。あなたがそれを彼方へと追いやってしまった。どうして明らかなものが探し求められるだろう? それが明らかだと理解しているのなら、どうしてそれを探し求められるだろう? それはただある! それを探したり望んだりする必要がどこにある?

明らかなものが神性なものだ。ありきたりのものが荘厳なものだ。そして、とるにたらないものが深遠だ。日々のあたりまえの行ないのなかで、あなたは毎瞬のように神と出会っている。ほかには誰もいないからだ。あなたはそれ以外のなにものにも出会うことはできない。それはつねに、千とひとつの姿をとった神だ。神はまったく明らかだ。ただ神だけがある! だがあなたは探し求めている。望んでいる。そうしてあなたは取り逃がす。探求することそのもので、神をはるか遠くに、はるか彼方に追いやっている。それが自我《エゴ》の策略だ。それを理解しようとしてごらん。

自我《エゴ》は明らかなものに興味をもたない。なぜなら、自我は明らかなものといっしょでは存在できないからだ。自我は身近なものにはまったく興味がない。自我は遠くのもの、彼方のものに興味をもつ。ちょっと考えてごらん。人間は月に到達したが、いまだみずからのハートにはいたっていない。遠くのもの……。人間は宇宙旅行を開発したが、いまだ魂の旅を発達させてはいない。彼はエヴェレストに到達したが、自分自身の存在に向かうことは気にかけない。身近なものは見落とされ、遠くのものが探し求められている。なぜだろう？

自我《エゴ》が心地よく感じるのだ。旅が困難であれば、自我は気分がいい。力を示せるなにかがある。それが困難であれば、なにか有能であることを示すことができる。月に行くのであれば、自我は気分がいい。だがみずからの存在へと向かうことは、たいした自己主張にはならない。

古くからの物語がある――。

神は世界を創造した。そして神は地上に住んでいたものだった。あなたにも想像はつくだろうが、彼のやっかいごとはあまりに多すぎた。誰もが不平をならべていた。誰もが思いがけない時刻にノックしていた。夜になっても人びとはやってきてこう言ったものだ。「これはよくありません。私たちは雨を望んでいたのに、今日はとても暑かった」。すると誰かがそのすぐあとにやってきて言う。「雨を降らせたりしないでください。私はあることをやっていたのに、それがすべてをだいなしにしてしまいました」。こうして神は気が狂いそうになっていた。「どうすればいいのだ⁉」　あまりに多くの人びとと、あまりに多くの願い、そして彼らの願いはまったく矛盾している。農夫は雨が降ることを望んでいるし、陶工は雨が降らないことを望んでいる。彼は壺を作っていて、それがだめになってしまうからだ。彼は数日のあいだ暑い日差しを望んでいるのだ」。こんなことがつづいていた。

神は諮問委員会を招集してたずねた。「どうすればいい？　人びとは私を狂わせてしまう。それに、彼らみんなを満足させることなどできない。彼らはいつか私を殺してしまうだろう！　私にはどこか隠れるところが必要だ」

そこで彼らは多くのことを提案した。ある者は言う。「そんなことはたいしたことではありません。ただエヴェレストに行けばいいのです。それはヒマラヤのもっとも高い頂きです。そこにはいままで誰も行ったことがありません」

神は答える。「おまえはわかっていない！　ほんの二、三秒もすれば」――それは神にとってはほんの数秒なのだ――「エドモンド・ヒラリーがテンジンといっしょにやってくる。するとやっかいごとがはじまる。そしてひとたび知られたら、人びとはヘリコプターやバスでやってくるようになる。そうしてすべてが……。だめだ、それでは役にたたない。それは二、三秒の解決にしかならない」。覚えておきなさい。神の時間はちがった進みかたをする。インドでは、神の一日は数百万年にあたると言う。だから数秒のことだ。

それからある者が提案した。「では、月はどうでしょう？」

神は答える。「それもまた、それほど遠いことではない。さらに二、三秒すると、誰かが月にやってくる」

そこで彼らは遠くの星々を提案した。だが神は言う。「それは問題の解決にはならない。たんなる引き延ばしのたぐいだ。私に必要なのは永久的な解決なのだ」

すると神の年老いた従者がそばに寄り、神の耳になにごとかをささやいた。神は言う。「そのとおりだ。それがいい！」

年老いた従者はこう言ったのだ。「人間がけっして来ることのない唯一の場所があります。人間自身のなかにお隠れなさい」。そしてそこが、それ以来神が隠れている場所だ。人間自身のなか――。それは人間が考える最後のものだ。

明らかなものが見落とされるのは、自我《エゴ》が興味をもたないからだ。自我が興味をもつのは、やっかいで、むずかしく、骨のおれるものだ。なぜなら挑戦があるからだ。成功したときに、あなたは主張することができる。もし明らかなものがあり、あなたがそれに成功したとしても、いったいそれはなんという成功だろう？　あなたはたいした成功者ではない。それで人は明らかなものを見落とし、遠くのものを求めつづける。

そして明らかなものを求めることさえできないとき、どうして遠くのものを求められるだろう？

「私の目が明らかなものを見ることをじゃましているのは、正確にはなんなのでしょう？」

その欲望こそが、あなたを道に迷わせている。欲望を落としなさい。すると明らかなものが目に入るようになる。

「私はただ、なにをするべきでなにをするべきでないのかがわからないのです」

なにもするべきではない。ただ自分のまわりで起こっているすべてのことに、注意深くならなくてはならない。することはまたしてもエゴ・トリップになる。なにかすれば自我《エゴ》は気分がよくなる。なにかやることがある。行為は自我の食物だ。それは自我を強化する。無為であれば、自我は大地に倒れ伏す。死んでしまう。それはもう滋養を与えられてはいない。

だからただ無為の者でありなさい。神や真理に関するかぎり、そしてその探索に関するかぎり、なにもしてはならない。まず第一に、それは探索などではない。だからそれについてはなにもできない。ただありなさい。それを別の言いかたで言ってみよう。〝ある〟という状態にあれば、神があなたをおとずれる。人はけっして神を見つけることはできない。神が人を見つけるのだ。なにもすることなく、どこにも行くことなく、夢見ることなく、ただ静寂の空間にある――。するとその静寂の空間のなかで、あなたは不意に神が存在するのを見いだす。神はずっとそこにいたのだ！　ただあなたが静かではなかったために、神を見ることができなかったのだ。あなたはその〝静けき神の声《スティル・スモール・ヴォイス》〟を聞くことができなかった。

「いつになれば、私は静寂の響きを聞くことができるのでしょうか？」

いつになったら？　あなたはまちがった質問をしている。〝いま〟こそそのときだ。それをいま聞きなさい！　それは存在しているのだから――。その音楽は進行している。その音楽はいたるところにある。それを聞くことができるように、ただ静かにしている必要がある。だが、けっして〝いつ〟と言ってはならない。〝いつ〟というのは未来をもちこんでいるということだ。〝いつ〟というのは希望したり夢見たりしているということだ。〝いつ〟というのは〝いま〟ではないということだ。そしてそれはつねに〝いま〟なのだ。それはつねに〝いま〟という時だ。神にとってはただひとつの時間しか存在しない。〝いま〟だ。そしてただひとつの場所しかない。〝ここ〟だ。〝そこ〟や〝そのとき〟——それらを落としなさい。

そして最後の質問——。
和尚、あなたが言葉にたいし、途方にくれてしまうなんてことはあるのでしょうか？

質問はリシからだ。言葉を口にするたびに、私は途方にくれる。なぜなら、私の言いたいことは語りえないものだからだ。そして伝えられなくてはならないものは、伝えることのできないものなのだ。それなら当然あなたはたずねるだろう。なぜ私は話しつづけているのか？

私は懸命に努力している。今日は失敗したかもしれないが、明日は……。昨日は失敗したが、今日こそは……。私はちがったやりかたで話しつづける。このやりかたでは、あなたにとどかなかったかもしれない。なにか別のやりかたで、それはもっとあなたに近づくかもしれない。このやりかたである者は聞き、あなたは聞かなかった。別のやりかたなら、あなたは聞くことができるかもしれない。だが、私はいつも途方にくれている。言葉は簡単にはやってこない。そのメッセージは言葉にできないからだ。私は説教師ではない。私はあなたに、なにかの教義を与えようとしているのではない。なにかの理論を説明しようとしているのではない。なにかが私のなかで起こった。なにかが私に起こった。私が伝えようとしているのは〝それ〟だ。私はあなたと交流しようとしている。

言葉はまったく不向きだ。それはまったくちっぽけで小さい。それは私が包みこみたいものを容れることができない。こうして私は、毎瞬のように途方にくれている。どんな体験ももたない人たちは、けっして途方にくれはしない。どんな言葉でも用をなす。

すばらしい物語を聞いたことがある。それに瞑想してごらん――。

ある教区の司祭が、その主教といくつか言葉をかわしていた。その会話はこのようなものだ。

「主教様、それはあなたにとっては問題ないでしょう。あなたが説教を用意されるときには、教区内のいくつかの教会でそれを話すことができます。ところが私のほうは、毎週日曜日ごとに二つの新しい説教をしなくてはならないのです」

主教は答えた。

「あなたも私のように、およそどんな主題についてでも、言われたらすぐに説教を行なえるべきなのです」

「それなら私もあなたに言いたいことがあります」司祭は言う。「次の日曜日に、私の教会に来てやってみていただけますか」

主教はそれに同意した。そしてついには説教壇にのぼった。カードには「便秘」という一語が書かれていた。それが主題だったのだ——。なんのためらいもなく彼ははじめた。

「そしてモーゼは、二枚の銘板《タブレット》（便箋《タブレット》）を手にすると、山腹へと出かけていったのです——」

説教師というものは、けっして途方にくれはしない。彼には利用できる数多くの聖なる書がある。彼はいつでも、自分の記憶からなにかを見つけることができる。私はいつも途方にくれている。なぜなら、私があなたに言いたいことは、思考の題材《サブジェクト・マター》などではないからだ。それは私の主体性《サブジェクティヴィティ》だ。私があなたに伝えたいこと、それは私のハートだ！　知的産物《マインド》ではない。不運にも、私は頭脳《マインド》を使わなければならない。ほかに道はないからだ。ハートを伝えるためにさえ、人はマインドを使わなければならない。それゆえにその不条理がある。それはまったく不合理だ。不可能なことをしようとしている！だがほかに道はない。私にはどうしようもない。

だが言葉に途方にくれることがあるのかとたずねるなら、私はいつもそうだ。ひとつの言葉ごとに私はためらう。それは用をなすだろうか？　どうすれば役にたつだろうか？　それが役にたたないと知りながらも、私はそれを使いつづける。それは必要悪だ。沈黙のほうがましだ。はるかにましだ。

だがあなたたちを見ると、私はためらう。もし私が沈黙したら、あなたにとって私に近づくことはいっそうむずかしくなる。あなたは言葉を理解することもできないのに、どうして沈黙が理解できるだろう？　そして沈黙を理解できるとしたら、あなたはその静寂を私の言葉のうちにも聞くことができる。

もし私が沈黙したら、あなたたちのうちのせいぜい五パーセントが私のまわりに残るだろう。その五パーセントの人たちは、言葉をとおしても理解することができる。彼らは私の言葉ではなく、その静寂に耳をかたむけているからだ。だからその五パーセントにとっては、問題はない。だが言葉も理解できないし、それにこめられた静寂も理解できない残りの九五パーセントの人たちは、ただいなくなってしまうだろう。彼らを助けることはまったくできなくなる。私の言葉によって、彼らは少なくともつきまといつづける。

つきまとっているうちに、ある無防備な瞬間、彼らは私と接触をもつかもしれない。ある無防備な瞬間、思いがけず私にもっと近づくかもしれない。私につまずき当たるかもしれない。ある無防備な瞬間、私が彼らのハートに浸透するかもしれない。なにかが彼らをゆり動かすかもしれない。それは不確かなことだ。それでも、やりつづける価値はある。

五パーセントのほうは、どちらにしても助けられる。だがこの九五パーセントは、沈黙によっては助けられない。そして五パーセントのほうも、私が最初の最初から沈黙していたとしたら、ここにはいなかっただろう。その五パーセントが道を示し、九五パーセントがやがては九〇パーセント、八五パーセント、八〇パーセント……となってゆく。

少なくとも五〇パーセントの人たちが沈黙を理解できると私が感じる日がくれば、言葉は落とされうる。私は言葉をあまり喜んではいない。そんな人は誰もいなかった。老子も、サラハも、仏陀も、誰ひとりとして――。だが彼らはみんな言葉を使わなくてはならなかった。沈黙が交感《コミユニオン》になりえないからではない。沈黙はコミュニオンになりうるが、そのためにはきわめて高次の意識が必要とされる。

それはかつて起こった――。

インドにおける偉大な二人の神秘家、カビールとファリドが出会った。そして、二日間沈黙して坐っていた。弟子たちは非常に落胆した。彼らは二人に話してほしかった。なにか価値あることを聞けるように話してほしかった。彼らは楽しみにしていた。カビールとファリドが出会うのを、何か月ものあいだ待ち望んでいた。大いなる祝福《シャワリング》があり、彼らはそれを楽しむことになるだろうと――。だが二人は、ただ沈黙して坐っていた。そして弟子たちはうたた寝し、あくびをしていた。どうしようがある？　この二人にいったいなにが起こっていたのだろう？　というのも、彼らはそれ以前、けっして沈黙してはいなかったからだ。カビールは弟子たちにたいして沈黙してはいなかった。ファリドも弟子たちにたいして沈黙してはいなかった。彼らはたえず弟子たちに語りつづけていた。

「どういうわけだろう？　なにが起こったのだろう？　二人は口がきけなくなってしまったのだろうか？」――。だが、なにも言うことができなかったのだ。それはふさわしくなかった。

二日後、カビールとファリドはおたがいに抱き合い、別れを告げた。それもまた沈黙のうちになされた。そして弟子たちは自分たちの師とともに残されると、師にくいついた。カビールの門人たちは言った。

「なにがまずかったのですか？　私たちは何か月も、ファリドが来るのを待ち望んできました。そうして彼はやってきて、あなたたちは一言も話しませんでした。私たちは待ちに待って……もううんざりしてしまいました！　この二日間は地獄でした！」

するとカビールは笑った。彼は言った。

「だが、なにも言うことがなかったのだ。彼は静寂を理解することができる。もしなにか話していたら、彼は私のことを無知だと思っただろう。静寂が存在し、静寂がそれを語ることができるとき、言葉がなんの役にたつ？」

そしてファリドの門人たちはファリドにたずねた。

「なにが起こっていたのですか？　あなたはなぜ話さなかったのですか？」

ファリドは言った。

「おまえは狂っているのか？　カビールと話すだって？　私たちはまさに同じスペースにいる。だから伝えることなどないし、話すことなどない！　私が彼の目をのぞきこみ、彼が私の目をのぞきこんだ瞬間、われわれにはわかった。対話は最初の瞬間に終わったのだ！」

「それならこの二日間は……あなたたちはこの二日間、いったいなにをしていたのですか？」

するとファリドは言った。

「私たちはただおたがいを楽しんでいたのだ。おたがいのスペースを――。私たちはたがいに客人だった。私たちはたがいに重なり合っていた。たがいに満ちあふれ、たがいに溶け合っていた。踊り、歌っていた。だがそのすべては静寂のうちで起こっていた。沈黙が語りうるとき、どうして言葉が必要だろう？」

私はいつも言葉に途方にくれている。一言ごとにとてもためらいながら口にしている。それが充分なものにならないことを、適切ではないことをよく知りつつも――。なにひとつ適切ではない。真実はあまりに広大で、言葉はあまりに小さい。

真理は聖でも邪でもない

第7話

27 April 1977

始まりにも中間にも終わりにも　それはあり
　始まりも終わりも　その外《ほか》になし
めぐる思いにゆれる心　ともにあるものすべてを二とす
　空《くう》と慈悲　二つに見るはそれがゆえ

ミツバチは知る　花のなか
　蜜の見いだされんことを
輪廻《このよ》と涅槃《かなた》　二つならず
　迷いの者がいかに知る

鏡をのぞく迷いの者
　おのが顔見て　映像《うつし》とは見ず
真理をこばむ心も同じ
　真なきものにすがりつく

花の香りは触れえぬも
　広がりわたり　すぐ感知《さと》られる
されば　かたちなきありのままの存在
　神秘なる輪の廻《めぐ》りを悟る

真理はある。ただある。ただ存在している。それは実在のうちに入ってくることも、実在から出てゆくこともない。けっして来ることもなく、けっして去ることもない。それはありつづける。実際には、ありつづけるもののことを、私たちは真理と呼んでいる。それはとどまる。とどまるもの、永遠にとどまるものこそ、真理と呼ばれている。それは始まりにもあり、中間にもあり、終わりにもある。実際には、始まりも中間も終わりも存在しない。それはすべてをおおっている。

深く見つめれば、始まりもそのうちにあり、中間もそのうちにあり、終わりもそのうちにある。それはすべてにゆきわたっている。なぜなら、ただ〝それ〟だけがあるからだ。無数のかたちのなかにあらわれているのは、同一のリアリティだ。かたちは異なっていても、その実体、その本質は同じだ。

形象は波のようであり、本質は海のようだ。

覚えておきなさい。タントラは神について語りはしない。神について語ることは、多少なりとも神の擬人化になる。それは神を人間のイメージで作りだすことになる。神を人間の観点で考えることになる。それが限界を生む。神は人間のようであるにちがいない。それは正しい。だがまた、神は馬のようでもあり、犬のようでもあり、岩のようでもあり、星のようでもあり……あらゆるもののようであるにちがいない。そう、人間はひとつのかたちとして含まれる。だが人間が唯一のかたちではありえない。

ちょっと神を馬のように考えてごらん。それはばかげて見える。神を犬のように考えてごらん。それは冒瀆のように思える。だが私たちは、神を人間のように考えている。それは冒瀆のように感じられないのだろうか？　それは人間のエゴだ。人間は神が自分に似ていると考えることができるとき、ものすごく気分がいい。『聖書』には、神はみずからの似姿に人間を創造したと記されている。まちがいなく、これは人間によって書かれたものだ。もし馬が自分たちの『聖書』を書いていたとしたら、きっとそんなふうには書かなかっただろう。神は悪魔を人間の姿に創造したとさえ書いたかもしれない。なぜなら神は……。どうして神がみずからの似姿に人間を創造することなどありえよう？　人間は馬にたいしてひどく残酷にあたってきた。人間のなかにはなにひとつ神性なものなどないように見える。馬に聞いてごらん。悪魔ということはあるだろう。魔王《ベルゼブブ》の代理人ということはあるだろう。だが神ということはありえない。

タントラは神の擬人観のすべてを落とす。タントラはものごとを正しい大きさにもどす。人間を正しい場所に置く。タントラは壮大なヴィジョンだ。それは人間に中心を置いたりはしない。どんな部分的な姿勢にも中心を置かない。それはリアリティをそのままに見る。真如のままに、タタターのままに、ありのままに――。それは神について語らない。神のかわりに、タントラは真理について語る。

真理は無人格、非人格だ。真理はあらゆるものの質をもちうる。それには限界がない。『聖書』は、始めに神が世界を創造したと言う。タントラは言う。どうして始まりが存在しうる？　そしてどうして終わりが存在しうる？　そして始まりも終わりも存在しないとき、どうして中間がありえよう？すべては永遠だ。それは時間ではない。タントラは時間を超えたヴィジョンだ。時間のなかでは、始まりも中間も終わりもある。だが永遠においては、始まりも中間も終わりもない。それはただある。

真理は時間的なものではない。実際には、時間は波のように真理のうちに存在し、空間は波のように真理のうちに存在する。その逆ではない。真理は空間のうちにあるのではなく、時間のうちにあるのでもない。時間と空間が真理のうちに存在している。それらは真理のあらわれだ。ちょうど馬がかたちであるように、人間がかたちであるように、空間もまた形象であり、より大きな波だ。時間もまた同じだ。

真理は無時間性だ。真理は無空間性だ。真理は超越だ。

真理はそれだけで存在している。他のあらゆるものは、真理の支えによって存在する。真理は自明のものであり、他のなにものも自明ではない。真理とは存在の基盤そのもの、実在の究極の本体だ。

タントラはいかなる儀式も、いかなる崇拝も、いかなる寺院も、いかなる僧職も作りだしはしない。それらは必要ではない。人は直接的な関わりにおいて真理と向き合うことができる。どんな仲介者も必要ない。どんな聖職者も必要ない。僧侶たちは自分たちが話していることをなにひとつ知ることなく、真理や神や天国や、千とひとつのものごとについて話しつづけている。言葉、たんなる言葉だ。彼らは体験してはいない。それらの言葉はただ空っぽだ。

ときおりぐあいの悪くなる、非常に有名な司祭の話を読んだことがある——。

司祭は自分を徹底的に検査した医者に助言を求めた。

「そうですねえ」医者は言う。「率直に言いましょう。あなたの肺はよい状態にないようです。二、三か月ほどスイスで過ごすのがいいでしょう」

「ああ、なんということだ」司祭は答えた。「私にはむりだと思う。それはできないだろう。お金の都合がつかない。私は貧乏だからね」

「そうですか、それはあなたしだいですからね」と医者。「スイスか天国かというところですな」

司祭はしばらく考えると、おもむろに口をひらいた。

「ああ、わかった。そういうことなら――スイスだ」


誰が天国に行くことを望むだろう？　いつもそれについて話している司祭でさえ望んではいない。それは美しい色彩で死を描くまやかしだ。だが、いつでもそれが死であることは知っている。どうやって自分自身をだませるだろう？

グルジエフはよくこう言っていた。「あなたが宗教を脱しようと望むなら、僧侶の近くで生きることだ。そうすれば宗教を脱するだろう」。ふつうの人間ならだまされるかもしれない。だがどうやって僧侶がごまかされたりするだろう？　彼自身がまやかしの全体を作りだしている。僧侶がだまされることなどありはしない。彼らはあることを語るが、知っているのは別のことだ。彼らはあることを話すが、やっているのは別のことだ。

私はあるラビの話を読んでいた――。


あるユダヤ人、ある若者が、ラビのもとをおとずれた。

「ラビ、かなり重大なことについて助言を求めてもいいですか？」

「ああ、もちろん」と返事があった。

「それはこういうことなんです。ぼくは二人の女性と恋をしています。ぼく自身がそう思っているのですが……。それで、ひとりはとても美しいのですが、お金はありません。もうひとりはどちらかといえば感じはいいのですが、まったく人目は引きません。でも彼女はたくさんのお金をもっています。こんなときあなたならどうしますか？」

「そうだな」ラビは言う。「君はきっと、心の底では美しい人のほうを愛しているのだと思う。だから私なら、話を先に進めて彼女と結婚するよ」

「そのとおりです！」若者は言う。「ありがとう、ラビ。そうすることにします」

彼が立ち去る用意をしていると、ラビは言った。

「ああ、ところで、もうひとりの女性の住所を教えてくれないかね？」

司祭、ラビ、牧師――彼らは、自分たちが話していることはすべてたわごとにすぎないとよく知っている。それは他人のためのものだ。他人向けだ。

タントラはいかなる僧職も作りださない。僧職が存在しないとき宗教は純粋だ。聖職者をもちこめば、彼は害をなす。聖職者をもちこめば、それはきっと毒される。なぜなら、聖職者はそれにたいして投資をしているからだ。


ある男がパブに入った。彼が一杯ひっかけていると、酔っぱらいがよろめきながらも、なんとか足を引きずって、パブの外へ出てゆくのを目にした。そうしてパブを出た酔っぱらいは、だしぬけに車を運転しているようなかっこうをしはじめた。エンジンの音をうなり、警笛の音を叫びはじめた。

新しく来た客は驚いた。彼はパブのオーナーにたずねた。

「あのあわれな男がなにをやっているのか、どうして教えてやらないんだ?」

するとパブのオーナーは言った。

「やつはいつもあれをやるんだ。飲みすぎたときはいつもあれをやるのさ。こうなったら、ほとんど夜どおしやってるだろうな。町のなかをそこらじゅう走り回るんだ。やつはすごい車を運転していると思いこんでるからな」

そこで新顔は言う。

「でも、どうしてそれを説明してやらないんだ?」

オーナーは答えた。

「なんでおれたちが説明してやらなくちゃならない？　やつは車を洗っておくのに、一週間に一ポンドもくれるんだぞ」

あなたが誰かの幻想に投資しているとき、その幻想を破壊することはできない。その幻想がつづくことを望む。ひとたび聖職者が割りこむと、彼は人びとの幻想すべてに投資するようになる。神にたいする幻想、魂にたいする幻想、天国にたいする幻想、地獄にたいする幻想——。彼にはいまや大きな利害がある。彼はいまやあなたの幻想に依存している。あなたの幻想で生活している。あなたの幻想を食いものにしている。

タントラは幻想からの脱却だ。それはいかなる僧職も作りだしてはいない。タントラは、僧職はあなたと真理とのあいだにあるが、あなたと真理とのあいだには誰も立ちはだかるべきではないと言う。ハートを真理にたいして開いていなさい。そうすれば真理でことたりる。それを解釈する者などいっさい必要ない。それを知るにはあなただけで充分だ。実際には、解釈でいっぱいにされるほど、現にあるものを知る可能性はそれだけ少なくなる。

真理は始まりにあり、中間にあり、終わりにある。実際には、中間も始まりも終わりも存在しない。すべてはひとつだ。真理は過ぎ去りはしない。それはありつづける。

これが最初の詩句《スートラ》だ。サラハは王に言う——。

始まりにも中間にも終わりにも　それはあり
始まりも終わりも　その外《ほか》になし

始まりも終わりも、それ以外のどこにもありはしない。〝いま〟が真理の時であり、〝ここ〟が真理の場だ。まさにこの瞬間、真理は〝ここ〟に、〝いま〟収斂している。この瞬間こそ、始まりであり、中間であり、終わりだ。〝存在〟がいつ開闢したのかを知るために、過去に入ってゆく必要はない。まさにこの瞬間、それは始まっている。〝存在〟がいつ終焉するのかを見るために、未来に入ってゆく必要はない。まさにこの瞬間、それは終わっている！　それぞれの瞬間が、始まりであり中間であり終わりだ。なぜなら、〝存在〟は瞬間ごとに新たであり、瞬間ごとに死んでは生まれかわっているからだ。瞬間ごとにあらゆるものが非顕在の状態へと没入し、顕在の状態へと帰還する。

現代物理学においては、いまやこのタントラの姿勢が本当かもしれない、究極的には真実かもしれないという風説が流れている。瞬間ごとにあらゆるものが消えうせ、そしてふたたびもどってくる、ふたたびポッとあらわれるのかもしれない。消滅し、またポッとあらわれる――。だがその間隔があまりに小さいため、私たちはそれを見ることができない。タントラは、それが新鮮でありつづけるのは、〝存在〟が新鮮でありつづけるのは、そのためだと言う。

人間をのぞいては、あらゆるものが新鮮だ。重荷をかかえているのは、記憶の荷物をかかえているのは、人間だけだからだ。それゆえに人間はけがされ、卑しめられ、荷物をかかえ、重荷を負っている。さもなければ、森羅万象は新たでみずみずしい。それは過去をかかえることもないし、未来を思い描くこともない。それはただここにある！　全面的《トータル》にここにある！　過去をかかえているとき、あなたの存在の大部分は過去に巻きこまれている。ありもしない過去に――。そして未来を思い描くとき、あなたの存在の大部分は、ありもしない、いまだおとずれていない未来に巻きこまれている。あなたは非常に希薄に拡散している。それゆえあなたの生には強烈さがない。

タントラは、真理を知るためにはただひとつのものを必要とすると言う。それは強烈さ、全面的な強烈さだ。どのようにしてこの全面的な強烈さを生みだすのだろう？　過去を落とし、未来を落としなさい。するとあなたの生命エネルギーのすべては、小さな〝いまここ〟に焦点を集める。そしてその焦点を集めることで、あなたは火になる。生きた火になる。あなたはモーゼが山上で見たのと同じ火になる。その火のなかには神が立っており、火は神を燃やしてはいなかった。そしてその火は、緑の草むらさえ燃やしてはいなかった。その草むらは生き生きとし、新鮮でみずみずしかった。

生の全体は火だ。それを知るためには強烈さが必要だ。さもなければ、人はなまぬるく生きる。タントラは唯一の戒律が存在すると言う。なまぬるく生きるべからず――。それは生きるためのやりかたではない。それは緩慢な自殺だ。食べているときには、強烈にそこにいることだ。禁欲主義者たちはタントリカをとても非難している。彼らはタントリカのことを、〝食べて飲んで陽気にやる〟連中だと言う。ある意味で彼らは正しい。だが、ある意味で彼らはまちがっている。なぜなら、ふつうの〝食べて飲んで陽気にやる〟連中とタントリカには、大きなちがいがあるからだ。

タントリカは、これが真理を知る道だと言う。だが食べているときには、唯一食べることだけを存在させるのだ。過去は立ち去らせ、未来も立ち去らせなさい。あなたの全エネルギーを食物に注ぎなさい。食物にたいする愛や慈しみや感謝をもつことだ。一嚙みごとにとほうもないエネルギーをもって嚙みなさい。するとあなたは食物の味だけでなく、〝存在〟の味わいも得る。食物も〝存在〟の一部なのだから！　それは生をもたらす。活力をもたらす。プラーナをもたらす。それはあなたを動かしつづける。あなたが生き生きとしつづけるのを助ける。それはただの食物ではない。食物は容器かもしれない。それには生命が入っている。食物だけを味わって、そのうちにある〝存在〟を味わっていないとしたら、あなたはなまぬるい生を生きているのだ。それでは、タントリカがどのように生きているかはわからない。水を飲むときには渇きになりなさい！　それにたいする強烈さをもちなさい。するとその冷たい水の一滴一滴が、あなたにとほうもない喜びをもたらす。水のしたたりが喉をうるおし、大いなる充足をもたらすという体験そのものによって、あなたは神を味わう。リアリティを味わう。

タントラはありきたりの耽溺ではない。それはなみなみならぬ耽溺だ。それがありきたりの耽溺でないのは、それが神そのものに耽溺するからだ。だがタントラは、あなたがその味わいを得るのは小さなものごとをとおしてだと言う。生にはなにも大きなものごとなどない。すべては小さなことだ。徹底的に、全面的に、全身全霊で入ってゆくなら、小さなものごとは大きくすばらしいものとなる。

女性あるいは男性と愛を交わすなら、愛になりなさい。すべてを忘れてしまいなさい！　その瞬間には、ほかのすべてをなくしてしまいなさい。森羅万象をあなたの愛の交感へと収斂させなさい。その愛を自由奔放なものに、無邪気なものにするのだ。それをけがす心が存在しないという意味での無邪気さだ——。それについて考えてはならない！　それについて想像してはならない！　なぜなら想像と思考のすべてこそ、あなたを薄ぼんやりとさせ、希薄に拡散させているからだ。すべての思考を消え去らせなさい。行為を全面的なものにするのだ！　行為のなかにありなさい。失われ、熱中し、消えてしまいなさい。すると愛をとおして、あなたは神とはなにかを知る。

タントラは言う。それは飲むことによっても知られうる。食べることによっても知られうる。愛によっても知られうる。それはあらゆる場から、あらゆる片すみから、あらゆる方角から知られうる。すべての方角は神のものだからだ。すべては真理だ。

そして、神が世界を創造した始まりにいあわせなかったため、自分は恵まれていないなどと考えてはならない。神はまさにいま創造している。あなたはここにいて幸運だ。あなたはこの瞬間、神が創造しているのを見ることができる。そして、世界が轟音とともに消滅するとき見逃すことになると考えてはならない。それはまさにいま消滅している。瞬間ごとにそれは創造され、瞬間ごとに消滅している。瞬間ごとにそれは誕生し、瞬間ごとに死をむかえている。だからタントラは、あなたの生もそのようでありなさいと言う。瞬間ごとに過去にたいして死に、瞬間ごとに新たに生まれなさい。荷物をかかえていてはならない。なにももたないでいなさい。

始まりも終わりも　その外《ほか》になし

それらは〝いまここ〟にある。

めぐる思いにゆれる心　ともにあるものすべてを二とす
空《くう》と慈悲　二つに見るはそれがゆえ

さて、この真理の体験、現にあるものの実存的な体験、真如の体験を述べるには、二つのやりかたがある。それを述べるのに二つのやりかたが存在するのは、二つのタイプの言葉があるからだ。それは肯定的なものと否定的なものだ。サラハの力点は否定的なものにある。なぜなら、それが仏陀の力点だったからだ。

仏陀はある理由から、否定的な表現をとりわけ好んでいた。〝存在〟を肯定的な言葉で描写すると き、肯定的な言葉はそれにある限界をもたらす。あらゆる肯定的な言葉には境界がある。否定的な言葉にはどんな境界もない。否定的なものには限界がない。たとえば、〝存在〟を「すべて」とか「神」とか「絶対者」とか呼ぶとしたら、ある限界をもたらすことになる。それを「絶対者」と呼ぶ瞬間、ものごとは終わってしまっているという観念が生じる。それはもはや進行中のプロセスではないといった観念が生じる。それを「ブラフマン」と呼ぶと、完全な状態に到達してしまっているように思われる。もうそれ以上のものは存在しないように思われる。それを神と呼ぶとき、あなたはそれに定義を与えている。だが〝存在〟はあまりに広大で、定義することなどできない。それはあまりに広大で、どんな肯定的な表明もおよびはしない。

それで仏陀は否定的なものを選んだ。彼はそれをシューンヤム――空《くう》、無――と呼ぶ。ちょっとその「空」という言葉に耳をかたむけてみなさい。それを味わい、あれこれひねり回してごらん。あなたはその「空」にどんな限界も見いだすことはできない。それには限界がない。神？ すぐに限界が生じる。「神」と言うやいなや、〝存在〟は少しばかり小さくなる。「空」と言うやいなや、あらゆる限界が消え失せる。

この理由から、仏教の力点は否定的なものにある。だが覚えておきなさい。仏陀は「空《くう》」によって、ただなにもないことを意味しているのではない。仏陀が「空 *nothingness*」と言うとき、彼は「なにものでもないもの *no-thingness*」を意味している。なにものも〝存在〟を定義することはできない。なぜなら、あらゆるものはそのなかにあり、それはあらゆるものより大きいからだ。それはあらゆる部分を集めた以上のものだ。さて、このことは理解されなくてはならない。これはタントラの姿勢のひとつだ。

バラの花を見てごらん。あなたは化学者のところに行くこともできる。彼はその花を分析することができる。そしてそれがどのような成分からできているかをあなたに教える。どのような物質、どのような化学成分、どのような色素なのか――。彼はそれを細かく調べることができる。だが「その美はどこにあるのか？」とたずねると、彼は肩をすくめる。彼はこう言うだろう。「私はそのなかにどんな美も見つけだすことはできなかった。私の見いだしたのはこれですべてだ。このさまざまな色素、さまざまな物質、これらの化学成分――それがすべてだ。そして私はなにも見落としてはいない。ほかにはなにも残されていない。重さを計ってみるといい。もとの花と正確に同じ重さだ。だからなにもなくなってはいない」。するとあなたは惑わされるにちがいない。美はあなたの投影だったにちがいないと――。

タントラは、美は存在すると言う。だが美とは、すべての部分を集めた以上のものだ。全体は部分の総計以上のものだ。これがタントラの姿勢のひとつであり、きわめて大きな意義のあるものだ。美とは、それを構成しているもの以上のなにかだ。

あるいは、小さな赤ちゃんを見てごらん。喜びで生き生きとし、くすくす笑い、幸せそうにし、生命にあふれている――。その小さな赤ちゃんをばらばらにしてみるがいい。赤ちゃんを外科医の手術台に置いてみるがいい。解剖のあとであなたはなにを見いだすだろう？　生き生きとした喜びなど存在しない。どんな笑いも、くすくす笑いもない。どこにも無邪気さは見つからない。どこにも生命は見つからない。赤ちゃんを切りきざむ瞬間、その赤ちゃんはいなくなる。生命は消えてしまう。だが外科医は、なにもなくなってはいないと主張するだろう。重さを計ってみるといい。ばらばらになった部分は、全体であった赤ちゃんと同じ重さになる。なにもなくなってはいない。それは正確に同じ赤ちゃんだ。だが、それが同じ赤ちゃんだということを、母親に納得させることができるかね？　あなたはそれが同じ赤ちゃんだと信じこむのだろうか？　そしてもし、その赤ちゃんが外科医自身の子どもだとしたら、彼はそれが同じ赤ちゃんだと納得するだろうか？　手術台に横たわっているこれらの死んだ手足を？

なにかが消えてしまった。そのなにかは、重さを計ることはできないかもしれない。測定できないかもしれない。そのなにかは、肉体的なものではないかもしれない。物質的なものではないかもしれない。それでも、なにかがなくなっている。その赤ちゃんはもう踊りはしない。もう笑いはしない。食べることも、飲むことも、眠ることも、泣くことも、愛情を示すことも、怒ることもない。なにかがなくなってしまった。

タントラは、総計は全体ではないと言う。部分の寄せ集めは全体ではない。全体とは、部分の寄せ集め以上のものだ。そして生の体験は、そのより以上のもののなかにある。

空《くう》とはなにものでもないものを意味する。あらゆるものを集めても、〝存在〟にはならない。〝存在〟はそれ以上だ。それはつねに、その部分の集まり以上のものだ。それがその美であり、それがその生命だ。それゆえに、それはこれほどとほうもなく喜びに満ちているのだ。それゆえに祝祭が存在するのだ。

だからこれら二つ――肯定的な言葉と否定的な言葉――が心にとめられなくてはならない。タントラは否定的な言葉を使うことになる。とりわけ仏教タントラはそうだ。ヒンドゥー・タントラは肯定的な言葉を使う。これはヒンドゥー・タントラと仏教タントラのちがいのひとつだ。仏陀は究極なるものを描写するために、つねに「ノー」を使う。なぜなら彼によると、ひとたび特性を付与すれば、それらの特性が限定する要素になってしまうからだ。

それで仏陀は、消去しつづけるようにと言う。ネーティ、ネーティ——これではない、これではない、これではない——と言いつづけるのだ。そうしてすべての否定のあとに残されるなにかがある。だから、空《くう》とは空虚を意味するのではないということを覚えておきなさい。それは充満を、言いあらわすことのできない充満を意味している。その言いあらわせないなにかが「空《くう》」という言葉によってあらわされているのだ。

めぐる思いにゆれる心　ともにあるものすべてを二とす
空《くう》と慈悲　二つに見るはそれがゆえ

サラハは言う。分析的すぎる人、思いめぐらしすぎる人、たえず心の範疇で考えている人は、つねに分裂している。分かたれている。彼らにはつねに問題が存在する。問題は実在のうちにはない。そういった問題は、彼ら自身の分裂した心から生じている。彼らの心はひとつの統一体ではない。

現在では科学者にたずねることもできる。彼らは、頭脳は右と左の二つの部分に分かれており、両者は異なる機能をすると言う。ただ異なるだけでなく、両者はまったく正反対に機能している。左側の心は分析的であり、右側の心は直観的だ。左側の心は数学的、論理的、演繹的だ。右側の心は詩的、芸術的、審美的、神秘的だ。両者は異なる範疇に生きている。そしてその二つのあいだには、非常に小さな橋が存在するにすぎない。ただの小さなつながりだ。

ときにはなにかの事故でそのつながりが破壊されることもある。するとその人は二つになってしまう。第二次世界大戦においては、そのつながりが破壊され、人が二つになってしまったという数多くの事例が存在した。そうなったら彼はひとりの人ではない。彼は朝にあることを言い、夕方までには完全にそれを忘れてしまい、そして別のことを言いはじめるといったこともある。朝には一方の脳半球がはたらいており、夕方にはもう一方の脳半球がはたらいているのだ。そうしてまたこれらは交替する。

現代の科学はそれを深く調べる必要がある。ヨーガはそれを非常に深く見つめてきた。ヨーガは言う。呼吸が変化するとき……。人はおよそ四〇分ほど一方の鼻孔で呼吸し、それから四〇分ほどもう一方の鼻孔で呼吸する。現在にいたるまで、現代科学はそれについて熟考してはいない。なぜ呼吸が変化するのか、そしてその意味するものはなんなのか。だがヨーガはそれを深く考えている。

左の鼻孔がはたらいているときは、右側の頭脳が機能している。右の鼻孔がはたらいているときは、左側の頭脳が機能している。これは内側での一種の取り決めだ。こうして、一方の頭脳が四〇分だけ機能すると、そのあとそれは休息することができる。どういうわけか、人間はそれが正確になんであるかを知ることもなく、四〇分たつごとに機能を変えなくてはならないことを感じている。学校やカレッジや大学では、四〇分たつと授業を変える。頭脳の一方の部分が疲れるからだ。四〇分がぎりぎりの限界のように見える。それから休息が必要になる。だからもし数学を勉強しているとしたら、四〇分たったら詩を学ぶことがふさわしい。そうしてまた数学にもどることができる。

第二次世界大戦においてはこのことが非常にはっきりした。その橋はきわめて小さく、非常にもろく、どんな事故ででも破壊されうる――。そしてひとたびそれが壊れてしまうと、人は二つのものとして機能するようになる。その人はひとりの人間ではなくなってしまう。四〇分間はある人で、四〇分間は別の人になる。もし彼があなたからお金を借りるとしたら、四〇分後にはそれを否定するだろう。「ぼくは受け取っていない」と言うだろう。そして彼は嘘をついているわけではない。覚えておきなさい。彼は嘘をついているのではない。受け取ったほうの頭脳はもうはたらいていない。それで彼にはその記憶がないのだ。もう一方の頭脳は借りてなどいない。もう一方の心は完全にきっぱりと否定するだろう。「あなたはおかしいんじゃない？　ぼくはあなたからなにも借りてはいないよ」

そしてこれは、つながりが壊れていない人にさえ起こっている。自分自身の生活を観察してみるといい。するといつでも周期が見つかるだろう。ほんの少し前、あなたは奥さんにたいしてとても愛に満ちていた。そして突然なにかがカチリと音を立て、あなたはもう愛に満ちていない。そしてあなたは気に病む。あなたにはつながりがあるからだ。あなたにはわずかな記憶が、ほんの数分前の記憶があるからだ。あなたはとても愛に満ち、あふれ出していた。それからなにが起こったのか？　突然その流れはなくなり、あなたは凍りつく。あなたは奥さんの手を握っているところだったかもしれない。すると頭脳が交替し、もうひとつの頭脳が入ってきた。そして手が握られている！　だが一瞬にして、エネルギーはもう流れていない。いまやあなたは手を離し、この女性から逃げ出したくなる。実際、あなたはこのように思いはじめる。「なにをやってるんだ？　なんでこの女と時間をむだにしてるんだ？　彼女になにがあるっていうんだ？」。そしてあなたは大いに不安を感じもする。なぜなら、ついさきほどまで「いつまでも君を愛しているよ」と誓っていたからだ。そしてあなたは、これはよくないことだと思ってくよくよする。「ついさっきぼくは約束し、その誓いをすでに破っているなんて」

あなたは怒っていた。そして誰かを殺してしまいたかった。そしてほんの数分後、その怒りは去り、あなたはもう怒っていない。別の人にたいして慈愛を感じさえする。あなたは幸せを感じはじめる。

「彼を殺さなくてよかった」――。

自分の心を見守ってごらん。するといつでもこの転換を発見するだろう。このギアは変わりつづけている。

タントラは、その橋がもはや小さなつながりではなく、両方の心が真に一体となるとき、統一の状態が存在するという。この一体化こそ男性と女性の真の出会いだ。頭脳のある部分、右側の心は女性的であり、左側の心は男性的だ。そして女性あるいは男性と愛を交わすとき、オーガズムが起こるとき、両方の心は非常に近づいている。それゆえにオーガズムが起こる。それは女性にはなんの関係もない。それは外側のものにはなんの関係もない。それはただあなたの内側にある。見守りなさい……。

タントリカは愛という現象をきわめて深く見守ってきた。なぜなら彼らはこう考えたからだ。そしてそれは正しい。地上におけるもっとも大いなる現象は愛であり、人間のもっとも大いなる体験はオーガズムだ。だから、なにか真理のようなものが存在するとしたら、ほかのどんなときよりも、オーガズムの瞬間にその真理に近づいているにちがいない——。これは単純な論理だ。たいして論理的である必要もない。これはまったく明白なことだ。それが人間のもっとも大きな喜びであり、それゆえこの喜びは、無限なるものの扉をどのようにか開けているにちがいない——。ほんのわずかであり、きわめてゆるやかなものかもしれない。その一部にすぎないかもしれない。だが、なにか無限なるものがそのなかに入りこんでいる。わずかのあいだ男と女は消え去る。二人はもう自我《エゴ》のなかにはいない。そのカプセルは消え失せる。

正確にはなにが起こっているのだろう？　あなたは生理学者にたずねることもできる。タントラは多くのことを発見している。二、三話そう。ひとつは、あなたが女性と愛を交わし、オーガズムを、幸せを感じるとき、それは相手の女性とはなんの関わりもないということだ。すべてはあなたの内側で起こっている。それはその女性のオーガズムとはなんの関わりもない。それはまったく関係していない。

その女性がオーガズムを得ているとき、彼女は彼女自身のオーガズムを得ている。それはあなたとはなんの関わりもない。あなたはただきっかけとして機能しているかもしれない。だが、その女性のオーガズムは彼女の私的なオーガズムであり、あなたのオーガズムはあなたの私的なオーガズムだ。二人はいっしょにいる。だがあなたのオーガズムはあなたのものだ。そしてあなたがオーガズムを得ているとき、相手の女性はあなたの喜びを共有することはできない。それはありえない。それは絶対的にあなたのものだ。私的なものだ。彼女はなにかが起こっているのを見ることはできる。あなたの顔に、あなたの体に——。だがそれは外側からの観察にすぎない。彼女はそれに参加することはできない。女性がオーガズムを得ているとき、あなたはただの傍観者にすぎない。もはやそれに参加してはいない。

そして、たとえ二人がいっしょにオーガズムを得るとしても、そのときにもあなたのオーガズムの喜びは大きくも小さくもならない。それは女性のオーガズムに影響されはしない。女性のオーガズムもあなたに影響されはしない。あなたたちは完全に私的であり、全面的に自分自身のうちにある。これが第一のことだ。それは、あらゆるオーガズムが奥底では自慰的だということだ。女性は助けであり、口実にすぎない。男性は助けであり、口実だ。だが必要不可欠ではない。

タントリカの見守ってきた第二のことは、オーガズムが起こるとき、それはセックス・センターには関係がない、なにも関係がないということだ。というのも、セックス・センターが脳から切り離されると、あなたはオーガズムに達してもどんな喜びも感じないからだ。だから深く探れば、それはセックス・センターで起こっているのではない。それは脳の内部で起こっている。セックス・センターからのなにかが脳の内部でひきがねを引き、それは脳の内部で起こる。そして現代の研究もそれと完全に一致している。

有名な心理学者であるデルガードの名前を聞いたことがあるにちがいない。彼は小さな器械を考案した。頭に電極をとりつけて、その電極がリモートコントロールで制御できるようにした。あなたはリモコンの押しボタンのついた小さなボックスをもつことができる。そのボックスをポケットに入れておいて、いつでも性的なオーガズムを得たいときに、ただボタンを押す。それはセックス・センターにはなんの関係もない。そのボタンは頭のなかのなにかを刺激するだけだ。それは性的なエネルギーが放出されたときに刺激を受ける中枢を、頭の内部で刺激する。それは直接その場所を刺激し、あなたは大きなオーガズムを得る。あるいは別のボタンを押し、不意に怒りをおぼえることもできる。また別のボタンを押し、深い憂鬱に落ちこむこともできる。ボックスにどんなボタンでもつけ、自分の気分を好きなように変えることができる。

最初に動物で実験したとき——特にネズミだが——デルガードは驚いた。彼は一番お気に入りの、非常によく訓練されたネズミに電極をとりつけた。彼はそのネズミで長いこと実験していた。そして非常に賢いネズミだった。彼は電極をネズミの頭にとりつけると、そのネズミにボックスを与えた。そしてボタンを押すように訓練した。ボタンを押すと性的なオーガズムが得られることがいったんわかると、そのネズミは狂ってしまった。一日に六千回も……。ネズミは死んでしまった！　どこにも行こうとしなかったからだ。食べることもなく、眠ることもなく……。ネズミはすべてを忘れてしまった。ネズミはただ気が狂ったように、何度も何度もボタンを押していた。

人間の脳に関するこのような現代の研究は、タントラが主張してきたこととまさに同じことを述べている。第一に、オーガズムは外側の人間には——相手の女性や男性には——なんの関係もない。第二に、それは性エネルギーにはなんの関係もない。女性はあなたの性エネルギーを誘発する。するとその性エネルギーは脳内エネルギーを誘発する。そして脳の中枢がひきがねを引かれる。だがオーガズムはまさにその場で、脳の内部で、頭のなかで起こっている。

ポルノグラフィがこれほど関心をもたれているのはそのためだ。ポルノグラフィは直接脳を刺激することができるからだ。美し女性も醜い女性も、あなたのオーガズムにはなんの関係もない。醜い女性でも、美しい女性と同じだけすばらしいオーガズムをあなたに与えることができる。それなのになぜ、あなたは醜い女性を好まないのだろう? それは頭にアピールしない。それがすべてだ。さもなければ、オーガズムに関するかぎりどちらも同様に可能だ。もっとも醜い女性でも、クレオパトラのようなもっとも美しい女性でも、たいしたことではない。だがあなたの頭は、あなたの脳は、かたちや美しさにより関心をもっている。

タントラは言う。ひとたびこのオーガズムの仕組み《メカニズム》全体を理解すれば、大いなる理解が生じうる。さらなる一歩が存在するのだ。

現代の研究は、オーガズムが脳内で起こるという点までは同意している。女性のオーガズムは脳の右側で起こる。これについては、現代の研究はまだなにも言うことができない。だがタントラはそのように主張する。女性のオーガズムは右脳で起こる。それが女性のセンターだからだ。そして男性のオーガズムは左側で、男性的な脳の側で起こる。タントラはこの作業にさらに深く入ってゆく。そしてタントラは、脳の両方の側がひとつになるとき、大いなる喜びが生じる、完全なオーガズムが起こると言う。

そして脳のこの両側は、きわめて容易にひとつになりうる。分析的でなくなればなくなるほど、両者は近づいてゆく。それゆえ、思いめぐらし解釈する心はけっして幸せな心ではない。あれこれ思いめぐらすことのない心のほうが幸せだ。原始的な人びとのほうが、いわゆる文明的で、教育があり、文化のある人たちよりも喜びに満ちている。動物たちは人間よりも幸せだ。鳥たちのほうが幸せだ。彼らは分析的な心をもっていない。分析的な心はその断絶をより大きくする。

論理的に考えるようになるほど、二つの心の断絶はより大きくなる。論理的に考えることが少なくなるほど、両者は近づいてゆく。あなたのアプローチが詩的になるほど、審美的になるほど、それだけ両者は近づいてゆく。そして喜び、歓喜、祝祭の可能性はいっそう大きくなる。

そして最後の到達点――私が思うに、科学がそこにいたるには何世紀もかかるだろう。最後の点とは、喜びが起こっているのは、正確には脳のなかでもないということだ。それが起こっているのは、これら両方の側の脳の背後にある観照者のなかだ。さて、観照者があまりにも男性側の心に執着していると、喜びはたいして起こらない。あるいは、観照者があまりにも女性側の心に執着していると、喜びは少しは多くなるが、それほどでもない。

あなたは見ることができないだろうか？　女性は男性よりも幸せだ。それゆえ女性はより美しく、より無邪気で若々しく見える。女性は長生きする。よりおだやかに、より満ち足りて生きる。それほど悩むこともない。女性はそれほど自殺をしないし、それほど狂うこともない。その比率は倍になる。男性は二倍になる。自殺も発狂も、男性は二倍の数になる。そしてもし、すべての戦争を自殺的、殺人的な行為に含めるとしたら、男はそれ以外になにもやってはいない。何世紀にもわたり、男は戦争の準備をしては人びとを殺している。

女性の心のほうが喜びに満ちている。なぜならそれは、より詩的であり、より審美的であり、より直観的だからだ。だがどの部分にも執着することなく、ただの観照者であれば、あなたの喜びは完全であり、究極のものとなる。この喜びを、私たちはアーナンダ――至福――と呼ぶ。この観照者を知ることは、ひとつになることだ。絶対的にひとつになることだ。そのとき、あなたのなかの女性と男性は完全に消えてしまう。そのとき、それらは全一性《ワンネス》へと失われる。そのとき、オーガズム的な状態があなたの毎瞬の現実になる。そしてその状態において、セックスは自動的に消え去る。その必要がないからだ。人が一日二四時間オーガズムのなかで生きているとき、その必要がどこにある？

観照することにおいて、あなたはオーガズム状態になる。そのときオーガズムは一時的なものではなくなる。それはあなたの自然な本性になる。これが歓喜《エクスタシー》というものだ。

めぐる思いにゆれる心　ともにあるものすべてを二とす
空《くう》と慈悲　二つに見るはそれがゆえ

サラハは、〝存在〟は空《くう》だと言う。だが不安になることはない。私たちは、「空」という言葉であらゆるものの空虚を意味しているのではない。実は、それは遍満していることを意味している。それがあまりに満ちているため、私たちはそれを空と呼ぶ。もしそれをなにか名づけるなら、それは境界を作りだす。だがそれには境界がない。だからそれを空と呼ぶのだ。だが仏教徒たちは何度もたずねられている。もしそれが空だとしたら、慈悲はどこから生じるのか？　なぜ仏陀は慈悲について語ったのか？

サラハは、空《くう》と慈悲は同じエネルギーの二つの側面だと言う。〝存在〟において空が意味するのは、利己的《エゴイスティック》になってはならないということだ。自我《エゴ》とは、私はなにものかであるという意味だ。もし〝存在〟がなにものでもなく、そして私がこの〝存在〟に参加しなくてはならないとしたら、この〝存在〟の一部になる必要があるとしたら、私は自我を落とさなくてはならない。自我は私を誰かにする。私に定義や限界を与える。〝存在〟にはいかなる自己もなく、それが空――無我《アナッタ》――であるなら、私もまた空でなければならない。そのときはじめて、この二つの空がたがいに出会い、たがいに溶け合うことが可能となる。私は無我にならなくてはならない。そしてその無我において慈悲が存在する。

自我《エゴ》とともに激情《パッション》がある。無我とともに慈悲《コンパッション》がある。自我とともにあれば、攻撃性、怒り、残虐性が存在する。無我とともにあれば、思いやり、分かち合い、慈愛が存在する。

それでサラハは、慈悲が養われる必要はないと言う。もし空《くう》のうちに生きることができるなら、慈悲はひとりでにあふれ出しているだろう。
聞いた話だ――。

ある男が銀行の支店長にローンをたのみにいった。彼が詳細を述べたあとで、支店長は言った。

「公正に判断すれば、私はあなたのご希望をお断りするべきでしょう。しかし、あなたに一か八かのチャンスをさしあげましょう。さて、私の片方の目はガラスでできています。どちらがそうなのか当てることができたら、あなたにローンをお貸ししましょう」

客はしばらくのあいだ相手をじっと見つめ、そしてこう言った。

「右目のほうです」

「そのとおり」と支店長。

いったいどうやって見当をつけたのか、彼には信じられなかった。そこで彼はたずねた。

「どうしてわかったんですか?」

「ええ」客は答えた。「そちらのほうが慈悲深く見えたのです。だからそっちがガラスの目にちがいないと思いました」


自我《エゴ》は、打算的で狡猾な心は、けっして慈悲深くはない。そうはありえない。自我があるということそのものに、暴力が存在する。もしあなたがいるのなら、あなたは暴力的だ。あなたは非暴力になることなどできない。もし非暴力になりたいのであれば、〝私〟を落とさなくてはならない。空《くう》にならなくてはならない。非暴力は空から生まれる。それは修練するといった問題ではない。それは誰でもない人になるということだ。するとそれはあふれ出す。エネルギーの流れを妨げているのは、〝私〟という障害物だ。それがなければ、慈悲はたやすい。

サラハは、空《くう》と慈悲は二つのものではないと言う。空になりなさい。そうすれば慈悲がある。あるいは慈悲を成就しなさい。するとあなたは空に、誰でもない人になっているのを見いだす。

この〝存在〟を空《くう》としてあらわすことは、自我《エゴ》の消滅へと向かう大いなる一歩だ。そしてこれは、世界にたいする仏陀の最大の貢献のひとつだ。他の宗教は微妙なやりかたで、相変わらずの自我を養いつづけている。正義の人は「私は正義だ」と感じはじめる。道徳家は「私は他の人たちよりも道徳的だ」と考える。宗教を実践している人は、自分自身を他の人よりも宗教的だと考える。だがこれらはすべて自我の性質であり、結局のところ助けにはならない。仏陀は、修養が問題なのではないと言う。あなたのうちには何者も存在しないのだという理解、気づきが必要なのだ。

内側を見つめたことがあるかな？　内側に入ってゆき、見回したことは？　そこに誰かいるだろうか？　あなたは誰も見いだしはしない。あなたが見いだすのは静寂だ。あなたは誰にも出会いはしない。

ソクラテスは「汝自身を知れ！」と言う。そして仏陀は「知るにいたれば、いかなる〝汝自身〟も見いだすことはない」と言う。内側には誰もいない。純粋な静寂が存在する。壁にぶつかることなどないし、自己に出会うことなどない。それは虚空だ。〝存在〟そのものと同じだけ空っぽだ。そしてその虚空からあらゆるものがあふれ出している。その空《くう》からあらゆるものがあふれ出している。

ミツバチは知る　花のなか
蜜の見いだされんことを
輪廻《このよ》と涅槃《かなた》　二つならず
迷いの者がいかに知る

観察したことがあるかな？　小さな美しい湖のまわりには、数々の花が存在する。カエルはその花のちょうど根もとにいるかもしれない。だが、花のなかに蜜があることを知りはしない。

ミツバチは知る　花のなか
蜜の見いだされんことを

水鳥、白鳥、魚やカエルは知らない。たとえその草木のすぐそばにいるときでさえ――。花のなかに蜜があることを知るためには、ミツバチにならなくてはならない。サラハは言う。タントリカはミツバチのようで、苦行者はカエルのようだ。彼は花のそばに住んでいるのに、まったく気づいていない。ただ気づいていないだけでなく、拒絶している。ミツバチは甘えていると思っている。ミツバチは愚か者だ、自分自身をだめにしていると思っている。

サラハは言う。苦行者はカエルのようで、タントリカはミツバチのようだ――。性という現象のなかには、崇高なものが隠されている。性のエネルギーのなかには、存在世界の扉を開く鍵がある。だがカエルたちがそれを知ることはない。タントラは言う。性エネルギーから生命が誕生するということは、これほどにも明白な事実だ。それは、セックスこそまさに生の核心にちがいないということだ。生命は性エネルギーによって誕生する。新しい子どもは性エネルギーによって誕生する。新たな命が存在世界に入ってくる。新たな客が存在世界にやってくる。性エネルギーを通じて！　性エネルギーはもっとも創造的なエネルギーだ。たしかにそれを深くのぞきこめば、私たちはより以上のものを、さらに壮大でさらに創造的な可能性を見いだすかもしれない。

タントラは言う。セックスは性エネルギーの、リビドーの、もっとも低い梯子段だ。さらなる気づきをもって入ってゆき、深くそれを探るなら、あなたはそのなかに隠された最高の可能性を、サマーディを見いだすだろう。

セックスは泥のなかに落ちたサマーディのようなものだ。それは泥のなかに落ちたダイヤモンドのようなものだ。ダイヤモンドのよごれを落としなさい。泥がそれを破壊することはできない。泥は表面についているだけだ。ただダイヤモンドを洗えばいい。するとそれはまた、すべての光輝とすべての栄光をもって輝きつづける。

セックスのなかにはダイヤモンドが隠されている。愛のなかには神が隠されている。「神は愛なり」とイエスが言うとき、彼はこの着想をどこかでタントラから得たのかもしれない。というのも、ユダヤの神はまったく愛ではないからだ。それはユダヤの伝統からは生じえない。ユダヤの神は非常に荒々しい神だ。

ユダヤの神は言う。「私は非常に嫉妬深く、非常に荒々しい。そしておまえたちが逆らえば、私は復讐する」。ユダヤの神はきわめて独裁的な神だ。愛はユダヤ教の観念にはそぐわない。イエスは、神が愛であるというこの考えをどこから得たのだろう? それがインドのタントラの一派《スクール》に由来するという、タントリカから広まったという可能性は大いにある。

サラハはイエスの三〇〇〇年前にこの地にいた。誰にわかるだろう? それはサラハだったのかもしれない。サラハの教えが旅したのかもしれない。そう考えるだけの確固たる理由がある。イエスがインドをおとずれていたという充分な可能性が存在するのだ。そして、教えを伝える者たちがインドからイスラエルへと広がっていったという可能性が充分にある。

だがひとつのことは確かだ。それは、神を愛のエネルギーとして見ているのはタントラだということだ。だがキリスト教徒たちは見落とした。イエスが「神は愛なり」というヒントを与えてさえいたのに、彼らは見逃した。彼らはそれを、神が愛情深いのだと解釈した。彼らは見逃した。イエスは「神は愛情深い」と言っているのではない。イエスは「神とは愛なのだ」と言っているのだ。神は愛に等しい――。それは公式だ。「愛＝《イコール》神」だ。愛に深く入ってゆけば、あなたは神を見いだす。そして神を見いだすのにそれ以外の道は存在しない。

ミツバチは知る　花のなか
蜜の見いだされんことを
輪廻《このよ》と涅槃《かなた》　二つならず
迷いの者がいかに知る

この「迷いの者」とは誰のことだろう？　カエルたち、苦行者たち、いわゆるマハトマたち、世界を否定しつづける者たちだ。なぜなら彼らは、神が世界に反対していると言うからだ。これはばかげている！　もし神が世界に反対しているとしたら、神はなぜそれを創造しつづけているのだろう？　そんなに反対しているのなら、いつでもやめればいい。もし神が世間でいうマハトマたちと同意見だとすれば、ずっと以前にやめていたことだろう。だが神は創造しつづけている。それに反対しているようには見えない。神は絶対的にそれに賛成しているようだ。

タントラは言う。神は世界に反対していない。輪廻《サンサーラ》と涅槃《ニルヴァーナ》は二つではない。それはひとつだ。苦行者は性エネルギーと戦っている。そしてその戦いによって、彼は神から離れ、生から離れ、生命の活力ある源泉から離れてゆく。すると倒錯が存在する。そうなるしかない。なにかと戦えば戦うほど、あなたは倒錯におちいってしまう。そうしてあなたはごまかしを見つけるようになる。それがまた入ってこれる裏口を——。

だから苦行者は、うわべではセックスと戦い、生と戦っている。そして奥底では、その空想にふけるようになる。抑圧すればするほど、彼はそれにとりつかれてしまう。苦行者は妄想にとりつかれている人間であり、タントリカはまったく自然な人間だ。彼にはどんな妄想もない。だが皮肉なことに、苦行者はタントリカが妄想にとりつかれていると思っている。苦行者は、タントリカたちがセックスの話をしているのだと思っている。「なぜ彼らはセックスの話をしているのだ？」——。だが本当の妄想は苦行者のうちにある。彼はそれについて語りはしない。あるいは、たとえ話すとしても、彼はそれを非難するためだけに話す。だが彼はたえずそれについて考えている。彼の心はそれをぐるぐると回っている。

神に反対するのはむずかしい。たとえそうしたとしても、あなたの失敗は確実だ。心はなにかしらの方法を見つけだす。

聞いた話だ——。

ユダヤ人が友人に話しかけていた。

「ぼくはひとりで眠ることにしてるんだ。ぼくは禁欲生活を信仰している。実際、結婚してからずっと、妻とぼくは別々の部屋をもっている」

「でも、夜のあいだにちょっと愛が欲しいと思ったら、君はどうするんだい？」友人はたずねた。

「ああ」もうひとりが答えた。「ぼくはただ口笛を吹くのさ」

友人はあきれかえったが、質問をつづけた。

「じゃあそのあべこべに、君の奥さんがちょっとした愛情を欲しいと思ったら、そのときにはどうなるんだい？」

「ああ」彼は答えた。「彼女はぼくの部屋に来てドアをトントンたたく。そしてぼくが返事をするところ言うのさ。〝アイキー、あなた口笛を吹いた？〟」


あなたたちが同じ部屋にいようといまいと、それがどうしたというのだ？　心はなにかの方法を見つけるだろう。それは口笛を吹きはじめる。そして女性は口笛を吹くことはできない。女性は口笛を吹くほど下品ではないと思われている。だが彼女はやってきてドアをノックし、こうたずねることはできる。「アイキー、あなた口笛を吹いた？」

心はきわめて狡猾だ。だがひとつのことは確かだ。あなたは生の現実から逃れることはできない。もし逃げようとすれば、狡猾な心は方法を見つけだす。そうしてさらに狡猾になってゆく。そしてあなたは、ますます心の罠にはまってゆく。私には、どんな苦行者も真理を悟っているとみなすことはできない。不可能だ。彼は生を否定している。どうして彼が真理を悟ることなどできるだろう？

真理は生き生きとしていなければならない。真理は生とともに、生のなかにあらねばならない。それゆえ私はサニヤシンたちに、けっして人生を放棄するようにとは言わない。私は生のただなかにあるようにと言う。そのなかに全面的《トータル》にありなさい！　扉はどこか市場のなかに存在する。

輪廻《このよ》と涅槃《かなた》　二つならず
迷いの者がいかに知る

だがカエルたちは？　彼らがいかにして知るというのだろう？　ミツバチになりなさい！　これがあなたのなかで深い留意となるようにしなさい。少なくとも私のサニヤシンたちにとっては――。ミツバチになりなさい。カエルになってはならない。これらの生の花々は神という蜜をたずさえている。それを集めなさい。

鏡をのぞく迷いの者
おのが顔見て　映像《うつし》とは見ず
真理をこばむ心も同じ
真なきものにすがりつく

心は鏡のようだ。それは像を映すだけだ。それはあなたに影のような体験を与えるにすぎない。けっして本物ではなく、けっして本来のものではない。それは湖のようだ。あなたは湖面に映る満月を見ることができる。だがその映像は本物の月ではない。そしてもしその映像を本物の月だと思いはじめたら、けっして本物の月を見いだすことはない。
サラハは言う――。

鏡をのぞく迷いの者
おのが顔見て　映像《うつし》とは見ず

映像ではなく顔を見ることはどこがちがうのだろう？　鏡のなかに顔を見はじめると、あなたは惑わされる。あなたは「これが私の顔だ」と思っている。それはあなたの顔ではない。それはあなたの顔の映像にすぎない。鏡のなかには映像があるだけで、本物の顔などありえない。

心は鏡だ！　それは現実を映しだす。だがその映像を信じるようになれば、あなたは真実でないものを、心像《イメージ》を信じているのだ。そしてその信じることそのものが障壁になる。サラハは、真理を知りたければ心をわきにのけなさいと言う。さもなければ、それは映しつづけ、あなたはずっとその映像を見ることになる。心をわきにのけなさい！　本当に真理を知りたければ、映像に背を向けなさい。

たとえば、あなたは湖面に映る満月を目にする。さあ、あなたは満月をどこに探すだろう？　湖に跳びこむ？　月を見つけるために、湖のなか深くへともぐってゆく？　それならあなたは、けっして見いだしはしない。自分自身を見失うことさえあるかもしれない。本当に真の月を見たければ、映像に背を向け、ちょうど正反対の方向に向かいなさい。するとあなたは月を見いだすだろう。心のなかに入っていってはならない。心の正反対へと向かいなさい。

心は分析する。あなたは統合する。心は論理を信じている。論理を信じてはならない。心は非常に計算高く、きわめて狡猾だ。無垢でありなさい。反対方向に向かうのだ！　心は証明や説明を求める。証明や説明を求めてはならない。それが信頼の意味するものだ。反対の方向に入ってゆきなさい。心はたいへんな懐疑者だ。もし疑えば、あなたは心のなかに入っている。もし疑わなければ、あなたは心に背を向けている。疑ってはならない！　生は生きられるべきものであって、疑われるべきものではない。生は信頼されるべきものだ。信頼と手をつないで進めば、あなたは真理を見いだす。疑いとともに進めば、あなたは道に迷う。

真理の探求とは、心の反対方向に向かう探求だ。なぜなら心は鏡であり、映しだしてしまうからだ。そして、心をわきにのけることこそ、瞑想のすべてだ。思考をわきにのけ、考えることをわきにのけ、精神作用《メンテーション》をわきにのけることが、瞑想《メディテーション》のすべてだ。

それを映しだす思考なしに現実を見つめることができるとき、真理は〝いまここ〟にある。そのときあなたは真理であり、すべてが真理となる。心とは妄想、幻想、夢想の強力なはたらきだ。

花の香りは触れえぬも
広がりわたり　すぐ感知《さと》られる

されば　かたちなきありのままの存在
神秘なる輪の廻《めぐ》りを悟る

きわめて意義深い詩句《スートラ》だ――。

花の香りは触れえぬも……

あなたは花の香りに触れることはできない。

広がりわたり　すぐ感知《さと》られる

だがその香りをかぐことはできる。それを見ることはできないが、その香りを感じることはできる。それはあなたをとりまいている。それに触れることはできない。それは触知できるもの、触れることのできるものではない。そしてもしあなたが、とらえることができるということを真理の判断基準にするなら、それは真ではないと言うだろう。真理は考えることなどできない。考えれば、あなたは見逃す。

真理は体験されうる。だが知られえない。真理は悟られうる。だが推論されえない。ちょうど花の香りのように、目で見ることはできないし、耳で聞くこともできない。「香りを聞かないかぎり私は信じない。香りを見ないかぎり私は信じない」ということを判断基準にするなら、あなたは障壁を作りだしている。そしてけっしてそれを知ることはない。

そしてやがて、あなたがそれを信じなければ、まったく信じることがなければ、あなたはその香りをかぐ能力を失ってしまう。なぜなら、使用されることのない、信頼されることのない、使われなくなった能力は、なんであれやがてだめになるからだ。信頼こそ力だ！　あなたはあまりに長く疑いとともにいるため、あまりに長く疑いと親密であるため、「まずは合理的な証明が必要だ。私は疑う」と言う。こうしてあなたは疑いとともにとどまる。そして、ちょうど香りがかぐことでしか知りえないように、真理は信頼によってしか知りえない。香りをかげば、それはそこにある。信頼すれば、真理はそこにある。

シュラッダ――信頼、信――とは、たんにひとつのことを示している。真理を知る能力とは疑いではない、懐疑ではないということだ。疑いを強く求めるなら、あなたは疑いとともにとどまる。

広がりわたり　すぐ感知《さと》られる

信頼とともにあれば、即座にそれはある。すぐに！　ただの一瞬もむだにはされない。

されば　かたちなきありのままの存在……

そして信頼とはなんだろう？　私はこれほど美しい信頼の定義に出会ったことはない。

されば　かたちなきありのままの存在……

自分自身を型にはめてはならない！　型にはめることはすべて一種の武装だ。型にはめることはすべて一種の防衛だ。型にはめることはすべて避けるためのやりかただ。開いていなさい。型にはめられてはならない。

されば　かたちなきありのままの存在……

かたちがなければ、ただ開いていれば、あなたにはどんな鎧《よろい》もない。あなたは自分自身を、論理とか疑いとかあれやこれやで防衛してはいない。あなたはただcalled されている。かたちなく、防衛することなく、開かれた大空のもとにある。すべての扉が開かれている。友も敵も招き入れなさい。誰でもいい。すべての扉が開かれている。その開放性において、あなたはありのままの存在となる。あなたは真如の状態となる。空っぽに、空《くう》になる。そして真理とはなにかを悟る。

神秘なる輪の廻《めぐ》りを悟る

そしてあなたは、この真如から二つの輪《サークル》が生じているのを見る。ひとつはニルヴァーナのものであり、もうひとつはサンサーラのものだ。二つの波がこの真如の大海から生じている。ひとつは物質のものであり、もうひとつは精神のものだ。だがどちらも波だ。そしてあなたは両者を超えている。いまやいかなる分割も、いかなる区別も存在しない。真理は精神でも物質でもない。真理はサンサーラでもニルヴァーナでもない。真理は聖でも邪でもない。あらゆる区別が消え去っている。

心を究極のリアリティにもちこもうとすれば、それはあなたが究極のリアリティを見ることをゆるさない。それ自体の偽りのなにかがもちこまれてしまう。

私はある逸話を読んでいた。それに瞑想してごらん――。

ある男が天国の門にたどり着いた。そして名前をたずねられると、すかさず「チャーリー・グラッブオール」と答えた。

「あなたが来るという報告はないようだが」彼はこう告げられた。

「地上での職業はなんだったのかね?」

「くず鉄屋でさあ」と訪問者。

「そうか、行って調べてくるよ」と天使。

天使がもどってくると、チャーリー・グラッブオールは消えていた。天国の門といっしょに——。

チャーリー・グラッブオール《なんでもひったくり》、くず鉄屋……。あなたは自分の習癖を、最後の最後までかかえている。

人間の作った世界に関しては、心は役にたつかもしれない。物質について考えることに関しては、心は役にたつかもしれない。だが、あなたのリアリティの内奥の核心に、この心をもちこむことは危険だ。それはそこではじゃまになる。

それをこんなふうに言わせてもらおう。疑いは科学の世界では役にたつ。実際、疑いがなければどんな科学も存在しなかっただろう。疑いはまさに科学の方法論だ。科学がこれほど支配的になってしまったため、過去においてこれほど成功をおさめているため、疑うことが探求のための唯一の方法論になってしまったようだ。それで内に向かうときも、あなたは疑いをかかえている。それは適切ではない。外側に向かおうとしているとき、疑いは役にたつ。内側に向かおうとしているとき、疑いは障壁となる。信頼しなさい。疑いをもっと少なくしなさい。内に入りたいのであれば、疑うことをもっともっと少なくし、どんな疑いも残されていない瞬間を存在させなさい。その疑いのない状態において、あなたは中心にいる。

外側の世界を知りたいのであれば、信頼は役にたたない。それもまた、過去において東洋で起こってきたことだ。私たちは内なるリアリティを信頼によって知るにいたった。それで私たちは、科学もまた信頼によって創造できると考えた。私たちは科学を創造することができなかった。東洋では、偉大な科学を創造することはできなかった。それに関してはなにも言うべきことはない。たいしたものはなにもない。なぜなら、私たちは信頼とともに内側に入っていったため、信頼が探求のための唯一の方法だと思ったからだ。それはあやまりだった。私たちは外側の客観的なものごとにたいしても信頼しようとした。そして失敗した。東洋は科学に関するかぎり失敗者となった。西洋は疑うことによって科学で成功した。いまや同様のあやまった考えがはびこっている。彼らは疑いこそ、知るための唯一正しい、有効な方法であると思っている。そうではない。さて、もし内なる世界で疑おうとするなら、あなたたちは東洋が科学的な発展に失敗したのと同じように、確実に失敗することになる。

疑うことは、客観世界に関しては問題ない。信頼することは、主観性に関しては問題ない。疑うことは、あなたが中心を離れてさらに周辺へと向かっているのであれば問題ない。信頼することは、あなたが周辺を離れて中心へと向かっているのであれば問題ない。信頼と疑いは二つの翼のようなものだ。

未来に誕生するであろう人間は、疑うことも信頼することも、どちらもできるだろう。それは最高の統合になる。東洋と西洋の統合、科学と宗教の統合になる。人が疑うことも信頼することも両方できるとき……。疑いが必要なとき、外側へ向かっているときには、彼は疑う。そして信頼が必要なとき、彼は疑いをわきにのけて信頼する。そしてどちらも可能な人は、両方を超える。確実に両方を超える。なぜなら、その人はどちらも使っているために、「私はどちらとも別のものだ」と知るからだ。それが超越だ。その「両者の超越」こそ大いなる自由だ。まさにそれがニルヴァーナ、大いなる自由だ。

これらの詩句《スートラ》に瞑想してごらん。サラハはきわめて重大なことがらを簡潔な言葉で述べている。彼はみずからの大いなる洞察を、王に惜しみなく与えている。あなたもこの偉大な洞察にあずかることができる。サラハとともに、人間のリアリティの奥深くへと入ってゆくことができる。

そしてつねに覚えておきなさい。これが究極のリアリティへと向かう唯一の道だということを――。人間のリアリティこそ、究極のリアリティへと向かう唯一の道だ。なぜなら、それがあなたのいるところだからだ。人は自分のいる場所からのみ前進することができる。セックスはあなたの現実だ。それをとおしてサマーディへと進んでゆくことができる。肉体はあなたの現実だ。それをとおして内側のない状態へと進んでゆくことができる。外側に向かうことはあなたの現実だ。それをとおして内側に向かうことへと進んでゆくことができる。あなたの目は外を見つめている。それは内へと転ずることができる。

愛に誠実であれ

第8話

28 April 1977

最初の質問——。

私はカエルです。自分がカエルだということはわかっています。濁った暗い緑色の水のなかを泳いだり、ぬるぬるした泥のなかを跳び回るのが好きだからです。いずれにせよ、蜜とはなんなのでしょうか？　もしカエルがかたちなき存在の状態になることができれば、ミツバチになることもできるのでしょうか？

もちろんだ！　ミツバチになるのはすべての人の可能性だ。すべての人がミツバチとなるよう成長することができる。かたちのない、生き生きとした自然な生、瞬間から瞬間への生、それがミツバチへの門になる。それが鍵になる。過去によることなく生きることができれば、その人はミツバチだ。そしてそのとき、蜜はいたるところにある。

これをカエルに説明することがむずかしいのはわかっている。質問はもっともだ。「いずれにせよ、蜜とはなんなのでしょうか？」——。カエルはまったくそれを知らない。カエルがいるのは、花が咲きミツバチが蜜を集めている草木のすぐ根もとだ。だがカエルは、その次元へと向かったことがない。

サラハが「カエル」で意味しているのは、過去によって生きている人、過去や記憶に閉じこめられている人のことだ。過去をとおして生きるとき、あなたは生きているように見えるだけで、本当は生きてはいない。過去をとおして生きるとき、あなたは人ではなく機械のように生きる。過去をとおして生きるとき、それはくり返しに、単調なくり返しになる。あなたは歓喜を取り逃がす。生と〝存在〟の喜びを取り逃がす。それこそが「蜜」なのだ。生の喜び、ただいまここにいることの甘美なる味わい、ただ存在することができるという甘美なる味わい――その喜びが蜜だ。そして無数の花があたり一面に咲きほこっている。〝存在〟のすべては花で満たされている。

どのようにして蜜を集めるかを知れば、どのようにして喜びに満ちているかを知れば、あなたは皇帝になる。それを知らなければ、あなたは乞食のままだ。ここで歌っている鳥たち……蜜が降り注いでいる！　ミツバチはそれを集め、カエルは取り逃がす。この空、この太陽、あなたのまわりにいるこの人びと……すべての人がつきることのない蜜の源泉をたずさえ、すべての人が甘美な喜びと愛にあふれている。それをどのように集めるか、それをどのように味わうかを知れば、それはいたるところにある。

神はいたるところにある。神の味わいこそ、サラハが「蜜」と呼んでいるものだ。

ミツバチに関して二、三のことがある。それは理解されなくてはならない。そしてそれは、きわめて危険なことがらだ。第一に、ミツバチはどの花にも執着しないということだ。それはもっとも深遠な秘密だ。ミツバチはどの花にも執着しない。それは核家族をもたない。妻もいないし、夫もいない。それはただ、自分を招くどの花のところにでも動いてゆく。それは自由をもっている。

人間は家族に監禁されている。タントラは家族に強く反対している。そしてその洞察は偉大だ。タントラは、愛が完全にそこなわれてしまい、生の甘美なる喜びが完全に毒されてしまったのは、家族のせいだと言う。人びとはたがいに執着している。人びとはおたがいを所有しようとしている。楽しもうとしているのではなく、所有しようとしている。所有が享楽のたねになってしまった。重大な転換が起こってしまった。あなたが女性といっしょにいるのは、彼女を楽しむためではない。あなたは彼女を楽しんでいない。あなたが男性といっしょにいるのは、その男を楽しむためではない。あなたはまったく楽しんでいない。それは所有するためだ。政治が割りこみ、野心が割りこみ、経済が割りこんでいる。そこに愛はない。

愛はいかなる所有も知らない。私が言っているのは、長いあいだひとりの女性とともに暮らすことは不可能だということではない。何生でもいっしょに生きることはできる。だが、家族は存在しない。私が「家族」で意味しているのは、法的な所有のことだ。私が「家族」で意味しているのは、権利として要求することだ。夫は妻に要求することができる。「君はぼくに愛を与える義務がある」と言うことができる。誰も、誰にたいしても、愛を与える義務などない。夫は妻に自分を愛するよう強要することができる。誰かに愛を強要することができるとしたら、愛は消えてしまう。そうなると見せかけだけが存在する。妻は義務をはたしている。夫は義務をはたしている。義務は愛ではない！　愛は蜜であり、義務は白砂糖だ。あなたは遅かれ早かれ糖尿病で苦しむことになる。それは毒だ。純粋な毒、白砂糖だ。そう、それは同じような味がする。少しばかり蜜のような味がする。だがそれは蜜ではない。

家族はきわめて所有性が強い。家族は人間に対立し、社会に対立している。それは万人への友愛に対立している。家族の境界があなたの牢獄だ。あなたは慣れてしまっているため、それを感じることはないかもしれない。

国境を越えるとき、屈辱的に感じたことはないだろうか？　そのときあなたは、その国はあなたの国ではなかったのだと知る。それは巨大な牢獄だった。出国と入国のときあなたは知る。空港で、検問所で――。税関を通過するとき、自分が囚人なのだと知る。自由はいんちきだった。〝聖なる牛の糞〟にすぎなかった。だが国のなかで暮らしていれば、境界を越えなければ、けっしてそれを知ることはない。あなたは自分が自由だと思っている。あなたは自由ではない！　そう、そのロープは大きいから、動き回ることはできる。だが自由ではない。

そして家族の場合も同じだ。その境界を越えはじめると、あなたは自分が監禁されていたことを知る。隣人を愛しはじめると、家族はあなたに反対する。あなたが誰かほかの女の人といっしょにいて幸せそうにしていると、あなたの奥さんは敵になる。あなたが誰かほかの男の人と踊っていると、あなたの夫は腹を立てる。彼はあなたを殺したいと思う。そしてつい先日、彼はこう言っていた。「ぼくは君をとても愛している。君のためなら死ぬこともできる」

ちょっと境界を越えてごらん！　すると自分が囚人なのだとわかるだろう。境界を越えることがなければ、すべてはうまくいっているという幸せな無知のなかで生きることができる。

数々の花をおとずれ、あらゆる花を味わうという能力を破壊してしまったのは、執着であり、所有欲だ。ちょっと考えてごらん。ひとつの花からしか蜜を集めないミツバチのことを――。その蜜はたいして豊かではない。豊かさは多様性から生じる。あなたの人生は退屈だ。それは豊かではない。人びとは私のもとをおとずれ、「私はうんざりしています！　どうすればいいのでしょう？」と言う。だが彼らは退屈するようなことばかりやっている。それなのに、退屈がどこか別のところから生じているように思っている。さて、あなたはもう自分が愛してはいない女性と暮らしている。だがあなたの聖典が言う。「ひとたび誓ったら、その誓いを守らなければならない。誓いの人になるのだ！」。ひとたび約束したら、あなたはその約束を守らなければならない。さて、もしあなたが退屈しているとしても、なにも驚くことはない。愛が消え去っているのだから！

それはまるで、毎日同じものを食べるように強制されているようなものだ。どれほどのあいだそれを楽しむことができるだろう？　最初の日は楽しんだかもしれない。そう、二日目、三日目くらいは――。だがそのあとでは、それはいらいらさせるようになる。そしてこれがずっと……。あなたはうんざりしはじめる。そして人は退屈しているために、気分をまぎらすための千とひとつの方法を考案する。テレビの前の椅子に六時間もへばりついて坐っている――なんという愚かさ！　あるいは映画に出かけたり、ラジオを聞いたり、新聞を読んだり、あなたと同じように退屈している人たちが集まるクラブに出かけたりする。人はどうにかして、関係から生じた倦怠から気をそらせようとしている。

理解しようとしてごらん……。

タントラは「ミツバチになれ、自由であれ」と言う。タントラが言っているのは、ひとりの女性を愛しているのに、彼女といっしょにいてはならないということではない。いっしょにいなさい！　だが誓いは愛にたいするものであり、その女性に向けられたものではない。誓いは愛にたいするものであり、その男性に向けられたものではない。これが根本的なちがいだ。あなたは愛に誓うのだ！　あなたは幸せに誓うのだ！　愛が消え去ったなら、幸せが行ってしまったなら、感謝をあらわして動いてゆきなさい。

そしてあなたの人生のあらゆることが、このようにあるべきだ。あなたが医者であり、自分の仕事に退屈しているとしたら、いつでもそれをやめられるべきなのだ。なにを犠牲にしようとも――。危険をおかすことで、生は冒険になる。だがあなたはこう考える。「私はもう四〇歳、四五歳だ。どうして仕事をやめられるだろう？　それにお金の面ではとてもうまくいっている……」。だが霊性の面では、精神的には、あなたは死にかけている！　あなたは緩慢な自殺をおかしている。自分自身を破壊してでも銀行預金を救いたいというのであれば、それもまったく問題はない。完全にオーケーだ。だが、その仕事がもはや満足のゆくものではないと感じるときには、すぐにやめなさい！　これがタントラの革命だ。なにかがもう興味を魅かないのなら、魅惑や魅力といった質を失ってしまったのなら、もう魅きつけるものがないとわかったら、それにしがみついてはならない。そのときには「申しわけないが……」と言いなさい。そして過去にたいして感謝しなさい。その人を通じて、その仕事を通じて、あらゆることを通じて起こったすべてのことに！　だが未来にたいしては開いたままでいなさい。これがミツバチであることの意味だ。

そしてサラハは言う。ミツバチだけが、どの花も蜜をたたえていることを知っている。だが私が言っているのは、反対の極端に向かえということではない。反対の極端へと向かいうる人たちもいる。そして人間は非常に愚かなものだ。つい先日、私はドイツにあるコミューン、アクション・アナリシス・コミューンについて読んでいた。さて、そのコミューンには、同じ女性と二晩いっしょに寝ることはできないという規則がある。さあ、これもまたばかげている。人間はあまりにも白痴なため、救いようがないように見える。ひとりの女性と二晩連続して寝たら、そのコミューンはあなたを放り出す。

さて、一方の極端がまちがっているということは証明されている。そしてこれはもう一方の極端であり、これもまちがっているということが判明するだろう！　最初の極端は抑圧的だった。あなたは同じ女性と何年ものあいだ寝なければならない。同じ男性と一生のあいだ寝なければならない。それがなぜなのか、なぜつづけているのか知ることもなく——。社会がそうしろと言い、国家がそうしろと言い、宗教家や政治家がそうしろと言っている。核家族の安定に社会全体が依存している。この異常な社会は、異常な家族に依存している。異常な家族こそが構成単位、レンガだ。それによってこの牢獄全体が作られている。

異常な政治家たちは、異常な家族に依存している。異常な宗教は、異常な家族に依存している。彼らはあなたを抑圧している。あなたが女性や男性から、あるいはその関係から離れるのをゆるそうとしない。彼らは、ともにいなければならないと言う。さもなければ、あなたは犯罪者だ。罪人だ。彼らは地獄とその業火によって、あなたをたいそう怖がらせている。

さあ、今度は反対の極端だ。あなたは同じ女性と次の夜もいっしょにいることはできない。これもまた抑圧的だ。次の夜も彼女といっしょにいたいとしたら、そのときは？　そうなると、それは抑圧になってしまう。最初のほうでは、愛は消え去って倦怠が入りこむ。二番目のほうでは、親密さが消え去る。あなたはまったく疎外されているように、孤島のように感じる。どこにも自分の根を感じることができなくなる。

タントラは、ちょうど真ん中にいることが道だと言う。あなたが楽しんでいるのなら、その場所に、その人とともに、その仕事とともにありなさい。そうでなければ変えなさい。もしひとりの女性を生涯にわたって楽しむことができるなら、それはすばらしい。とほうもなくすばらしい。あなたは幸運だ。そのとき親密さは成長し、あなたたちの根はおたがいのなかに入ってゆく。あなたたちの存在は織り合わされることになる。やがてあなたたちはひとりの人に、ひとつの魂になる。そしてそれは大いなる体験だ！　タントラの最高の頂きが、それによって知られるだろう。だがこれは家族などではない。これは恋愛だ。あなたたちは愛の深みそのものに達している。

さて、この種の人びと――このA・A・コミューン――このようなたぐいの人びとは危険だ！　彼らは自分たちがなにかとても偉大なことをしていると考えている。彼らはたんに反動を起こしているにすぎない。社会はなにかまちがったことをやってきた。今度は彼らは反発しすぎ、反対の極端に向かっている。それもまたまちがっている。人間はどこかでバランスをとらなければならない。それが第一のことだ。

第二のこと――。サラハは、型にはめられることのない、かたちのない存在の状態を語っている。習慣によって生きるなら、生を楽しむことはできない。習慣とは古いものだからだ。どうして同じことを何度も何度も楽しめるだろう？　あなたの心は同じままなのだから、倦怠が存在することだろう。女性や男性を変えることはできる。だがあなたは同じだ。だから五〇パーセントはつねに同じだ。こうして倦怠が存在する。

だから、第一にタントラが言うのは、けっしてどの人にもとりこにされることなく、人から自由でいるようにということだ。第二にタントラが言うのは、自分の過去から自由でいるようにということだ。するとあなたは、ミツバチのように一〇〇パーセント自由になる。あなたはどこにでも飛んでゆける。なにもあなたを引き止めはしない。あなたの自由は完全だ。

過去のパターンに固執してはならない。創意に富み、革新的であろうとしなさい！　冒険家になりなさい。発見者になりなさい。生を新しいやりかたで楽しみなさい。それを楽しむ新しいやりかたを見つけなさい。要するに、同じ古いものごとを行なうための、新しいやりかたを見いだしつづけるのだ。発見するべきものは新しいやりかただ。限りない可能性が存在している。

あなたは数々の扉から同じ体験に達することができる。するとそれぞれの扉がさまざまなヴィジョンをもたらす。そのとき生は豊かになる。甘美なる味わい、喜び、祝祭がある。それこそが蜜なのだ。カエルのかたちに閉じこめられてはならない。そう、カエルも少々跳びはね、あちらこちらとはね回ることはできる。だが飛翔することはできない。それぞれの花が神性の香りをたたえているのを知ることはできない。サラハが「蜜」で意味しているのは神の詩的な隠喩《メタファー》であり、それぞれの存在が神性をたたえているということだ。

　人びとは私のもとをおとずれ、「私たちは神を知りたいのです。神はどこにいるのでしょうか？」と言う。さあ、この質問はただばかげている。神がどこにいないというのだろう？　あなたは神がどこにいるのかとたずねている。あなたはまったくの盲目にちがいない。神を見ることができないのだろうか？　ただ神だけがある！　木に、鳥に、動物に、川に、山に、男に、女に……あらゆるところに神はいる。神はさまざまなかたちをとってあなたをとりまき、あなたのまわりを踊っている。あらゆるところから、神は「やあ！」と呼びかけている。それなのにあなたは耳をかさない。あらゆるところから、神はあなたを呼んでいる。あらゆるところから、神は「おいでよ！」とあなたを招いている。だがあなたは、どうにかして目を閉じつづけている。あるいは馬の目隠し《ブリンカー》をつけている。あなたはどこも見ようとはしない。

　あなたは非常に範囲を狭めて見ている。きわめて焦点をしぼった見かたをしている。もしお金を求めているとすれば、あなたはお金だけを見る。するとほかのどこも見ようとはしない。もし権力を求めているとしたら、あなたは権力だけを見る。そしてほかのどこも見ようとはしない。覚えておきなさい。お金のなかに神はいない。お金は人造物であり、神は人造物ではありえないからだ。神はあらゆるところにいると私が言うとき、人間の作りだしたものは含まれていないことを覚えておきなさい。神は人造物ではありえない。神はお金のなかにはいない。お金は非常に巧妙な人間の発明品だ。そして神は権力のなかにはいない。それもまた人間の狂気だ。誰かを支配するという考えそのものが、狂気のさただ。「自分は権力のなかにあるべきで、他人は無力であるべきだ」という考えそのものが、狂人の考えだ。破壊的な考えだ。

神は政治のなかにはいない。お金のなかにはいない。野心のなかにはいない。だが神は、人間が神を破壊していないところ、人間が人間独自のものを作りだしていないところでは、あらゆるところに存在する。これは現代世界においてもっともやっかいな問題のひとつだ。あなたはあまりに多くの人造物にとりかこまれているからだ。そういった事実を見ることができないだろうか？

木のそばに坐っているとき、神を感じるのはたやすい。アスファルトの道路に坐っているとき、その道路の上を探しつづけることはできるが、神を見いだすことはないだろう。それはあまりにハードだ。まわりじゅうセメントやコンクリートのビルだけの現代の都会にいるとき、セメントとコンクリートのジャングルのなかにいるとき、神を感じることはない。なぜなら人造物は成長しないからだ。問題のひとつはそれだ。人造物は成長しない。それらは死んでおり、生命をもっていない。神来のものは成長する。山でさえ成長する！　ヒマラヤはいまだに成長している。いまだに高く高くなろうとしている。木は成長する。子どもは成長する。

人造物はもっとも偉大なものでさえ成長しない。ピカソの絵でさえ成長しない。セメントやコンクリートのビルについてはなにが言えよう？　ベートーヴェンの音楽でさえ成長しない。科学技術《テクノロジー》や人工の機械についてはなにが言えよう？

目を見張りなさい！　あなたが成長を見るところ、どこであれ神が存在する。なぜなら、ほかならぬ神だけが成長するからだ。あらゆるもののなかで、神だけが成長する。木に新しい葉が生まれるとき、その木から生まれているのは神だ。鳥が羽ばたいているとき、飛んでいるのは神だ。幼い少女が笑い声を上げたり、幼い少年がくすくす笑いするのを見るとき、笑っているのは神だ。女性や男性の目から涙があふれるのを見るとき、泣いているのは神だ。

あなたが生き生きとしたものを見いだすところには、そう、どこであれ神が存在する。注意深く耳をすませなさい。もっとそばに寄りなさい。注意深く感じなさい。目を見張っていなさい！　あなたは聖地にいるのだ。

タントラは言う。馬の目隠し《ブリンカー》を落とせば……。ん？　タントラが「かたちのない生きかた」という言葉で意味しているのは、そのことだ。ブリンカーを落とせば、あなたの目がその定めどおりに広く見開かれるようになれば、不意に自分があらゆる方向を見ることができるのを知る。あなたは社会によって、ある方向だけを見るようにだまされていた。社会はあなたを奴隷に変えていた。

たいへんな陰謀が存在する。幼い子どもはみんなそこなわれる。その子が生まれるやいなや、社会は即座に彼を害しはじめる。だから子どもが警戒するようになる以前に、彼は奴隷になり、不具にされる。千とひとつの方法で不具にされる。人が無力にされると、家族、社会、国家、政府、警察、軍隊に依存するようになる。彼は千とひとつのものに依存しなければならない。そしてその依存のために、つねに奴隷になる。けっして自由な人間にはならない。こうして社会は、そのような微妙なやりかたでそこなっている。そしてあなたは気がつかない。知ることのできるようになる以前に、すでに不具にされている。

タントラは言う。健康を取りもどせ！　社会があなたになしたすべてをぬぐい去れ！　やがては油断なくあるようになり、社会があなたに押しつけた痕跡をぬぐい去りなさい。そして自分自身の人生を生きはじめなさい。それはあなたの生であり、ほかの誰の知ったことでもない。それは完全にあなたの生だ。それは神からあなたへの贈物、あなたのイニシャル入りの、個人あての贈物だ。それを楽しみなさい。それを生きなさい！　そして、たとえそのために多くをさし出さなければならないとしても、それはさし出す価値がある。たとえ自分の生のために生命をさし出さなければならないことがあるとしても、それもまた完全に問題ない。

タントラはきわめて反逆的だ。それは、所有的でも金銭志向でも権力志向でもない、全面的に異なる種類の社会を信じている。所有的でも生否定的でもない、異なる種類の家族を信じている。私たちの家族は生否定的だ。

子どもが生まれると、家族全員が生のあらゆる喜びを破壊しようとする。子どもが喜びにあふれているとき、いつでも彼はまちがっている。そして彼が悲しく浮かぬ顔をして、隅っこに坐りこんでいるとき、いつでもすべてがうまくいっている。父親は「よし！　とてもいい子だ」と言う。母親は彼がめんどうを起こさないのでとても幸せだ。子どもが生き生きしているときは、いつでも危険が存在する。こうして誰もが子どもの喜びを破壊しようとする。

そして根本的に、あらゆる喜びは性に関連している。だが社会と家族は非常にセックスを恐れているため、子どもたちが性的に喜びに満ちているのをゆるすことができない。それがあらゆる喜びの基盤だというのに！　彼らは非常に拘束的だ。子どもたちは自分の性器に触ることさえゆるされない。子どもたちはそれで戯れることもできない。父親は恐れている。母親は恐れている。誰もが恐れている！　彼らの不安は彼らの両親からきている。彼らは神経症だ。

見たことがないだろうか？　子どもが自分の性器で戯れていると、すぐにみんなが跳びかかる。「やめなさい！　そんなことを二度としてはいけません！」──。だが子どもはなにもしてはいない。彼はただ自分の体を楽しんでいるだけだ。そして当然、性器はもっとも感じやすく、もっとも生き生きとし、もっとも気持ちがいい。突然、子どものなかでなにかが断たれてしまう。子どもは不安になる。彼のエネルギーのうちのなにかが妨げられる。こうして彼は、幸せを感じるときはつねにやましさも感じるようになる。いまややましさが内側に取りこまれてしまった。そしてやましさを感じるときはつねに、彼は自分を罪人だと感じる。なにかまちがったことをしているのだと感じる。

これは何万というサニヤシンたちにたいする私の観察でもある。彼らは、幸せなときはつねにやましさを感じはじめる。どこかそのへんにいて、「やめなさい！　なにをやってるの？」と言う親を探しはじめる。悲しいときはつねに、なにもかもうまくいっている。悲しみは受け容れられる。みじめさは受け容れられる。だが喜びは拒絶される。

そして子どもたちは、どういうわけか生の喜びを知ることを妨げられる。父親と母親が愛を交わしている。子どもたちはそれに気がつく。彼らは物音を耳にする。それが起こっているのを感じることがある。だが彼らは、それに参加することをゆるされていない。その場にいることさえゆるされていない。それは醜いし、破壊的なことだ。子どもたちは参加するべきだ。父親と母親が愛を交わしているとき、子どもたちはまわりで遊んでいるべきだ。愛を交わしている父親と母親といっしょにいて、幸せを感じるべきだ。愛が美しい現象だということを知るべきだ。醜いことはなにもないし、内輪のものにしたり、隠したり、秘密にすることはない。それは罪ではない！　それは喜びだ。

そして、父親と母親が愛を交わしているのを子どもたちが見ることができれば、何千という性的な病いが世界から消え去るだろう。彼らの喜びがほとばしるからだ。そして彼らは、父親と母親に敬意を感じるだろう。そう、いつの日か彼らもまた愛を交わし、それが大いなる祝祭であることを知る。あたかも祈り瞑想しているかのように愛を交わす父親と母親を見ることができれば、大きな影響力があるだろう。

タントラは言う。愛は祝祭とともに、大いなる宗教的敬意、敬う心をもってなされるべきだ。子どもたちが、なにかすばらしいことが起きているのだと感じられるように——。彼らの喜びは成長することだろう。そしてその喜びには、どんなやましさも存在しないだろう。この世界はとほうもなく幸せなものになりうる。だがこの世界は幸せではない。幸せな人に出会うのは非常にまれだ。きわめてまれなことだ。そして幸せな人だけがまともなのだ。不幸せな人は異常だ。

タントラは異なるヴィジョンをもつ。全面的に、根底から異なる生のヴィジョンをもつ。あなたはミツバチになることができる。自由のなかであなたはミツバチになる。奴隷であれば、あなたはカエルだ。自由であれば、あなたはミツバチだ。

自由のメッセージに耳をすませなさい。自由である用意をしなさい。束縛を生みだすすべてのものに、目を見張り、気をつけなさい。

二番目の質問――。

私は教師です。聖職者と政治家と学者を混ぜ、水で薄めたようなものです。どれもあなたが嫌っているものばかりです。私にも望みはあるでしょうか？　それに私は五六歳です。この人生の余命を、ただじっと耐えて生き、次回のもっとましなめぐり合わせを望むほうがいいのでしょうか？

聖職者、政治家、学者に望みはない。次の生でさえ！　だがあなたは、聖職者であることを、政治家であることを、学者であることを、いつでも落とすことができる。そうすれば望みはある。だが聖職者に望みはない。政治家に望みはない。学者に望みはない。それに関しては、私は絶対的に確かだ。次の生でも、次の次の生でも、なんの望みもない。ニルヴァーナに達した聖職者のことなど聞いたことがない。神に出会った政治家のことなど聞いたことがない。いいや、それは可能ではない。気づくようになり、賢明になり、知恵あるものとなった学者のことなど聞いたことがない。

学者は、知ではなく知識を信奉している。知識は外側からのものであり、知は内側からのものだ。学者は情報を信用している。情報はたまりつづけ、重い荷物になる。だが内側ではなにも成長してはいない。内なる現実は同じままであり、以前と同じだけ無知だ。

政治家は権力を求めている。それは自我の妄想《エゴ・トリップ》だ。そしてたどり着く人たちは謙虚な人びとであり、エゴイストではない。エゴイストはけっしてたどり着かない。まさにそのエゴイズムによって、彼らはたどり着くことができない。自我はあなたと神とのあいだの最大の障壁だ。唯一の障壁だ。だから政治家が到達することなどない。

そして聖職者――。聖職者は非常に狡猾だ。彼はあなたと神とのあいだの仲介者になろうとする。だが彼は神をまったく知らない。彼こそもっともひどいだまし屋であり、もっともひどいごまかし屋だ。彼は人間のおかしうる最大の犯罪をおかしている。彼は神を知っているふりをしている。それだけではない。彼は神があなたの手に入るようにする。たずねていって彼にしたがえば、彼はあなたを究極なるものへと連れてゆくという。それなのに、彼は究極なるものをなにも知らない！　儀式は知っているかもしれない。どのように礼拝するかは知っているかもしれない。だが究極なるものは知らない。どうやってその彼に導くことができるだろう？　彼は盲目だ。盲目の人が盲目の人を導けば、両方とも溝に落ちる。

聖職者に望みはないし、政治家に望みはないし、学者に望みはない。だがアナンド・テージャス、あなたには望みがある。この質問はアナンド・テージャスからだ。あなたには望みがある。あらんかぎりの望みがある。

そしてそれは年齢の問題ではない。あなたは五六歳かもしれないし、七六歳、あるいは一〇六歳かもしれない。それはたいしたことではない。それは時間の問題ではないのだから、年齢の問題ではない。永遠に入ってゆくには、いかなる瞬間でも、ほかのどの瞬間とも同じだけふさわしい。なぜなら、人が入ってゆくのは〝いまここ〟だからだ！　どうして何歳かということがちがいを生むだろう？　五六歳であろうと一六歳であろうと――。一六歳の人が入ってゆかなくてはならないのは〝いま〟であり、五六歳の人が入ってゆかなくてはならないのも〝いま〟だ。どちらも〝いまの瞬間〟へと入ってゆかなくてはならない。そしてその一六年は助けにならないし、五六年も助けにならない。私の知るところ、両者には異なる問題が存在する。一六歳の若者が瞑想や神へと入ってゆこうとするとき、彼の問題は五六歳の人の問題とは異なっている。なにがちがうのだろう？　だがあなたがそれを吟味するなら、結局のところそのちがいは量的なものであって、質的なものではない。

一六歳の人には一六年の過去しかない。その点では、五六歳の人、五六年の過去をもつ人よりもましな状況にある。その人には落とすべき大きな荷物が、多くの執着がある。五六年にわたる人生、多くの経験、多くの知識――。一六歳の人は、落とすべきものをそれほど多くもってはいない。彼がもっているのは小さな荷物、より少ない手荷物だ。小さなスーツケース――。ん？　小さな少年用のスーツケースだけだ。五六歳の人はたくさんの手荷物をかかえている。この点では、若いほうがましな状況にある。

だが別の面もある。年老いた人にはもはや未来がない。五六歳の人は、その人が七〇歳までこの世に生きているとしたら、残りは一四年しかない。もう未来はない。空想はない。夢はない。たいした時間は残されていない。死が近づいている。一六歳の人には長い未来が、多くの空想が、たくさんの夢がある。

若者にとって、過去は小さいが未来は大きい。年老いた人にとって、過去は大きいが未来は小さい。全体として見れば同じになる。それは七〇年だ。どちらも七〇年間を落とさなくてはならない。若者にとっては、一六年の過去と、残りの期間の未来だ。未来も過去と同様に落とされなくてはならない。だから結局のところ、最終的な集計ではなんのちがいもない。

アナンド・テージャス、あなたにはあらんかぎりの望みがある。そしてあなたはこの質問をたずねているのだから、ワークはすでにはじまっている。あなたは自分のなかの聖職者、政治家、学者に目を見張るようになった。それはいいことだ。病いに気づくようになること、それがなんであるかを知ることは、治療の半分をしめる。

それにあなたはサニヤシンになっている。すでに未知なるものへと歩を進めている。あなたが私とともにあるつもりなら、自分のなかの聖職者に、自分のなかの政治家に、自分のなかの学者にさよならを言わなくてはならないだろう。だが私は、あなたにはそれができると確信している。さもなければ、あなたはたずねることさえなかっただろう。あなたはそれが価値のないものだと感じている。いままでやってきたことは、すべて価値のないものだと感じている。あなたはそれを感じてしまった。その感覚にはとほうもない価値がある。

だから私は、ただじっと耐えて次の生を待てなどとは言わない。いいや、だめだ。私はけっして延期を支持しない。すべての延期は危険だ。そして非常にずるい。「この生では延期にしよう。できることはなにもない」と言うとしたら、あなたは状況を避けている。なんでもできるのだ！　あなたはたんにふりをしているだけだ。そしてこれは無事を保つためのごまかしだ。「いまとなってはなにができる？　私はあまりにも老いている」

たとえ死の床にあっても、最期の瞬間であっても、変容は起こりうる。たとえ死のうとしているときでも、その人はただ一瞬のあいだ目を見開くことができる。すると変容は起こりうる。そして彼は、死がおとずれる前にすべての過去を落とすことができる。完全にみずみずしい状態で死ぬことができる。そして彼は、新たなありかたで死のうとしている。サニヤシンとして死のうとしている。彼は深い瞑想のなかで死のうとしている。そして深い瞑想のなかで死ぬことは、まったく死ぬことではない。なぜなら彼は、不死なるものにたいする最大限の気づきとともに死ぬからだ。

それはただ一瞬のうちにも起こりうる！　だから引き延ばしたりしないでほしい。「この人生の余命を、ただじっと耐えて生きるほうがいいのでしょうか？」などと言わないことだ。いいや、そうではない。そんなものはこの瞬間に落としてしまいなさい。そんなものは無用だ！　なぜそんなものをもち運ぶ？　なぜ待つことがある？　そしてもしあなたが待つとしたら、次の生はちがったものにはならない。それゆえ私は、聖職者や政治家や学者にはどんな望みもないと言う。次の生はあなたがこの生を終えたところからはじまる。ふたたび聖職者になり、ふたたび政治家になり、ふたたび学者になる。人はこの生のつづきとして次の生を手にする。どうしてそれがちがったものになるだろう？　ふたたび転じられるのは、同じ輪なのだ。

それに今回は、あなたには私がいる。誰にわかるだろう？　次のときには、私は手に入らないかもしれない。今回は、どうにかして闇のなかを手探りし、あなたは私につまずき当たった。次回のことはけっしてわからない。今回あなたは、その人を通じて変革が可能となるような人に出会うために、五六年かかった。誰にわかるだろう？　次回あなたはさらに重荷を負っているかもしれない。たしかに、あなたはさらに重荷を負っていることだろう。過ぎ去った生の重荷と、次の生の重荷を――。そのような人をおとずれるために、あるいは見つけるために、七〇年かかるかもしれない。

それゆえ私は、政治家や聖職者や学者にはどんな望みもないと言う。だが、あなたにはあらんかぎりの望みがある。なぜならあなたは、聖職者ではないし、学者ではないし、政治家ではないからだ。どうしてあなたがそうなれる？　こういったものは、まわりにかき集められたものだ。だが内奥の核心はつねに自由なままだ。自分自身がカエルであるという立場から考えてはならない。ミツバチになりなさい――。

三番目の質問――。
サニヤシンの生において、慈善はどのような役割を演じるべきでしょうか？

この質問はサニヤシンからではない。フィリップ・マーティンからだ。まず第一に、フィリップ・マーティン、サニヤシンになりなさい。他人に関する質問をするべきではない。それは紳士的ではない。自分自身に関する質問をするべきだ。サニヤシンになり、それからたずねなさい。だがこの質問は意味深い。だから、いずれにせよ私はそれに答えるつもりだ。そして私には、フィリップ・マーティンは遅かれ早かれサニヤシンになるだろうという感触がある。この質問さえもある傾向をあらわしている。

まず第一に、世界のあらゆる宗教は慈善——ダーナ——をあまりにも強調してきた。そしてその理由とは、人はつねにお金にやましさを感じているということだ。慈善がこれほどまでに説かれてきたのは、少しでもやましさを感じないですむように助けるためだ。あなたは驚くだろう。古い英語には「ギルト」——g《ジー》・i《アイ》・l《エル》・t《ティー》——という言葉があり、それはお金を意味する。ドイツ語には「ゲルト」——g・e・l・d——という言葉があり、お金を意味する。そして金《ゴールド》もよく似ている！「お金 *gilt*」「やましさ *guilt*」「お金 *Geld*」「金 *gold*」——どういうわけか奥底では、お金には大きなやましさがまとわりついている。

お金をもっているときはつねに、あなたはやましさを感じる。そしてそれは自然なことだ。多くの人たちがお金をもっていないからだ。どうしてやましさを避けられるだろう？ いつであれお金をもっているとき、あなたは、誰かが自分のために貧しくなっていることを知っている。いつであれお金をもっているとき、あなたは、どこかで誰かが飢えに苦しんでいることを知っている。それなのにあなたの銀行預金はどんどんふくらみつづける。命をつなぐために必要な薬が手に入らない子どももいる。薬が手に入らない女性もいる。食物が手に入らないために死んでゆく貧しい男もいる。どうしてこれらのことを避けて通れるだろう？ それらは存在することだろう。より多くのお金を手に入れるほど、これらのものごとはいっそう意識のなかに噴出してくる。あなたはやましさを感じることだろう。

慈善とは、やましさからあなたを楽にするためのものだ。それであなたはこのように言う。「私は価値あることをやっている。病院を開くつもりだし、学校をはじめるつもりだ。この慈善基金にも、あのトラストにもお金を出している」。あなたはいくらか楽になる。世界は貧困のなかで生きてきた。欠乏のなかで生きてきた。九九パーセントの人たちは、ほとんど飢えたり死んだりしながら、貧しい生活をおくってきた。そしてたった一パーセントの人たちが、豊かさとともに、お金とともに生活してきた。彼らはつねにやましさを感じていた。その人たちを助けるために、宗教は慈善の思想を発展させた。それは彼らをやましさから解放するためだ。

だから、まず第一に私が言いたいのは、慈善は徳ではないということだ。それはあなたの正気を保つのに役だっているにすぎない。さもないとあなたは狂ってしまう。慈善は徳ではない。プンニャではない。慈善を行なうとき、あなたはなにか善いことをしているわけではない。それは、あなたがお金をためこむためにしてきた悪行のすべてを、悔い改めているだけだ。私にとって、慈善とは偉大な特質ではない。それは良心の呵責だ。あなたは自責の念にかられているのだ。あなたは一〇〇ルピーを稼ぎ、一〇ルピーを慈善事業にさし出す。それは良心の呵責だ。あなたは少しは気分がよくなる。その悪を感じないですむ。あなたの自我《エゴ》はいくらかよけいに保護されていると感じる。あなたは神に、「私は搾取していただけではありません。貧しい人びとを援助してもいました」と言うことができる。だがこれは、なんというたぐいの援助だろう？　一方の手で一〇〇ルピーをひったくり、もう一方の手で一〇ルピーを与える。これでは利子にもならない！

これは、いわゆる宗教的な人たちによって考案されたごまかしであり、貧しい人ではなく裕福な人を助けるためのものだ。それを絶対的に明確にしておきなさい。これが私の姿勢だ。それは貧しい人ではなく、裕福な人を救うためのごまかしになっている。貧しい人たちが助けられるとしたら、それはなりゆきにすぎない。副産物にすぎない。だがそれは、慈善の目指しているところではない。


私がサニヤシンたちに説いているものはなにか?

私は慈善については語らない。私にとってその言葉は醜く見える。私が語るのは「分かち合い」だ。そしてその分かち合いには、全面的に異なった質がある。あなたがもっているなら、分かち合いなさい。分かち合うことで、他人を助けることになるからではない。だが分かち合うことで、あなたは成長する。分かち合えば分かち合うほど、あなたは成長する。

そして分かち合えば分かち合うほど、あなたは多くを得る。それがなんであろうとも――。それはお金だけの問題ではない。知識をもっているのなら、それを分かち合いなさい。瞑想があるのなら、それを分かち合いなさい! 愛があるなら、それを分かち合いなさい。あなたのもっているものがなんであれ、それを分かち合い、まわりじゅうに広めなさい。風に乗る花の香りのように、それを広げなさい。それは特に貧しい人たちと関係があるわけではない。手のとどく誰とでも分かち合うのだ。そして、さまざまな種類の貧しい人たちが存在する。

裕福な人は、愛をまったく知らないために貧しいかもしれない。その人と愛を分かち合いなさい。貧しい人は、愛は知っているかもしれないが、よい食物は知らない。その人と食物を分かち合いなさい。裕福な人はなんでももっているかもしれないが、理解はもっていない。その人と理解を分かち合いなさい。彼もまた貧しい。千とひとつの種類の貧しさが存在する。あなたがもっているものがなんであれ、それを分かち合いなさい。

だが心にとめておきなさい。私が言っているのは、これが徳であるとか、神が天国で特別な場所をあなたに与えるとかいうことではない。あなたが特別あつかいされ、ＶＩＰとみなされるということではない。そうではない。分かち合うことで、あなたはいまここで幸せになる。ためこむ人はけっして幸せな人ではない。ためこむ人は基本的に便秘している。彼はためこみつづけ、くつろぐことができない。与えることができない。彼はためこみつづける。なにを手に入れようが、ただそれをためこむ。けっしてそれを楽しんだりしない。それを楽しむことにおいてさえ、分かち合わなければならないからだ。なぜなら、あらゆる楽しみは一種の分かち合いだからだ。

もし本当に食事を楽しみたいとしたら、あなたは友だちを呼ばなくてはならない。本当に食事を楽しみたいのなら、客人を招待しなければならない。さもなければ楽しむことはできない。本当に酒を楽しみたいのなら、どうして自分の部屋でひとりで楽しめる？　あなたは友だちを、ほかの飲んだくれを見つけなければならない。分かち合わなくてはならない！

喜びはつねに分かち合いだ。喜びはひとりでは存在しない。

どうしてひとりで、完全にひとりきりで、幸せでいられるだろう？　想像してごらん！　完全にひとりきりで、どうして幸せでいられるだろう？　それはむりだ。喜びとは関わり合いだ。ともにあることだ。実際、山に籠もってひとりの生活をおくっている人たちでさえ、ひとりではなく、〝存在〟と分かち合っている。星や山や鳥や木々と分かち合っている。彼らはひとりではない。

ちょっと考えてごらん！　マハーヴィーラは一二年間ひとりで密林のなかにいた。だが彼はひとりではなかった。私は断固として言うが、彼はひとりではなかった。鳥たちがやってきて、まわりで遊んでいた。動物たちがやってきて、まわりに坐っていた。木々は彼に花を降り注いでいた。星はめぐり、太陽は昇っていた。昼も夜も、夏も冬も、すべての年月が喜びだった！　そう、彼は人間からは離れていた。そうしなければならなかったのだ。なぜなら、人間はあまりに多くの害を彼になしていたからだ。それで彼は、癒されることができるように離れている必要があった。それはただ、人間が彼を害しつづけないよう、一定の期間彼らを避けるためだった。それゆえサニヤシンたちは、ときにひとりの状態へと入ってゆくことがある。ただ傷を癒すために——。そうでもしないと、人びとはあなたの傷口をナイフで突っつきつづける。そしてその傷が生々しいままにしておこうとする。彼らはあなたが癒されるのをゆるさない。自分たちがしたことをもとどおりにする機会を与えようとはしない。

一二年のあいだ、マハーヴィーラは沈黙していた。立ち、坐り、岩や木とともにあった。だが彼はひとりではなかった。彼は森羅万象にとりまかれていた。森羅万象が彼に融合していた。そうして彼の癒されるときがきた。その傷の癒えるときがきた。そして彼は、もう誰も自分を害することはできないことを知った。彼は超えていった。どんな人間も、もはや彼を傷つけることはできない。人間と関わるために、彼がそこで達成した喜びを分かち合うために、彼は帰ってきた。

ジャイナ教の教典は、彼が世間を離れていったという事実だけを語り、彼が世間に帰ってきたという事実を語ろうとしない。それは物語の半分であって、そのすべてではない。

仏陀は森へ入っていった。だが彼は帰ってきた。それを得たとき、どうしてそこにいつづけることができるだろう？　あなたは帰ってきて、それを分かち合わなければならない。そう、木々と分かち合うのはすばらしい。だが木々はたいして理解はできない。彼らはまったく口がきけない。動物たちと分かち合うのはすばらしい。彼らは美しい。だが人間の対話の美しさは、ほかのどこでも見つけることはできない。その応答、人間の応答！　彼らは帰ってこなければならなかった！　世間に、人間たちのもとに。その喜びを、至福を、歓喜を分かち合うために——。

「慈善」とはよい言葉ではない。それは非常に重たい言葉だ。私が語るのは「分かち合い」だ。私のサニヤシンたちに、私は分かち合うようにと言う。「慈善」という言葉には、なにか醜いところもある。あなたは優越した位置にあり、相手はあなたより低い位置にあるように見える。相手は物乞いのように見える。あなたが相手を助けているように見える。相手は困窮しているように見える。それはよくない。まるで相手が自分よりも下位にあるかのように見ることは——あなたはもっていて相手はもっていないと見ることは——よいことではない。それは人間的ではない。

分かち合いは全面的に異なる展望をもたらす。それは相手がもっているかどうかの問題ではない。あなたがあふれんばかりにもっているということだ。分かち合わずにはいられないのだ。慈善を行なうとき、あなたは相手が感謝することを期待する。分かち合うとき、あなたは相手に感謝する。あなたのエネルギーを注ぐことを彼がゆるしてくれたことにたいして——。それはあふれんばかりにあなたに与えられ、いっぱいになっていた。あなたは感謝を感じる。

分かち合いはあなたの充溢《じゅういつ》からのものだ。慈善は他者の貧困のためのものだ。分かち合いはあなたの豊かさからのものだ。そこには質的なちがいがある。

いいや、私は慈善ではなく、分かち合いを説く。分かち合いなさい！　あなたがもっているものがなんであれ、分かち合いなさい。するとそれは成長してゆく。それは根本的な法則だ。与えれば与えるほど、あなたはさらに多くを手にする。けっして与えることにケチにならないように——。

四番目の質問——。

瞑想のあいだ、私の心はいまなお時速五〇〇マイルで進んでいます。けっして静寂など体験しはしません。そして観照が起こるにしても、それはほんの短いあいだであり、閃光のようなものです。私は時間をむだにしているのでしょうか？

あなたの心はひどく遅い。時速五〇〇マイル、たったそれだけ⁉　そんなものがスピードだと思っているのかね？　ひどく遅いものだ。心は速度など知りはしない。それは非常に速く進む。光よりも速い。光は一秒間に一八六〇〇〇マイル進む。心はもっと速い。だがなにも心配することはない。それが心のすばらしいところだ。偉大な特質だ！　それを否定的に受けとるよりも、それと戦うよりも、心の味方になりなさい。

あなたは言う。「瞑想のあいだ、私の心はいまなお時速五〇〇マイルで進んでいます」。進ませなさい！　もっと速く行かせなさい。そして見る人でいることだ。非常に速く、たいへんなスピードで動き回る心を、見守りなさい。それを楽しむのだ！　この心の戯れを楽しみなさい。

サンスクリットには、そのための特別な用語がある。それはチドヴィラス――意識の戯れ――と呼ばれている。それを楽しみなさい！　星へと向かい、あちらへこちらへと非常に速く動き回り、存在世界のどこにでも飛び回る、この心の遊びを――。それのどこがおかしい？　それを美しいダンスにしなさい。それを受け容れなさい。

私の感じでは、あなたがやっているのは、それを止めようとすることだ。それはあなたにはできない。誰にも心を止めることはできない！　そう、心はいつの日か止まる。だがそれを止めることのできる人はいない。心は止まるが、それはあなたの努力によるものではない。心が止まるのは、あなたの理解による。

いったいなにが起こっているのか、なぜこの心は飛び回っているのか、ちょっと見守って理解しようとしてごらん。それはなんの理由もなく飛び回っているのではない。あなたは野心的であるにちがいない。なぜこの心は飛び回っているのか、どこに向かっているのか、見ようとしてごらん。あなたは野心的にちがいない。もしそれがお金のことを考えているとしたら、理解しようとしてごらん。心が問題なのではない。あなたはお金のことを夢想しはじめる。宝くじに当選したとか、あれやこれや――。さらには、どうやってそのお金を使うか、なにを買ってなにを買わないかの計画さえしはじめる。あるいは、心は大統領や首相になることを思い描く。そして現在なにをなすべきか、どのようにして国や世界を管理するかを考えはじめる。ちょっと心を見守ってごらん！　心がなにに向かっているのかを――。あなたのなかに深く埋もれた種子があるにちがいない。その種子が消え去らないかぎり、心を止めることはできない。

心はたんに、あなたの奥底にある種子の指令にしたがっているだけだ。ある人はセックスのことを考えている。それなら、どこかに抑圧された性があるにちがいない。心がどこに向かっているのかを見守りなさい。自分自身の奥深くを見つめ、どこに種子があるのかを見つけなさい。

聞いた話だ――。

牧師はとてもくよくよしていた。彼は堂守《どうもり》に言った。

「聞いてくれ。誰かが私の自転車を盗んでしまったんだ」

「どこで乗っていたのですか、牧師様?」その男はたずねた。

「教区訪問で回っていただけだ」

堂守は、日曜日の説教を十戒の話に向けるのが、牧師にとって一番いい計画だと提案した。

「お話が〝汝、盗むなかれ〟にさしかかったとき、あなたと私とで人びとの顔色をうかがいましょう。すぐにわかりますよ」

日曜日になると、牧師はたくみな流れで十戒にとりかかった。それから筋道がおかしくなった。彼は主題を変え、ぎこちなく本筋から離れた。

「牧師様」堂守は言う。「私はてっきり計画どおりにやるもんだと……」

「わかっている、ジャイルズ。それはわかっているよ。だが、〝汝、姦淫することなかれ〟のところで不意に思い出したんだ。どこに自転車を忘れてきたのか――」

あなたはどこに自転車を忘れてきたのか、ちょっと見つめてごらん。心はある理由があって飛び回っている。

心に必要なのは理解だ。気づきだ。それを止めようとしてはならない。もし止めようとすれば、まず第一に、あなたは成功することはできない。第二に、もし成功することができたとしたら――長い年月にわたって不屈の努力をするなら、成功することはある――もし成功することができたとしたら、あなたは愚鈍になる。どんな〝サトリ〟もそこからは生まれない。

まず第一に、あなたは成功することはできない。そしてあなたが成功しないのはいいことだ。もし成功することができたら、なんとかして成功したら、それはとても不幸なことだ。あなたは愚鈍になり、知性をなくしてしまう。知性はそのスピードとともに存在する。そのスピードによって、思考、論理、知力の剣は、たえず鋭利にされている。どうかそれを止めようとしないでほしい。私はうすのろを支持してはいない。人が愚鈍になるのを助けるために、ここにいるわけではない。

宗教の名において、多くの人びとが愚鈍になっている。彼らはほとんど白痴になっている。なぜ心がそれほどの速さで動いているのか、まったく理解することなしに、ただ心を止めようとしている……。そもそもなぜなのか？　心はなんの理由もなしに動くことはできない。その原因に、その層に、無意識の深い層に入ってゆくことなく、彼らはただ止めようとする。止めることはできても、彼らは代償を支払わなければならない。そしてその代償とは、彼らの知性が失われるということだ。

インドを回ってみるといい。あなたは何万という修行者や聖者たちを見つけることができる。彼らの目をのぞきこんでごらん。そう、彼らは善良な人びと、いい人たちだ。だが愚鈍だ。彼らの目をのぞきこんでも、どんな知性も見あたらない。電光石火の鋭さなどまったく見られない。彼らは非創造的な人たちであり、なにも創造してはいない。ただそこに坐っているだけだ。ぼんやりと過ごしており、生き生きとした人たちではない。彼らはいかなる点でも世界に寄与してはいない。絵や詩や歌を生みだしたことさえない。詩を生みだすことでさえ知性を必要とするからだ。それには心のある特質が必要となる。

私なら、心を止めることを勧めたりはしない。それよりも理解することを勧める。理解によって奇跡が起こる。奇跡は理解による。あなたが原因を理解し、その原因を深く見つめるとき――やがては原因を深くのぞきこむことを通じて――その原因は消え去る。心は静まってゆく。だが知性は失われない。心はむり強いされていないからだ。

理解によって原因を取り除くのではないとしたら、あなたはなにをやっているのだろう？　たとえば車を運転しているとき、あなたはアクセルを踏んだまま、同時にブレーキを踏もうとする。あなたは自動車のメカニズム全体を破壊してしまうだろう。そしてなにかの事故にあう可能性も大いにある。それはいっしょにやるわけにはいかない。もしブレーキを踏んでいるのなら、アクセルを離しなさい。もうそれを踏んでいてはだめだ。もしアクセルを踏んでいるのなら、ブレーキを踏んではならない。両方をいっしょにやってはならない。さもないと、メカニズム全体を破壊してしまうことになる。あなたは二つの相反することをやろうとしている。

あなたは野心をもちつづけている。それなのに心を止めようとするつもりかね？　野心はスピードを生みだす。だからあなたはスピードを加速している。そうしておいて、心にブレーキをかけようとする。あなたは心の精妙なメカニズム全体を破壊してしまうだろう。そして心はきわめて繊細な現象だ。すべての存在のうちでもっとも繊細だ。だからそれにたいして愚かであってはならない。

それを止める必要はない。

あなたは言う。「けっして静寂など体験しはしません。そして観照が起こるにしても、それはほんの短いあいだであり、閃光のようなものです」

幸せに感じなさい！　それですら、とほうもない価値がある。それらの閃光はありきたりの閃光ではない。それを当然のことと思ってはならない！　その小さな一瞥さえ起こらない無数の人たちがいる。彼らは生き、そして死ぬ。観照とはなにかをけっして知ることはない。ほんの一瞬でさえも――。あなたは幸せだ。あなたは幸運だ。

だがあなたは感謝を感じてはいない。感謝を感じていなければ、それらの閃光は消えてしまうだろう。感謝を感じなさい。するとそれは成長する。あらゆるものは感謝によって成長する。祝福されていることを幸せに感じなさい。するとそれは成長する。そのような肯定的な姿勢により、ものごとは成長してゆく。

「そして観照が起こるにしても、それはほんの短いあいだです」

それでいい！　それがただ一片の瞬間に起こりうるとしたら、それは起こっているのだ。あなたはその味わいを得る。そしてその味わいにより、あなたはやがて、それがもっと起こるような状況をさらに創造してゆくだろう。

「私は時間をむだにしているのでしょうか？」

時間をむだにすることはできない。あなたは時間を所有してはいないからだ。所有しているものはむだにすることもできる。だがあなたは時間を所有してはいない。あなたが瞑想しようがしまいが、時間はいずれにせよ費やされる。時は費やされる。時はかけぬけてゆく。あなたのすることがなんであれ、なにをしようとも、あるいはなにもしなくても、時は過ぎてゆく。時を蓄えることはできない。だから、どうして時間をむだにすることができる？　あなたがむだにできるのは、蓄えることのできるものだけだ。

あなたは時間を所有しているわけではない。そんなことは忘れてしまいなさい！

そして、あなたにできる時間の最高の使いかたとは、こういった小さな一瞥をもつことだ。なぜなら最終的には、それらの観照の瞬間だけがむだにならずにすむからだ。それ以外のすべては水泡に帰す。あなたの稼いだお金、あなたの勝ち得た名声、あなたの手に入れた社会的地位、すべては水泡に帰す。いくつかの観照の閃光を得たわずかな瞬間、それらの瞬間だけがむだにならずにすむ。それらの瞬間だけが、この生を離れるときにあなたとともに行く。それらの瞬間だけが行くことができる。それらの瞬間は永遠に属しているからだ。それは時間に属していない。

それが起こっていることに幸せを感じなさい。それはつねにゆっくりと起こる。だが一滴一滴の水によって大いなる海も満たされうる。それは滴《しずく》のうちで起こっている。その滴のなかで海が生まれようとしている。それをただ感謝とともに、祝祭とともに、喜びとともに受けとりなさい。

そして心を止めようとしてはならない。心のスピードはそのままにしておいて――見守りなさい。

五番目の質問——。

どのようにして、性エネルギーをサマーディへと変容することができるのでしょうか?

タントラとヨーガには、内なる人間に関しての地図がある。その地図を理解するなら、それはよいことだろう。それは役にたつ。あなたを大いに助けるだろう。

タントラとヨーガは、人間の生理機能のうちに七つの中枢《センター》が存在すると考えている。それは微細な生理であって、肉体のうちにはない。実際には、それらは隠喩《メタファー》だ。だがそれらは、内なる人間のなにかを理解するさいにきわめて役にたつ。それが七つのチャクラだ。

第一の、そしてもっとも根本的なものは、ムラダーラだ。そのためにムラダーラと呼ばれているのだ。「ムラダーラ(ムーラーダーラ)」とは、もっとも基本的なもの、根本的なものという意味だ。「ムーラ」とは根本、根元的なものを意味する。ムラダーラ・チャクラは、いまのところ性エネルギーが手もとにあるセンターだ。だが社会はこのチャクラをひどく傷つけている。

このムラダーラ・チャクラには三つの側面がある。第一は口唇《オーラル》、口だ。そして第二は肛門《アナル》、第三は生殖器《ジェニタル》だ。これらがムラダーラの三つの側面だ。

子どもはその生をオーラルとともにはじめる。そしてまちがったしつけのために、多くの人たちがオーラルにとどまっている。彼らはけっして成長しない。それゆえに、これほどの喫煙、チューインガム、たえまないつまみ食いが起こっている。これはオーラルへの固着だ。彼らは口にとどまる。キスをしない原始的な社会が数多く存在する。実際、子どもがすんなり成長すればキスはなくなる。キスは人間がオーラルにとどまっていることを示している。さもなければ、性のどこが唇に関係あるというのだろう？　原始的な社会が文明人のキスをはじめて知ったとき、彼らは笑った。彼らはただそれがこっけいなことだと思った。二人の人間がたがいにキスをしている。それは非衛生的にも見える。おたがいにあらゆる種類の病気を、伝染病を移しているにすぎない。それに彼らはいったいなにをやっているのだろう？　なんのために？　だが人間はオーラルにひっかかっている。

子どもはオーラル的に満たされていない。母親は子どもが必要とするだけ乳房を与えていない。唇は満たされないままになる。こうしてその子どもは、大きくなって煙草を吸うようになる。よくキスをする人になる。ガムをかむようになる。あるいは大食いになって、ひっきりなしにあれこれと食べている。もし母親が、子どもが必要とするだけ乳房を与えるなら、ムラダーラはそこなわれない。

あなたが煙草を吸っているのなら、おしゃぶりをためしてごらん。するとじきに驚くだろう。それは多くの人の役にたっている。私はそれを大勢の人に与えている。誰かがやってきて、どうやって煙草をやめればいいのかとたずねたら、私はこう言う。「ただおしゃぶりをもっていなさい。にせの乳房だ。そしてそれを口にふくんでいなさい。それを首にかけていなさい。そしていつでも煙草を吸いたい気がしたら、ただおしゃぶりを口にふくみ、それを楽しみなさい。三週間以内に、あなたは驚くことになる。煙草を吸いたいという衝動がなくなってしまう」

どこかでいまだに、乳房が興味をひいている。それゆえ、男は女性の乳房にこれほど注意を集めているのだ。どんな理由もないように思える。なぜだろう? なぜ男は、これほど女性の乳房に興味をもっているのだろう? 絵画、彫刻、映画、ポルノグラフィー——どれもこれも乳房志向のようだ! そして女性はたえず乳房を隠そうとしており、それなのにまた見せようともしている。さもなければ、ブラジャーはただばかげている。それは隠すのと見せるのをいっしょにやる芸当《トリック》だ。それはまったく矛盾する芸当だ。そしていまやアメリカでは、あらゆる愚かなものごとがその極端にまで行く場所では、シリコンやその他の化学物質を女性の乳房に注入している。乳房にシリコンを詰めこんでいる。そうすることでそれはもっと大きくなるし、かたちをととのえることもできる。成長していない人間が見たいと望んでいるかたちに——。この子どもじみた考え! だがとにかく、人はオーラルにひっかかっている。

これがムラダーラのもっとも低い状態だ。

そうして、いくらかの人たちはオーラルから転化し、アナルで立ち往生する。二番目の重大な損傷はトイレのしつけによって起こるからだ。子どもたちは決まった時間にトイレに行くよう強制される。ところが、子どもたちは排便をコントロールすることができない。それには時間がかかる。コントロールできるようになるには数年かかる。そこで彼らはどうするだろう？　彼らはただ強行する。彼らはたんにアナルのメカニズムを閉ざしてしまう。そしてそのために、アナルに固着するようになる。

それゆえ、これほどの便秘が世界に存在するのだ。便秘に悩むのは人間だけだ。どんな動物も便秘に苦しむことはない。野生の状態では、便秘に苦しむ動物はいない。便秘はより心理的なものだ。それはムラダーラの損傷だ。そして便秘のために、他の多くのものごとが人間の心のなかにはびこるようになる。

人間はためこみ屋になる。知識のためこみ屋、お金のためこみ屋、徳のためこみ屋になる。ためこみ屋になり、ケチになる。彼はなにも手放すことができない！　ひっつかんだものはなんであれ、かかえて離さない。そしてこのアナルが力点となることで、重大な損傷がムラダーラに起こる。なぜなら、男性も女性もジェニタルへと進まなければならないからだ。オーラルやアナルに固着すれば、人はけっしてジェニタルへと進むことはない。これは、あなたが充分に性的になることをゆるさないよう、社会がこれまでに使ってきた策略だ。

こうしてアナルへの固着がとても重要になるため、ジェニタルは重要さを減じるようになる。それゆえに、多くの同性愛が存在する。アナル志向が消え去らないかぎり、同性愛が世界からなくなることはない。トイレのしつけは重大で危険なしつけだ。

そうして、いくらかの人たちがジェニタルになると——どうにかしてオーラルやアナルに固着することなくジェニタルになると——そのときには、人間のなかに作りだされているセックスにたいする大きな罪悪感がある。セックスは罪を意味しているのだ。

キリスト教はあまりにもセックスを罪として考えている。それで彼らはばかげたことを証明するために、取り繕い、もくろみ、努力しつづけている。それはキリストが奇跡によって誕生したということだ。彼は男女の関係から生まれたのではなく、マリアは処女だった。セックスは大きな罪であるため、どうしてイエスの母親がセックスをすることなどできるだろう？　他のふつうの人びとはかまわない。だがイエスの母親がセックスをするとは——。それに、どうしてイエスが、これほどの純粋な人間が、セックスから誕生することなどありえよう？

こんな話を読んでいたのだが——。

あまり調子がよさそうには見えない、うら若き乙女がいた。そこで母親は、彼女を医者に連れていった。話すことはすべて母親がやった。母親はその手の人だったのだ。

「お嬢さんは妊娠しています」医者は言った。

「先生、ばかなことをおっしゃらないでください。うちの娘は男の人とキスをしたことさえないんですのよ！　ねえ、おまえ？」

「ええ、ママ。男の人の手を握ったこともないわ」

医者は椅子を離れると、窓際に歩みより、空を見つめた。長い沈黙の時が流れたあとで、母親はたずねた。

「なにか外でおかしなことでもありますの、先生？」

「なにもありませんね。ただ、前回これが起こったとき、東方にひとつの星があらわれたのです。今回はそれを見逃したくないんですよ！」

セックスはきわめて非難されているため、あなたはそれを楽しむことができない。そしてそのために、オーラル、アナル、ジェニタルのどこかでエネルギーは固着してしまう。それは上方へと向かうことができない。

タントラは、人間はこれら三つのものから解放され、解きほぐされる必要があると言う。だからタントラによると、最初の大きなワークはムラダーラにおいて起こらなくてはならない。オーラルの解放のためには、絶叫し、笑い、大声を出し、叫び声を上げ、泣いたりすることがとても役にたつ。エンカウンター、ゲシュタルト、プライマルといったタイプのグループ・セラピーを私が採用しているのはそのためだ。それらはすべて、オーラルの固着を解放するのに役にたつ。そしてあなたをアナルの固着から解放するためには、プラーナーヤーマが、早く混沌とした呼吸であるバストゥリカがとても役にたつ。それは直接アナルのセンターを打ち、アナルのメカニズムを解放し、解きほぐすことができるようにするからだ。それゆえ、ダイナミック瞑想にはとほうもない価値がある。

そうして、セックス・センターだ。セックス・センターは、やましさや非難の重荷から解放されなくてはならない。あなたはそれをふたたび学ばなくてはならない。そうしてはじめて、損傷を受けたセックス・センターが健全なかたちで機能できるようになる。どんなやましさも感じることなく、それを楽しむことを学びなおさなくてはならない。

千とひとつの種類のやましさが存在する。ヒンドゥー教徒の心のなかには、精液のエネルギーが莫大なエネルギーであるという恐れがある。たとえ一滴でも失えば、あなたが失われるというわけだ。これはまったく便秘的な姿勢だ。「ためこめ！」――。なにも失われはしない！　あなたはこれほどのダイナミックな力であり、そのエネルギーを毎日のように生みだしつづけている。なにも失われはしない。

ヒンドゥー教徒の精神は、あまりにもヴィーリヤ――精液のエネルギー――にとりつかれている。ただの一滴も失われるべきではない！　彼らはたえず心配している。それで愛を交わすときはつねに――彼らが愛を交わすとしたらだが――そのときには非常に落ちこみ、まったく元気をなくしてしまう。大量のエネルギーが失われたと思いはじめるからだ。なにも失われはしない。あなたがもっているのは、死んだエネルギーの分け前ではない。あなたは発電機《ダイナモ》だ。あなたはエネルギーを創造する。毎日それを創造している。実際には、使えば使うほど、あなたはより多くを得る。それは健全な肉体と同じように機能する。筋肉を使えば、それは発達する。歩けば、足は強くなる。走れば、走るためのより多くのエネルギーを得る。まったく走ったことがなく、にわかに走りだした人が、エネルギーを得るなどと考えてはならない。彼はエネルギーを得ることはない。彼には走るための筋肉さえないだろう。

神によって与えられているものはすべて使いなさい。するとあなたはさらにそれを得る！

そういうわけで、一方にはインド人的な狂気がある。これは便秘の方向線上にある。そしてもう一方はアメリカ人的な狂気だ。それは下痢のようだ。ただ放出し、放出しつづける。意味があっても意味がなくても、放出しつづける。だから八〇歳の人でさえ、たえず子どもじみたやりかたで考えている。セックスはいい。それはすばらしい。だが最終的なものではない。それは始まり《アルファ》であって終わり《オメガ》ではない。人はそれを超えてゆかなければならない。だがそれを超えてゆくということは、非難することではない！　人は超えてゆくために、それを通りぬけなければならない。

タントラはセックスにたいするもっとも健全な姿勢だ。タントラは言う。セックスはいいものだし、健康的で自然なものだ。だがセックスには、ただの生殖以上の可能性がある。そしてセックスには、ただの楽しみ以上の可能性がある。セックスはそのなかに、究極なるもののなにかを、サマーディのなにかをたずさえている。

ムラダーラ・チャクラは解放されなくてはならない。便秘から解放され、下痢から解放されなくてはならない。ムラダーラ・チャクラは最大限に、一〇〇パーセント機能しなければならない。そのときエネルギーは動きはじめる。

第二のチャクラはスヴァディシュターナだ。それは肚《ハラ》であり、死のセンターだ。これら二つのセンターはひどくそこなわれている。なぜなら、人はセックスを恐れ、死を恐れているからだ。それで死は避けられている。「死について語ってはならない！　ただ忘れてしまえ！　そんなものは存在しない。たとえそれがときに存在しようとも、それに注目してはならない。それに注意を向けてはならない。自分は永遠に生きるのだと思いつづけるのだ。死を避けろ！」――。

タントラは言う。セックスを避けてはならないし、死を避けてはならない。それゆえサラハは、瞑想するために火葬場に行ったのだ。死を避けないために――。そして彼は、健康的で最大限の性、最高限度の性の生活を生きるため、矢作の女性とともに行った。火葬場で、女性とともに生きることで、これらの二つのセンターは解きほぐされなくてはならなかった。死と性のセンターが――。ひとたび死を受け容れてそれを恐れなくなれば、ひとたび性を受け容れてそれを恐れなくなれば、二つの下位のセンターはくつろいでいる。

そして社会によって傷つけられているのは、ひどく傷つけられているのは、この二つの下位のセンターだ。ひとたびそれらが解放されれば……。他の五つのセンターは傷つけられていない。傷つける必要性もない。人びとは他の五つのセンターでは生きていないからだ。これらの二つのセンターは自然に手に入る。誕生は起こっている。セックス・センター、ムラダーラだ――。そして死は起こる。スヴァディシュターナ、第二のセンターだ――。この二つのことはすべての人の生のなかに存在する。

それで社会は両方のセンターを破壊し、この二つによって人間をあやつり、支配しようとしてきた。

タントラは言う。愛を交わしているときに瞑想しなさい。誰かが死のうとしているときに瞑想しなさい。出かけていって、観察し、見つめなさい。死にゆく人のそばに坐りなさい。彼の死を感じ、それに参加しなさい。死にゆく人とともに、深い瞑想へと入ってゆきなさい。そして人が死につつあるときには、死を味わう可能性が存在する。なぜなら人が死ぬとき、その人は大量のエネルギーをスヴァディシュターナ・チャクラから放出するからだ。彼は死のうとしているのだから、放出しなければならない。彼は死のうとしているのだから、スヴァディシュターナ・チャクラで抑制されていたすべてのエネルギーが解放される。それを解放することなしに死ぬことはできない。だから男や女が死ぬとき、その機会を逃してはならない。死のうとしている人のすぐそばにいるのなら、静かに坐り、静かに瞑想しなさい。人が死ぬとき、エネルギーの突然の噴出があたり一面を満たす。そしてあなたは死を味わうことができる。それは大いなるくつろぎをもたらす。そう、死は起こるが、誰も死にはしない。そう、死は起こるが、実際には死はけっして起こらない。

愛を交わしているとき瞑想しなさい。セクシュアリティのなかにサマーディのなにかが浸透していくるのを知ることができるように——。そして死を瞑想しているとき、それとともに深く入ってゆきなさい。不死なるもののなにかが死のなかに入りこんでいるのを見ることができるように——。この二つの体験は、きわめて楽に上方へと向かうために役だつだろう。他の五つのセンターは、幸運にも破壊されていない。それらは完全に調子がととのっている。ただエネルギーがそれらを通って進まなくてはならないだけだ。この二つのセンターが救われれば、エネルギーは動きはじめる。だから死と愛を、あなたの瞑想の二つの対象にしなさい。

最後の質問——。

愛する和尚。「和尚」は世界中にあるコカコーラの広告のようになってしまうのではありませんか？

かまうもんかね？

存在そのものがけがれなき心

第9話

29 April 1977

冬となり　風にふるえる静かな水面《みなも》
　氷となりて　岩《いわお》のごとし
迷いの者　めぐる思いに乱されて
　かたちなきもの　固きものとす

存在そのものがけがれなき心
　迷悟の不純にそまることなし
泥に埋もれし貴き宝石
　光は見えねど　輝きをもつ

闇のなか　知は輝きを見せずとも
　闇の照らされしとき　苦はたちまちに消え去る
新芽は種子より萌《きざ》し
　葉は新芽より育つ

一また多として心をとらえる者は
　光をしりぞけ　この世におぼれる
燃えさかる火のなかを目を開けて歩む
　これ以上　慈悲にふさわしき者ありや

ああ、存在するもののこの美しさ！　そのまったき喜び！　歓喜、歌、ダンス！　だが、私たちはここにはいない。私たちは存在しているように見えても、非存在といったほうがいい。なぜなら、私たちは存在世界との接触を失ってしまい、そのなかにあるべき根をなくしてしまったからだ。私たちは根こぎにされた木のようだ。生気はもはや流れていない。樹液は涸れている。もう花の咲くことも、実のなることもない。鳥たちが雨風をしのぎにくることもない。

私たちは死んでいる！　なぜなら、いまだに誕生していないからだ。私たちは肉体的な誕生をみずからの誕生とみなしている。それは私たちの誕生ではない。私たちはいまだ、潜在的可能性として存在している。現実のものになってはいない。それゆえのみじめさだ。実現しているものは至福に満ちており、潜在しているものはみじめだ。なぜそうなのだろう？　それは、潜在しているものは安心することができないからだ。潜在しているものはたえず落ち着かない。不安であるしかない。なにかが起こることになっている。それは宙ぶらりんになっている。中間状態だ。

それは種子のようだ。どうして種子が安心し、くつろぐことができるだろう？　安心とくつろぎは花によってのみ知られる。種子は苦悶の奥底にあるしかない。種子はたえず身震いしているしかない。その震えとはこのようなものだ。実現することができるだろうか？　正しい土壌が見つかるだろうか？　適切な気候が見つかるだろうか？　適切な風土が見つかるだろうか？　それは起こるのか？　それとも、生まれることなくただ死んでしまうのか？　種子は内側で震えている。種子には不安が、苦悶がある。種子は眠ることができない。種子は不眠症に苦しんでいる。

潜在しているものは熱望している。潜在しているものは未来を待ちこがれている。あなたは自分自身の存在のうちに、これを観察したことがないだろうか？　なにかが起こるのをたえず待ちこがれているのに、それは起こっていない。つねにあこがれ、望み、願い、夢見ているのに、それは起こっていない！　それなのに人生は流れ過ぎている。生はあなたの手からすべり落ちている。そして死がしのび寄っているのに、あなたはいまだ実現していない。誰にわかるだろう？　どちらが先になるか？　実現、成就、開花が先か、あるいは死のほうか？　誰にわかるだろう？　それゆえの恐れ、苦悶、震えだ。

セーレン・キルケゴールは「人間は不安に震えている」と言う。そう、人間が震えているのは、人間が種子だからだ。フリードリッヒ・ニーチェは「人間は橋だ」と言う。まさにそのとおり！　人間とは休息する場所ではない！　それは渡ってゆくべき橋だ。人間とは通りぬけてゆくべき扉だ。人間であることに安息することはできない。人間とは完成した存在ではない。人間は進行中の矢だ。二つの永劫のあいだに張られたロープだ。人間とは緊張状態だ。不安に苦しむのは人間だけだ。人間はこの地球上において、不安に苦しむ唯一の動物だ。なにがその原因なのだろう？

潜在的可能性として存在するのは人間だけだ。犬は実現している。ほかに起こるべきことはなにもない。バッファローは実現している。それ以上のものはなにもない。それはすでに起こっている。起こりうるものはなんであれ起こっている。バッファローにむかって、「君はまだバッファローではない」と言うことはできない。それはばかげている。だが人間にむかって、「君はまだ人間ではない」と言うことはできる。あなたは人間に「君は未完成だ」と言うことはできる。犬にむかって「君は未完成だ」と言うことはできない。そんなことを言うのは愚かだ。すべての犬はあますところなく完成している。

人間には可能性がある。未来がある。人間とは始まりだ。それでたえまない恐れがあるのだ。到達するのかしないのか？　この生で到達するのかしないのか？　私たちはこれまでどれだけ取り逃がしてきただろう？　ふたたび取り逃がすことになるのだろうか？　それゆえ私たちは幸せではないのだ。

〝存在〟は祝いつづけている。大いなる歌、大いなる喜び、大いなる祝祭が存在する。森羅万象はつねにお祭りさわぎのなかにある。それはカーニヴァルだ。森羅万象は毎瞬のようにオーガズムのうちにある！　どういうわけか、人間は部外者になってしまった。

人間は無垢の言語を忘れてしまった。人間は〝存在〟とどのようにつながりをもつかを忘れてしまった。人間は自分自身とどのようにつながりをもつかを忘れてしまった！　自分自身とつながりをもつとは、瞑想のことだ。〝存在〟とつながりをもつとは、祈りのことだ。人間はその言葉自体を忘れてしまった。それゆえ私たちは部外者のように見える。自分自身の家のなかにいるよそ者！　自分自身にたいしてのよそ者だ。私たちは自分が何者なのかわからない。なぜいるのかわからない。なんのために存在しつづけるのかわからない。それは果てしなく待つことのように見える。〝ゴドー〟を待ちながら――。

いったい〝ゴドー〟がやってくるのかどうか、誰にもわからない。実際、この〝ゴドー〟とは何者なのだろう？　それさえ誰も知りはしない。だが人はなにかを待たずにはいられない。それで人はある観念を作りだし、それを待っている。神がその観念だ。天国がその観念だ。ニルヴァーナがその観念だ。人は待ち望まずにはいられない。どうにかして自分の存在をいっぱいにしなければいられないからだ。さもなければ、人はまったく空虚に感じてしまう。待つことは目的と方向の感覚をもたらす。気分をよくすることができる。少なくともあなたは待っている。「それはまだ起こってはいないが、いつかは起こるだろう」――。いったい、なにが起こるというのだろうか？

私たちは正しい問いかけさえしていない。正しい答えについてはなにが言えよう？　私たちは正しい問いさえたずねていない。そして覚えておきなさい。ひとたび正しい問いがたずねられれば、正しい答えはそれほど遠くはない。それはすぐそのあたりにある。実は、それは正しい問いそのもののなかに隠されている。正しい問いをたずねつづければ、その問いかけそのものによって、正しい答えを見いだすことになる。

そういうわけで、今日私が最初に言いたいのは、私たちは取り逃がしているということだ。たえず取り逃がしている。なぜなら私たちは、心を〝存在〟とつながるための言語だと思っているからだ。だが心とは、あなた自身を〝存在〟から切り離すやりかただ。それはあなたをのけ者にする。それはあなたを参加させるやりかたではない。考えることは障壁だ。思考はあなたをとりかこむ万里の長城のようだ。だがあなたは思考によって暗中模索している。あなたはリアリティに触れることはできない。リアリティが遠くにあるというわけではない。神はすぐそばにいる。せいぜいのところ、祈ればとどくくらいの距離しかない。

だが考えたり、熟考したり、分析したり、解釈したり、哲学したりしているのであれば、あなたはますます離れてゆく。リアリティからますます遠くへ落ちてゆく。多くの思考が存在するほど、それらを見とおすことはむずかしくなるからだ。それらはたいへんな霧を生みだす。見とおしをきかなくする。

これがタントラの根本原則のひとつだ。考えている心は取り逃がす心であり、考えることはリアリティとつながるための言語ではない――。それならなにが、リアリティとつながるための言語なのだろう？　それは無思考だ。言葉はリアリティとともにあっては無意味だ。沈黙こそ意味深い。沈黙は身ごもっている。言葉はただ死んでいる。人は静寂の言語を学ばなくてはならない。

そしてそのとき、ちょうどこのようなことが起こる……。あなたは母親の子宮のなかにいた。あなたはそれを完全に忘れてしまっているが、九か月のあいだ一言も話さなかった。それでも深い静寂のなかで、あなたは一体となっていた。母親とひとつだった。あなたと母親とのあいだにはどんな障壁も存在しなかった。あなたは分離した自己として存在していなかった。その深い静寂のなかで、母親とあなたはひとつだった。とほうもない統一性が存在した。それは結合ではなく、統一だった。あなたたちは二つではなかったのだから、それは結合ではない。それは純然たる統一性だった。あなたたちは二つではなかった。

あなたがふたたび静かになる日、同じことが起こる。あなたはふたたび〝存在〟の子宮のなかに落ちてゆく。ふたたびつながりをもつ。まったく新たなありかたでつながりをもつ。正確にはまったく新しいというわけではない。あなたはそれを母親の子宮のなかで知っていたからだ。だがあなたはそれを忘れてしまった。人間はつながりをもつための言語を忘れてしまったと言うとき、私が意味しているのはそのことだ。それは、子宮のなかで母親とつながりをもっていたときのありかたと同じだ。あらゆる波動《ヴァイブ》が母親に伝えられていた。母親のあらゆる波動があなたに伝えられていた。そこには純然たる理解が存在した。あなたと母親とのあいだにはどんな誤解も存在しなかった。誤解が生じるのは、思考が入ってくるときだけだ。

考えることなしに、どうやって誰かを誤解することができるだろう？　できるかね？　あなたが私のことを考えていないとしたら、私を誤解することができるだろうか？　どうやって誤解できるというのだろう？　そして考えているとしたら、どうして理解することができるだろう？　不可能だ。考えるやいなや、あなたは解釈しはじめる。考えるやいなや、あなたは私を見ていない。私を避けている。自分の思考の背後に隠れている。思考はあなたの過去から生じる。私はここに現前している。私は〝いまここ〟の声明であるのに、あなたは自分の過去をもち運んでいる。

あなたはタコを知っているにちがいない。タコは身を隠したいとき、自分のまわりに墨を、墨の煙幕を放出する。すると誰もタコを見ることができなくなる。タコは自分自身が作りだした墨の煙幕のなかで見えなくなる。それはタコの安全手段だ。あなたが思考の雲を自分のまわりに放出するときにも、ちょうど同じことが起こっている。あなたはそのなかで見えなくなる。するとあなたはつながりをもつことができないし、誰もあなたとつながりをもつことができなくなる。心とつながりをもつのは不可能だ。あなたがつながりをもてるのは、ただ意識だけだ。

意識は過去をもたない。心は過去にすぎないし、それ以外のなにものでもない。だからタントラが最初に言うことは、オーガズムの言語を学ばなくてはならないということだ。また一方、あなたが女性あるいは男性と愛を交わしているとき、なにが起こっているのだろう？　数秒のあいだ……。それは非常にまれだ。人間がさらに文明化されるにつれ、ますますまれになっている。数秒のあいだ、あなたはふたたびもう心のなかにはいない。ショックとともに、あなたは心から切り離される。その飛躍のなかで、あなたは心の外にいる。心の外にいるそのオーガズムのわずかな瞬間、あなたはふたたびつながりをもっている。あなたはふたたび子宮のなかにもどっている。あなたの相手の女性の子宮に、あるいは相手の男性の子宮に――。あなたはもう分離していない。ふたたび統一性が存在する。結合ではなく――。

あなたが女性と愛を交わしはじめるとき、そこには結合の始まりが存在する。だがオーガズムが生じると、結合は存在しない。存在するのは統一性だ。二元性は失われる。その深い体験、絶頂の体験のなかで、なにが起こっているのだろう？

タントラは何度もあなたに思い起こさせる。その絶頂の瞬間に起こるものがなんであれ、それは存在世界とつながりをもつための言語だということを――。それは腹の底からの言語、あなたの存在そのものの言語だ。だから、母親の子宮のなかにいたときの言葉で考えるか、あるいは愛する人の子宮のなかにふたたび失われるときの言葉で考えなさい。すると数秒のあいだ、心はまったくはたらいていない！

その無心の瞬間こそ、サマーディの一瞥、〝サトリ〟の一瞥、神の一瞥だ。私たちはその言語を忘れてしまった。その言語をふたたび学ばなくてはならない。愛がその言語だ。

愛の言語は静寂をたたえている。二人の恋人たちが真に深い調和のうちにあるとき――カール・ユングがシンクロニシティと名づけたもののうちにあるとき――たがいの波動がぴったり同調し、二人が同じ波長で振動しているとき、そのとき静寂が存在する。そのとき恋人たちは話したがらない。話をするのは夫と妻だけだ。恋人たちは沈黙へと落ちてゆく。

実際、夫と妻は沈黙をたもつことができない。言語がおたがいを避ける方法になってくれるからだ。相手を避けていないと、話をしていないと、相手がそこにいるということは、とてもきまりの悪いものになる。夫と妻はすぐに墨をまき散らす。どんなものでもいいから、彼らは自分のまわりに墨をまき散らす。煙幕のなかに見えなくなる。そうなればなにも問題はない。

言語はつながりをもつためのやりかたではない。多かれ少なかれ、それは避けるためのやりかただ。深い愛のなかにあるとき、あなたは愛する人の手をとるかもしれない。だが沈黙しているだろう。さざ波ひとつないまったくの静寂――。その波立つことのない意識の湖において、なにかが伝えられる。メッセージが伝えられる。それは無言のメッセージだ。

タントラは言う。人は愛の言語、沈黙の言語、おたがいの現前としての言語、ハートの言語、腹の底からの言語を学ばなくてはならない。

私たちは実存的ではない言語を学んでいる。異邦人の言語を学んでいる。もちろん実用的ではある。もちろんある種の目的をはたしはする。だが意識という高次の探索に関するかぎり、それは障壁になる。下位のレベルでは問題はない。市場では、あなたはもちろんある種の言語を必要とする。沈黙は役にたたない。だがより深く、より高く進むにつれ、言語は役にたたなくなる。

つい先日、私はチャクラについて話していた。ムラダーラとスヴァディシュターナという、二つのチャクラについて話した。「ムラダーラ」とは根本、根を意味する。それは性のセンターだ。あるいはそれを生のセンター、誕生のセンターと呼ぶこともできる。あなたが生まれるのはムラダーラからだ。あなたがこの肉体を獲得したのは、母親のムラダーラと父親のムラダーラからだ。その次のチャクラはスヴァディシュターナだ。それは自己の住処《すみか》を意味する。それは死のチャクラだ。死のチャクラに与えるにしては、それはおかしな名前だ。自己の住処、スヴァディシュターナ、あなたが本当にいるところ――。死のなかに？　そのとおり。

死をむかえるとき、あなたはみずからの純粋な存在にいたる。なぜなら、あなたでないものだけが死をむかえるからだ。肉体は死ぬ。肉体はムラダーラから生まれる。死をむかえるとき、肉体は消え去る。だがあなたは？　あなたはそうはならない。ムラダーラによって与えられたものはすべて、スヴァディシュターナによって奪い去られる。母親と父親はあなたにある種の構造を与えた。それは死にさいして奪い去られる。だがあなたは？　あなたは母親と父親がたがいに知り合う以前にも存在していた。あなたはつねに存在している。

イエスは言う。誰かがアブラハムについて、預言者アブラハムについてどう思うかとたずねると、彼はこう言った。「アブラハム？　私はアブラハムのいた以前にも存在する」

アブラハムは、イエスのほぼ二千年か三千年前に存在した人だ。そしてイエスは、私はアブラハムのいた以前にも存在すると言う！

彼はなにを言おうとしているのだろう？　肉体に関していうなら、どうして彼がアブラハム以前に存在できるだろう？　彼が話しているのは肉体のことではない。彼が話しているのは〝私なるもの〟純粋な存在のことだ。永遠不滅の――。

このスヴァディシュターナという名称はすばらしい。それはちょうど、日本で肚《ハラ》として知られているセンターだ。それゆえ日本では、自殺が〝ハラキリ〟――ハラのセンターを通じて死ぬこと、すなわち自分自身を殺すこと――と呼ばれている。このスヴァディシュターナが奪い去るのは、ムラダーラによって与えられたものだけだ。だが永遠から生じたもの、意識から生じたものは、奪い去られはしない。

ヒンドゥー教徒は意識に関しての偉大な探検家だ。彼らがそれをスヴァディシュターナと名づけたのは、死をむかえるとき、人は自分が何者なのかを知るからだ。愛のなかで死ねば、人は自分が何者なのかを知る。瞑想のなかで死ねば、人は自分が何者なのかを知る。過去にたいして死ねば、人は自分が何者なのかを知る。心にたいして死ねば、人は自分が何者なのかを知る。死が知るための道となる。

古代のインドでは、師《マスター》は〝死〟と呼ばれていた。なぜなら、あなたは師のなかへと死ななければならないからだ。弟子は師のなかに死ななければならない。そうしてはじめて、彼は自分が何者なのかを知る。

この二つのセンターは社会によって非常に毒されている。これらは社会にとって容易に手のとどくセンターだ。この二つの彼方に、あと五つのセンターが存在する。第三はマニプーラ、第四はアナハタ、第五はヴィシュッディ、第六はアジュナ、第七はサハスラーラだ。

第三のセンターであるマニプーラは、あらゆる情緒、感情の中枢だ。私たちは感情をマニプーラのなかで抑えつづけている。それはダイヤモンドを意味する。生に価値があるのは、情緒、感情、笑うこと、泣くこと、涙や笑いのおかげだ。生に価値があるのは、これらすべてのおかげだ。これらは生の栄光だ。それゆえにこのチャクラはマニプーラ、ダイヤモンドのチャクラと呼ばれている。

人間だけが、この貴重なダイヤモンドを手にすることができる。動物たちは笑うことができない。

当然、泣くこともできない。涙は人間だけに手のとどく特定の次元だ。涙の美しさと笑いの美しさ、涙の詩情と笑いの詩情は、人間だけに手に入る。他のすべての動物は、ムラダーラとスヴァディシュターナという ただ二つのチャクラとともに存在している。彼らは生まれ、そして死ぬ。その二つのあいだにたいしたものはなにもない。あなたも生まれて死ぬだけだとしたら、あなたは動物だ。いまだ人間ではない。そして数多くの、無数の人びとが、この二つのチャクラとともにのみ存在している。彼らはけっしてそれらを超えてゆきはしない。

私たちは感情を抑えるように教えこまれている。感傷的にならないように教えこまれている。感傷的であることは割に合わないと教えられている。「実際的でありなさい。きびしくありなさい。柔和であってはならない。傷つきやすくなってはならない！　さもないとあなたは食いものにされてしまう。きびしくありなさい！　少なくとも自分が堅固であることを示しなさい。少なくとも自分が危険であることを、やわな存在ではないふりをするのだ。自分のまわりに恐怖を生みだしなさい。笑ってはいけない。もし笑ったりしたら、自分のまわりに恐怖を生みだすことはできないからだ。涙を見せてはいけない。もし泣いたりしたら、自分が恐れているのを見せることになる。自分の人間的限界を見せてはならない。自分が完全無欠だというふりをするのだ」――。

第三のセンターを抑制すると、人は戦士になる。人間ではなく、戦士、軍人、偽りの人間になる。

タントラでは、第三のセンターを解きほぐすために多くのワークがなされる。感情は解放され、解きほぐされなくてはならない。泣きたい感じがしたら、泣かなくてはならない。笑いたい感じがしたら、笑わなくてはならない。あなたはこの抑制というナンセンスを落とさなければならない。表現することを学ばなければならない。なぜなら、情緒、感情、感受性をとおしてのみ、あのヴァイブレーションにいたるからだ。それによって伝えることが可能になる。

こんな覚えはないだろうか? あなたは望むだけ言葉にすることはできるが、なにも伝わらない。だが涙がほほをこぼれ落ち、すべてが伝えられる——。涙のほうがもっとよく伝えることができる。何時間も話しつづけることはできるが、どうにもならない。そして涙がすべてを伝える。「私はとても幸せだ」とか、ああだこうだと言いつづけることはできる。だがその顔は正反対を示していることはよくある。ちょっとした笑い、本当に真正な笑い——するとなにも言う必要がない。その笑いがすべてを伝えている。友だちに会うとき、あなたの顔は喜びで輝く。光を放っている。

第三のセンターが、もっと手のとどくようにならなくてはならない。それは思考に反している。それで第三のセンターをみとめると、あなたは緊張した心のなかでもっと容易にくつろぐようになる。真正でありなさい。感じやすくありなさい。もっと触れ、もっと感じ、もっと笑い、もっと泣きなさい。そして覚えておきなさい。あなたは必要以上にそうすることはできない。過剰にやることはできない。一滴の涙さえ必要以上に呼び起こすことはできないし、必要以上に笑うことはできない。だから恐れてはならない。ケチケチしてはならない。

タントラは生のすべての感情をみとめる。

これらは三つの下位のセンターだ。下位ということには、評価の意味合いはまったくない。これらは三つの下位のセンター、梯子の下のほうの段だ。

そして第四のセンター、アナハタと呼ばれるハートのセンターがくる。この言葉はすばらしい。「アナハタ」とは、打ち鳴らされていない音を意味する。それはまさに、禅の人たちが「隻手《せきしゅ》の音声《おんじょう》が聞こえるか?」と言うときに意味しているものだ。打ち鳴らされていない音――。ハートはちょうど真ん中にある。その下には三つのセンターがあり、その上には三つのセンターがある。そしてハートは、下位から高位への、あるいは高位から下位への扉だ。ハートは交差点のようなものだ。

そしてハートは完全に迂回されている。あなたはハートフルであるようにとは教えられていない。ハートの領域に入ることさえゆるされていない。それはとても危険だからだ。それは無音の音のセンター、非言語的なセンターだ。打ち鳴らされていない音――。言語は打ち鳴らされた音だ。私たちはそれを声帯によって作りださなくてはならない。声帯を打ち振るわさなくてはならない。それは両手の打ち音だ。ハートは片手の音だ。ハートのなかにはどんな言葉も存在しない。それは無言だ。

私たちはハートを完全に避けている。それを迂回している。まるでハートなど存在しないかのようなありかたで、みずからの存在のなかを動いている。あるいはせいぜいのところ、それが呼吸のために空気を出し入れする機械にすぎないかのように、それがすべてであるかのように――。それはちがう。肺はハートではない。ハートは肺の後ろに深く隠れている。そしてまた、それは肉体的なものでもない。それは愛が生じる場所だ。それゆえ愛は感情ではない。そして感情的な愛は、第四ではなく第三のセンターに属している。

愛はただの感情的なものではない。愛には感情よりもさらなる深みがある。愛には感情よりもさらなる力強さがある。感情は一時的なものだ。多かれ少なかれ、愛の感情が愛の体験として誤解されている。あなたはある日、男性あるいは女性と恋に落ち、次の日にはそれは消えてしまう。そしてあなたはそれを愛と呼ぶ。それは愛ではない。それは感情だ。あなたはその女性が好きだった。〝好きだった〟のであり、〝愛していた〟のではない。それを心にとめておきなさい。ちょうどアイスクリームを好きなのと同じように、それは〝好み〟だった。好みは来ては去る。好みは一時的なものだ。それは長くはとどまれない。それには長くとどまるだけの容量がない。あなたはある女性を好きになり、彼女を愛した。そして終わりだ！　好きになることは終わった。それはちょうど、アイスクリームが欲しかったのと同じようなものだ。あなたはそれを食べてしまった。もうアイスクリームなど全然見向きもしない。そしてもし、誰かがあなたにアイスクリームを与えつづけるとしたら、あなたはこう言うだろう。「もうむかむかする。やめてくれ！　これ以上は食べられない」

嗜好は愛ではない。けっして嗜好を愛だと誤解してはならない。さもないと生涯にわたり、あなたはただの流木になってしまう。ある人から別の人へとあてもなくさまよう。けっして親密さが育つことはない。

第四のセンター、アナハタはきわめて重要だ。なぜなら、あなたがはじめて母親とつながりをもったのはハートにおいてだからだ。あなたが母親とつながりをもっていたのはハートを通じてであり、頭を通じてではない。深い愛のなかで、深いオーガズムのなかで、あなたはふたたび頭ではなくハートを通じてつながりをもつ。瞑想のなかで、祈りのなかで、同じことが起こる。あなたはハートを通じて存在世界とつながりをもつ。ハートとハートの――。そう、それは頭と頭ではなく、ハートとハートの対話だ。それは非言語的だ。

そしてハート・センターは無音の音が生じるセンターだ。ハート・センターのなかにくつろいでゆくと、あなたはオームカールを、〝オーム〟を耳にする。それは偉大な発見だ。ハートに入っていった人たちは、〝オーム〟のように聞こえるたえまない詠唱をみずからの存在の内側で耳にする。ひとりでにつづく詠唱のようなものを聞いたことがあるだろうか？　あなたがそれをしているのではなく――。

それゆえ私はマントラに賛成していないのだ。あなたは「オーム、オーム、オーム」と唱えつづけることはできる。ハートの心理的な代用品を作りだすことはできる。それでは助けにならない。それはまやかしだ。あなたは何年にもわたって唱えつづけることはできる。偽りの音を内面に作りだすことはできる。まるで自分のハートが音を発しているかのように――。だがそれはちがう。ハートを知るためには、オームを唱えるべきではない。ただ静かでなくてはならない。ある日突然、そのマントラは存在する。いつの日かあなたが静まったとき、不意にどこでもないところから音が生じているのを耳にする。それはあなたの内奥の核心から生じる。それは内なる静寂の音だ。ちょうど静かな夜にある種の音が、静寂の音が存在するのと同じように、まさにそれと同じように、もっとはるかに深いレベルで、あなたの内面に音があらわれる。

それはあらわれる。何度も思い出してほしい。あなたがそれを作りだすのではない。あなたが「オーム、オーム」とくり返すのではない。いいや、あなたは一言も口にしない。あなたはまったく静かだ。まったく沈黙している。するとそれは泉のように湧き出してくる。不意にあふれはじめる。それはそこにある。あなたはそれを聞く。それを口にするのではなく、耳にする。

マホメットは『コーラン』を聞いたとイスラム教徒が言うとき、意味しているのはそのことだ。それがその意味するところだ。それはまさに、ハートの内奥の核心で起こるものだ。あなたがそれを口にするのではない。あなたはそれを聞く。マホメットは『コーラン』を聞いた。彼はそれが内側で起こっているのを耳にした。彼は本当に困惑した。このようなものを聞いたことはなかった。それはあまりに未知であり、あまりになじみのないものだ。物語は、彼が病気になったと伝えている。それはあまりにも気味が悪かった！　不意に、部屋のなかに坐っているときに、ある日内側で「オーム、オーム」とか、あるいはどんなものでも耳にしたとしたら、「自分は狂ってしまうのだろうか？」と感じるようになるだろう。あなたはそれを口にしてはいない。ほかの誰も口にしてはいない。あなたは狂ってしまうのだろうか？

それを耳にしたとき、マホメットは小高い丘の頂きに坐っていた。彼は身震いし、汗を流しながら家にもどった。高い熱が出ていた。彼は本当にかき乱されていた。彼は妻にこう言った。「毛布を全部もってきて私にかけておくれ！　こんなに震えがきたことはない。すごい熱が出ている」。だが妻のほうは、彼の顔が光り輝いているのを見ることができた。「これはいったいどういう熱なのかしら？　彼の目は光を発し、なにかとほうもなく美しいもので燃えあがっている。恩寵が彼とともに家のなかに入ってきた。大いなる静寂が家中に降臨している。彼の妻さえもなにかを耳にしはじめた。彼女はマホメットに言った。「私はそれが熱病だとは思いません。神があなたを祝福したのだと思います。恐れてはなりません！　いったいなにが起こったのですか？　私に話してください！」

彼の妻は最初のイスラム教徒となった。ハディージャが彼女の名前だ。彼女は最初の改宗者になった。彼女は言った。「私にはわかります。神があなたに起こったのです。なにかがあなたに起こったのです。なにかがあなたのハートから、あたり一面にあふれ出しています。あなたは光り輝いています！こんなことはこれまでありませんでした。なにか驚くべきことが起こったのです。なぜそんなに悩み震えているのか、私に話してください。たぶんそれは新たなるものなのでしょう。でも私に話してください」

そしてマホメットは彼女に話した。彼女がどう思うかと非常に心配しながら――。だが彼女は改宗した。彼女は最初のイスラム教徒になった。

それはつねにこのようにして起こっている。ヒンドゥー教徒は、『ヴェーダ』は神自身によって朗唱されたと言う。それはたんに『ヴェーダ』が聞きとられたものだということだ。インドには神聖な教典にたいする言葉がある。その言葉とは「シュルティ」だ。シュルティとは聞きとられたものを意味する。

このハートのセンター、アナハタ・チャクラにおいて、あなたは聞く。だがあなたは内側でなにも聞いたことがない。どんな音も、どんなオームカールも、どんなマントラも――。それはただ、あなたがハートを避けているということを意味する。滝はそこにあり、流れる水の音はそこにある。だがあなたはそれを避けている。迂回し、別の道筋をとり、近道をしている。その近道はただ、第三のセンターから第四を避けて進む。第四はもっとも危険なセンターだ。なぜなら、それはそこから信頼が生まれ、信が生まれるセンターだからだ。心はそれを避けずにはいられない。心がそれを避けなければ、疑いの可能性はなくなってしまう。心は疑うことによって生きている。

これが第四のセンターだ。そしてタントラは、あなたは愛を通じてこの第四のセンターを知るにいたると言う。

第五のセンターはヴィシュッディと呼ばれている。「ヴィシュッディ」とは純粋を意味する。たしかに、愛の起こったあとには純粋と無垢が存在する。けっしてそれ以前ではない。ただ愛だけが純化する。ただ愛だけが――。それ以外に純化するものはない。もっとも醜い人でさえ、愛のなかにあれば美しくなる。愛は甘露だ。それはあらゆる毒を浄化する。それで第五のチャクラはヴィシュッディと呼ばれている。ヴィシュッディは純粋、絶対的な純粋性を意味する。それは喉《のど》のセンターだ。

そしてタントラは言う。第四をへて第五に到達したとき、はじめて話しなさい。愛によってのみ話しなさい。さもなければ話してはならない。慈悲によって話しなさい。さもなければ話してはならない！　話すことになんの意味がある？　ハートを通ってゆき、そこで神が話しているのを、あるいは神が滝のように流れているのを耳にしたなら――神の音を、隻手の音声を聞いたなら――あなたは話すことをゆるされる。あなたの喉のセンターはメッセージを伝えることができる。なにかが言葉のなかにさえ注ぎこまれる。あなたがそれを得ているとき、それは言葉のなかにさえ注ぎこまれる。

ほんのわずかの人が第五のセンターに達する。きわめてまれに――。人びとは第四にさえ達していないのだから、どうして第五に達することができるだろう？　それはきわめてまれだ。ほとんどキリストのような、仏陀のような、サラハのような人、彼らは第五に達する。彼らの言葉の美しさでさえとほうもない。その沈黙についてはなんと言ったらいい？　その言葉でさえ静寂をたたえている。彼らは話し、しかも話してはいない。彼らは語りはするが、語りえないもの、言葉にあらわせないもの、表現することのできないものを語っている。

あなたもまた喉を使っている。だがそれはヴィシュッディではない。そのチャクラは完全に死んでいる。そのチャクラが動きはじめると、言葉はそのなかに蜜をたたえる。すると言葉には芳香があり、音楽があり、ダンスがある。話すことはすべて詩となり、口にすることはすべてまったき喜びとなる。

そして第六のチャクラはアジュナだ。「アジュナ」とは命令を意味する。第六チャクラによってあなたは秩序をもつ。けっしてそれ以前ではない。第六チャクラによってあなたは主人になる。けっしてそれ以前ではない。それ以前には、あなたは奴隷だった。第六チャクラによって、あなたの口にすることはなんでも起こるようになる。あなたが望むことはなんでも起こるようになる。第六チャクラによって、あなたは意志力を手に入れる。けっしてそれ以前ではない。それ以前には、意志力は存在しない。だがそこには逆説がある。

第四チャクラによって自我《エゴ》は消え去る。第五チャクラによってあらゆる不純物は消え去る。そうしてあなたは意志力を手に入れる。だからあなたは、意志力によって害をなすことはありえない。実際、それはもうあなたの意志ではない。それは神の意志だ。なぜなら自我は第四で消え去り、あらゆる不純物は第五で消え去るからだ。いまやあなたはもっとも純粋な存在であり、まさに媒体、御使い、メッセンジャーだ。このときあなたが意志力を得るのは、あなたがいないからだ。いまや神の意志があなたの意志となる。

人はきわめてまれにこの第六チャクラに到達する。ある意味で、これは最後のものになるからだ。この世界においては、これが最後のものになる。この彼方にあるものが第七だが、そのときあなたは全面的に異なる世界に、別の現実に入ってゆく。第六は最後の境界線、関所だ。

第七はサハスラーラだ。「サハスラーラ」とは千の花弁をもつ蓮の花を意味する。エネルギーが第七に、サハスラーラに進むとき、あなたは蓮の花になる。もう蜜を求めて他の花のところに行く必要はない。いまや他のミツバチたちがあなたをおとずれる。あなたはミツバチを世界中から魅きよせる。またときには、他の惑星からさえもミツバチがおとずれる。あなたのサハスラーラは開き、蓮の花は満開になっている。この蓮の花こそニルヴァーナだ。

もっとも低いものはムラダーラだ。もっとも低いものから生命が誕生する。肉体と感覚からなる生命が——。第七とともに生命が誕生する。肉体のものでも感覚のものでもない、永遠の生命が——。

これがタントラの生理学だ。それは医学書の生理学ではない。どうか医学書のなかを探したりしないでほしい。それはそんなところにはない。それは隠喩《メタファー》だ。伝えるためのひとつのやりかただ。ものごとを理解できるようにするための地図だ。この道を進んでゆくなら、けっしてあの思考の混乱状態にいたることはない。もし第四チャクラを避けるなら、あなたは頭に入ってゆく。さあ、頭のなかにいるということは愛のなかにいないということだ。思考のなかにいるということは信頼のなかにいないということだ。考えているということは見つめていないということだ。

さて、詩句《スートラ》だ——。

冬となり　風にふるえる静かな水面《みなも》
氷となりて　岩《いわお》のごとし
迷いの者　めぐる思いに乱されて
かたちなきもの　固きものとす

「冬となり……」とサラハは言う。ひとつひとつの言葉に耳をかたむけ、ひとつひとつの言葉に瞑想してごらん。

冬となり　風にふるえる静かな水面《みなも》
氷となりて　岩《いわお》のごとし

さざ波ひとつない静かな湖は、意識の隠喩《メタファー》だ。波紋も波もなく、ふるえることも風に吹かれることもない静かな湖――それは意識のたとえだ。湖は澄みわたり、よどみなく、静かだ。それは固くはない。岩のようではない。それはバラの花のように柔らかく感じやすい。それはどんな方向にでも流れてゆくことができる。動きをはばまれてはいない。それは流れをもち、生命をもち、活力《ダイナミズム》をもっているが、まったく乱されてはいない。湖は静かでおだやかだ。これが意識の状態だ。

「冬となり……」。〝冬〟とは欲望が生じているときを意味する。なぜそれを〝冬〟と呼ぶのか？　欲望が生じるとき、あなたは冷たい不毛の地にいる。欲望が満たされることはけっしてないからだ。欲望は不毛の地だ。それはあなたを迷わせる。それにはいかなる成就もない。いかなる実を結ぶこともない。それは不毛の地であり、ひどく寒く、死のように冷たい。生は欲望によって流れはしない。欲望は生のじゃまをするのであって、生を助けはしない。

そこでサラハは言う。「冬となり……」――あなたのうちに欲望が生じるとき、それは冬の気候だ。

「……風にふるえる静かな水面」――そして思考が、千とひとつの思考が、あらゆる方向からやってくる。それが風の象徴しているものだ。風がやってくる。激しい風がやってくる。あなたは欲望する状態となり、渇望、野望、なりたいものでいっぱいになる。そうして思考が生じる。

実際、思考を招きよせているのは欲望だ。欲望しないかぎり、思考はやってくることができない。ちょっと欲望することをはじめれば、すぐに思考がやってくるのを見ることになる。ほんの一瞬前にはひとつの思考も存在していなかった。そうして車が通り過ぎると、欲望が生じる。あなたはその車を手に入れたくなる。さあ、千とひとつの思考が突如としてそこにある。欲望が思考を招きよせている。だから欲望が存在するとき、思考はあらゆる方角からやってきて、風が意識の湖に吹きつける。そして欲望は冷たい。思考は湖をふるわせつづける。

冬となり　風にふるえる静かな水面《みなも》
氷となりて　岩《いわお》のごとし

ん？　そして湖は凍りついてゆく。それは固体に、岩のようになってゆく。それは流動性を失う。凍りつく。これがタントラにおいて、心《マインド》と呼ばれているものだ。それに瞑想してごらん。心と意識は二つのものではなく、二つの状態だ。同じ事象の二つの相だ。意識は液状で、流れている。心は岩のようで、氷に似ている。意識は水に似ている。意識は水のようであり、心は氷のようだ。それは同じものだ。同じ水が氷になる。そしてその氷はふたたび溶けることもできる。愛によって、ぬくもりによって、それはふたたび溶けて水になる。

そして第三の段階は、水が蒸発して見えなくなり、消えてしまったときだ。それがニルヴァーナ、止滅だ。もうそれを見ることさえできない。水は液状だが見ることはできる。それが蒸発すると、まったく見えなくなる。それは非顕在の状態に入ってゆく。これが水の三つの状態だ。そしてそれは心の三つの状態でもある。心《マインド》は氷であり、意識《コンシャスネス》は液体の水であり、ニルヴァーナは蒸発だ。

迷いの者　めぐる思いに乱されて
かたちなきもの　固きものとす

湖の水はかたちをもたない。水はどんな容器にでも注ぎ入れることができる。水はその容器のかたちをとる。だが氷は、どの容器にでも注ぎ入れるわけにはいかない。それは抵抗し、戦うことだろう。

二つのタイプの人たちが私のもとにやってくる。一方は水のようにやってくる人だ。彼の明け渡しは純真であり、まったく無垢で子どものようだ。彼は抵抗しない。ワークはすぐにはじまる。時間をむだにする必要はない。そして、大きな抵抗とともに、恐れとともにやってくる人がいる。彼は自分自身を防衛し、武装している。すると彼は氷のようになる。彼に流動性をもたらすのはとてもむずかしい。彼を液状にしようとするあらゆる努力にたいして、彼は奮闘する。自己同一性《アイデンティティ》を失うかもしれないと心配している。彼は固体性を失うことになる。それは本当だ。だがアイデンティティではない。そう、彼は固体性がもっているアイデンティティは失うが、その固体性はみじめさ以外のなにものももたらしてはいない。

固体のとき、あなたは死んだ岩のようだ。なにもあなたのなかで花開くことはできない。あなたは流れることができない。流れているとき、あなたには生命力《ジュース》がある。流れているとき、あなたにはエネルギーがある。流れているとき、あなたには活力《ダイナミズム》がある。流れているときあなたは創造的だ。流れているときあなたは神の一部になる。凍りついてしまうと、あなたはもうこの大いなる流れの一部ではない。もうこの大いなる海の一部ではない。あなたは小さな孤島になり、凍りつき、死んでしまう。

迷いの者　めぐる思いに乱されて
かたちなきもの　固きものとす

心をゆきわたらせなさい。もっとかたちなき状態、定まった構造をもたない状態でいなさい。人格なしでいなさい。それがタントラの言おうとしていることだ。それを理解することでさえ、非常に困難だ。私たちは何世紀にもわたり、人格をもつように教えられているからだ。人格とは硬直した構造を意味する。人格とは過去のことであり、ある強制された訓練のことだ。人格が意味するのは、あなたはもう自由ではなく、ただ一定の原則にしたがうだけであり、けっしてその原則を超えることはないということだ。あなたは固体性をもつ。人格者とは固体的な人間だ。

タントラは言う。人格を落としなさい。流体でありなさい。もっと流れ、瞬間ごとに生きなさい。それは無責任を意味しているのではない。大いなる責任を意味する。なぜならそれは、大いなる気《アウエア》づきを《ネス》意味するからだ。人格によって生きるとき、気づいている必要はない。人格がめんどうをみてくれる。人格によって生きるとき、あなたは容易に眠ることができる。目覚めている必要はない。人格が機械的なやりかたでつづけてゆく。だがどんな人格ももたないとき、自分のまわりに確固とした構造がなにもないとき、あなたは瞬間ごとに目を見張っていなければならない。瞬間ごとに自分がなにをやっているのか見なければならない。瞬間ごとに新しい状況に応じなければならない。

人格者は死人だ。彼には過去はあるが未来はない。人格がない人は……。私はこの言葉を、あなたたちが誰かのことを「彼は人格に欠けている」といったように使うときと同じ意味で使っているのではない。〝人格がない〟という言葉を使うとき、あなたはそれを正しく使ってはいない。なぜなら、あなたが〝人格がない〟と呼ぶ人は、みんな人格をもっているからだ。それは社会に反しているかもしれない。だがその人には人格がある。あなたは彼のことも当てにすることができる。

聖人には人格があるし、罪人にも人格がある。どちらも人格をもっている。あなたが罪人のことを人格に欠けると言うのは、彼の人格を非難したいからだ。さもなければ彼には人格がある。あなたは彼を当てにできる。機会を与えれば彼は盗みをはたらく。彼にはそういった人格がある。機会を与えればきっと盗む。機会を与えればなにか悪いことをする。彼にはそういった人格がある。刑務所から出たとたん考えはじめる。「さあ、なにをやってやろう？」。ふたたび彼は刑務所にぶちこまれ、また釈放され……。誰かをまともにしたことのある刑務所など存在しない。実際、刑務所に入れることは、監禁することは、その人をいっそう巧妙にする。それがすべてだ。次にはそう簡単に逮捕することはできなくなるかもしれない。だがそれだけだ。あなたは彼にいっそうの賢明さを与えたにすぎない。だが彼には人格がある。

あなたには見ることができないだろうか？　酔っぱらいにはある人格がある。それはまったくもって確固たる人格だ。千と一回もう飲むまいと思うのだが、またしても人格が勝利をおさめる。彼はうち負かされる。

罪人には人格があり、聖人にも人格がある。

〝人格のない状態〟でタントラが言おうとしているのは、人格からの自由のことだ。聖人の人格も罪人の人格も、どちらもあなたを岩や氷のように固体にする。あなたにはどんな自由もない。容易に動くこともできない。もし新しい状況が生じたとしても、新しいやりかたで応じることはできない。あなたには人格がある。どうして新しいやりかたで応じられるだろう？　あなたは古いやりかたで応じるしかない。古い、既知の、よく訓練されたやりかた――。あなたはそれに熟練している。

人格は〝その場《アリ》にいない証明《バイ》〟になる。あなたは生きている必要はない。

タントラは言う。人格なしでいなさい。人格をもたずにいなさい。人格のない状態こそ自由だ。

サラハは王にこのように言っている。「王よ、私はかたちをもっていない。あなたは私を、学者という古い固体性に、宮廷の学匠《パンディット》にもどしたいのですか？　私を過去に引きもどしたいのですか？　私はそれを脱け出した。私は人格をもたない人間だ。私をごらんなさい！　私はもうどんな原則にもしたがってはいない。私は自分自身の気づきにしたがっている。私をごらんなさい。私にはどんな規律もない。私にあるのは意識だけだ。私の唯一のよりどころは意識だ。私はそれによって生きている。私には良識などない。意識が私の唯一のよりどころだ」

良識とは人格だ。それは社会の策略だ。どんな意識《コンシャスネス》ももつ必要がないように、社会はあなたのなかに良識《コンシャンス》を作りだす。それはあまりに長きにわたって、あなたを一定の原則にしたがわせてきた。あなたがしたがえば、社会はあなたに報酬を与える。あなたがしたがわなければ、社会はあなたを罰する。それはあなたをロボットにしてしまう。ひとたび社会があなたのなかに良識の機構を作りあげると、それはあなたを自由にできる。そうなるとあなたを当てにできる。あなたは一生奴隷でいることだろう。あたかもデルガードが電極を埋めこむように、社会はあなたに良識を組みこんでいる。それは一種の微妙な電極だ。だがそれはあなたを殺してしまっている。あなたはもはや流れではない。もはや活力《ダイナミズム》ではない。

サラハは王に言う。「王よ、私には定まった構造などありません。私はあらゆるかたちを脱け出した。私にはもうどんなアイデンティティもない。私は瞬間に生きている」

存在そのものがけがれなき心

迷悟の不純にそまることなし
泥に埋もれし貴き宝石
光は見えねど　輝きをもつ

「けがれなき心」とサラハは言う。心にどんな思考もないとき、つまり心が純粋な意識であるとき、心がさざ波ひとつない静かな湖であるとき、解釈する思考も分析的な思考もなく、心が哲学することなくただあるとき……。

タントラは言う。歩いているときには歩きなさい。坐っているときには坐りなさい。在るときには在りなさい！　考えることなく在りなさい。思考のいかなる妨げもなく、生があなたをとおして流れるままにしておきなさい。どんな恐れもなく、生があなたをとおして流れるままにしておきなさい。恐れるべきものなど存在しない。失うものなどありはしない。死が奪い去るのは誕生が与えたものだけなのだから、恐れるべきものなど存在しない。そしてそれは、いずれにせよ奪い去られることになる。だからなにも恐れることはない。

生があなたをとおして流れるままにしておきなさい。

存在そのものがけがれなき心
迷悟の不純にそまることなし

そしてサラハは言う。「あなたは私が不純になったのだと思っている。それで私を救い出し、清らかな人びとの世界へと連れもどすためにやってきたのでしょう？　私はいまや、けがれなき心の状態にいる。私はもう固い氷ではない。もうなにものも私をけがすことはできない。なぜなら、どんな思考も私のなかにさざ波を立てることはできないからだ。私は欲望をもっていない」

それゆえ、このとほうもない言葉を彼は口にする――。

迷悟の不純にそまることなし

「いや、それは可能ではない。〝悟りの世界《ニルヴァーナ》〟でさえ私をけがすことはできない！　〝迷いの世界《サンサーラ》〟についてはなんと言えばいいだろう？　この矢作《やはぎ》の女性が私をけがすことはできない。この火葬場も、私の狂ったような行動も、私をけがすことはできない。なにものも私をけがすことはできない！　私はけがれの彼方にいる。私はもう、けがれが可能な状態にはいない。ニルヴァーナでさえ私をけがすことはできない！」

〝ニルヴァーナでさえ〟〝ニルヴァーナの不純でさえ〟と言うとき、彼はなにを意味しているのだろう？　サラハはこう言っているのだ。「私はこの世を望みはしないし、ニルヴァーナも望みはしない」

欲望することが不純になることだ。欲望こそ不純なのだ。あなたがなにを望むかは関係ない。お金を望むこともできる。それは不純だ。権力を望むこともできる。それは不純だ。神を望むこともできる。それは不純だ。ニルヴァーナを望むこともできる。それは不純だ。欲望こそが不純なのだ。対象は問題ではない。なにを望むかは意味がない。欲望が問題だ！

欲望が生じる瞬間、思考がやってくる。ひとたび寒い冬の気候がそこにあれば、風が吹きはじめる。どのようにしてニルヴァーナに達するか、どのようにして光明を得るかを考えはじめるとしたら、あなたは思考を招きよせている。湖面はふるわされている。あなたはまたしても、断片へと凍りつきはじめる。固くなり、岩のようになり、死んだようになる。あなたは流れを失う。そして流れこそ生、流れこそ神、流れこそニルヴァーナだ。

だからサラハは言う。「なにものも私をけがすことはできない。私の心配はしないでください。私はある状態に達している。私は不純が可能でない状態に到達している」

泥に埋もれし貴き宝石
光は見えねど　輝きをもつ

「あなたは私を泥のなかに、きたない泥のなかにほうりこむこともできる。けれども、きたない泥はもう私をけがしはしない。私は貴い宝石のような状態に達している。私はいまや貴い宝石になっている。自分が何者なのかを理解している！　この宝石をどんな泥のなかにでも、どんな汚物のなかにでも投げこむことはできる。それは光を見せることはないかもしれない。けれどもその貴さを失いはしない。それはなおも輝きをもっている。それはいぜんとして貴重な宝石だ」

自分自身をのぞきこみ、みずからの超越的な意識を知る瞬間がおとずれるとき、なにものもあなたをけがすことはできない。

真理は体験ではない。真理は〝体験すること〟そのものだ。真理は気づきの対象ではない。真理とは〝気づき〟なのだ。真理は外側にあるのではない。真理はあなたの内面性だ。セーレン・キルケゴールは「真理とは主観性だ」と言う。真理が客観対象のようなものだとしたら、あなたはそれを得たり失ったりすることもできる。だが真理が〝あなた〟だとしたら、どうしてそれを失うことができるだろう？　ひとたび知れば、あなたは知ったのだ。そのとき逆もどりは存在しない。真理がなにかの体験だとしたら、それはけがされることもありうる。だが真理は〝体験すること〟そのものであり、あなたの内奥の意識なのだ。それはあなただ。あなたの存在だ。

闇のなか　知は輝きを見せずとも
闇の照らされしとき　苦はたちまちに消え去る

サラハは言う。「闇のなか　知は輝きを見せずとも……」。心の暗闇、定まったかたちをもつ存在の暗闇、自我《エゴ》の暗闇、思考の暗闇、千とひとつの思考……。あなたがタコのように自分のまわりに作りつづけている暗闇――。あなたが作りつづけているその暗闇のために、あなたの内奥の宝石は輝きを見せていない。さもなければ、それは光の灯火《ともしび》となる。ひとたび自分をおおうこの墨を、この黒い雲を作ることをやめれば、そのとき明知《イルミネーション》が存在する。

そして「苦はたちまちに消え去る」！　これこそタントラのメッセージ、大いなる解放のメッセージだ。他の宗教は、あなたは待たなければならないと言う。キリスト教、イスラム教、ユダヤ教は、〝最後の審判〟の日を待たなければならないと言う。そのときすべてが処理される。あなたがどんな善いことをし、どんな悪いことをしたか――。そうしてそれに応じて、あなたは報酬を与えられるか罰せられることになる。あなたは未来を、審判の日を待たなければならない。

ヒンドゥー教徒やジャイナ教徒、その他の人びとは、自分の悪行と善行を秤《はかり》にかけなければならないと言う。悪いカルマを落とし、善いカルマを増やしてゆかなければならない。そのためにもあなたは待たなければならない。それには時間がかかる。何百万もの生にわたり、あなたは無数のものごとを行なってきた。善と悪を選り分け、それを秤にかけるのは、不可能となるだろう。

キリスト教やユダヤ教やイスラム教の審判の日のほうが簡単だ。少なくとも、あなたは自分のやってきたすべてのことを処理する必要はない。神がめんどうをみる。彼が判断する。それは神の仕事だ。だがジャイナ教やヒンドゥー教は、あなたが自分の悪いカルマを調べ、悪を落として善と置きかえなければならないと言う。そのためにまた何百万生もかかりそうだ。

タントラは自由をもたらす。タントラは「苦はたちまちに消え去る」と言う。自分自身をのぞきこむ瞬間、その一瞬の内なるヴィジョンによって、苦しみは消え去る。なぜなら、苦しみは本当は存在していないからだ。それは悪夢だった。あなたが悪いカルマを積んだため、それが理由で苦しんでいるというわけではない。タントラは、あなたが苦しんでいるのは夢を見ているからだと言う。あなたはなにもしてはいない。善も悪も――。

これはとほうもなくすばらしい！　タントラは言う。あなたはなにもしていない。やっているのは神だ。やっているのは〝全体〟だ。どうしてあなたになにかできるだろう？　あなたが聖人だとしたら、それは神の意志だ。あなたが罪人だとしたら、それは神の意志だ。あなたはなにもしていない。どうしてあなたにできるだろう？　あなたは神から分離してはいない。どうしてあなたにできるだろう？　あなたは分離した意志などもっていない。それは神の意志、遍在の意志だ。

だからタントラは、あなたは善いことも悪いこともなにもしていないと言う。のぞきこまれなくてはならないのはこのことだ。これがすべてだ。あなたはみずからの内奥の意識を見つめなければならない。それは純粋だ。永遠に純粋だ。サンサーラにもニルヴァーナにもけがされはしない。ひとたびあなたの純粋な意識を見てとることができれば、あらゆる苦しみはやむ。即座に、たちまちに！　それには一瞬さえもかからない。

新芽は種子より萌《きざ》し
葉は新芽より育つ

そしてものごとは変わりはじめる。そのとき種子は破られる。タントラは、閉じた種子こそ自我《エゴ》だと言う。破られた種子は無我の状態だ。あなたは大地のなかに種子を埋める。その種子は消え去らないかぎり、破れて死なないかぎり、育つことはできない。自我は卵のようだ。その裏に隠されているのは成長の可能性だ。

ひとたび種子が破れると無我の状態になる。すると新芽が芽生える。新芽とは無思考、無欲、無心だ。そうして葉があらわれる。葉とは知ること、体験すること、明知《イルミネーション》、サトリ、サマーディだ。さらにまた花が生まれる。花とはサッチターナンダ――存在・意識・真理――だ。そして果実が実る。その果実がニルヴァーナ、存在世界のなかに完全に消滅することだ。ひとたび種子が破れるとすべてがあとにつづく。なされるべき唯一のことは、種子を大地のなかに埋めること、それが消え去るのをゆるすことだ。

師《マスター》は大地であり、弟子は種子だ。

最後の詩句《スートラ》――。

一また多として心をとらえる者は
光をしりぞけ　この世におぼれる

燃えさかる火のなかを目を開けて歩む
これ以上　慈悲にふさわしき者ありや
一また多として心をとらえる者は……

考えることはつねに区別をもたらす。それは分割する。考えることはプリズムのようだ。そう、心はプリズムのようだ。純粋な白光がプリズムのなかに入ると、それは七色に分かれる。虹が生まれる。この世は虹のようだ。心をとおして、心のプリズムをとおして、ただひとつの光、ただひとつの真理の光線が入りこむ。するとそれは虹になる。まやかしになる。この世はまやかしだ。

心は分割する。それは全体を見ることができない。それはつねに二元性の立場で考える。心は二元的だ。あるいは、心は弁証法的だと言ってもいい。それは定立《テーゼ》、反定立《アンチテーゼ》の観点で考える。愛について語るやいなや、憎しみが現前する。慈悲について語るやいなや、怒りが現前する。強欲について語るやいなや、その反対のものが、慈善が現前する。慈善について語れば、強欲が現前する。それらはともに連れ立っている。ひとつの包みに入っている。分離してはいない。だが心はたえずそうしたものを作りだしている。

「美しい」と口にすれば、「醜い」とも言っているのだ。醜さがなにかを知らないとしたら、どうして「美しい」と言えるだろう？　あなたは分割したのだ。「神聖な」と言えば、あなたは分割している。

あなたは「冒瀆的な」とも言っている。「神」と言えば、あなたは「悪魔」ももち出している。悪魔が存在することなしに、どうして「神」と言えるだろう？　彼らはともに連れ立っている。

心は分割する。そしてリアリティはひとつ、不可分のひとつだ。それならどうすればいいのだろう？　心をわきにのけなければならない。プリズムをとおして見てはならない。プリズムを押しのけ、白光が、存在世界《イグジスタンス》の全一性が、あなたの存在《ビーイング》を貫くようにするのだ。

一また多として心をとらえる者は　光をしりぞけ　この世におぼれる

一とか多とか、二元とか不二とか考えているのなら、概念のなかで考えているのなら、あなたはこの世におぼれている。光をしりぞけている。二つの可能性しか存在しない。心をしりぞけるか、あるいは光をしりぞけるかだ。それはあなたの選択だ。

ある男がかつてラーマクリシュナのもとをたずねた。彼はラーマクリシュナを大いに賞讃し、何度もラーマクリシュナの足に触れた。そして彼はこのように言っていた。

「あなたはまったく偉大です。あなたはこの世を放棄なさいました。まったく偉大なかたです！　どれほどのものを放棄なさったことか！」

ラーマクリシュナはそれを聞くと笑って言った。

「待ちなさい！　あなたはあまりにもはずれている。真実はちょうどその反対だ」

「どういう意味ですか？」とその男。

ラーマクリシュナは言う。

「私はなにも放棄してはいない。放棄しているのはあなたのほうだ。あなたは偉大な人だ！」

「からかっているのですか？　私が放棄しているですって？　私は世俗的な人間です。ものごとに耽溺しており、千とひとつの欲望があります。非常に野心的ですし、ひどく金銭にとりつかれています。どうしてこの私が、偉大だなどと呼ばれることがありましょう。いえいえ、あなたは冗談をおっしゃっているにちがいない」とその男。

するとラーマクリシュナは言った。

「そうではない。私の前には二つの可能性があったし、あなたの前にも可能性は二つあった。あなたはこの世を選び、神を放棄した。私は神を選び、この世を放棄した。どちらが真の放棄者だろう？　あなたはより偉大なものを、より価値あるものを放棄し、無意味なものを選んだ。そして私は無意味なものを放棄し、価値あるものを選んだ。すばらしいダイヤモンドと石があるとしたら、あなたは石を選んでダイヤモンドを捨てた。私はダイヤモンドを選んで石を捨てた。それなのに、あなたは私を偉大な人と呼ぶのかね？　偉大なる放棄の人と？　あなたは狂っているのかね！　私は神に耽溺している。私は貴重なほうを選んだのだ」

そう、私もラーマクリシュナに同意する。マハーヴィーラ、仏陀、イエス、マホメット、サラハ、彼らは放棄などしていない。彼らは耽溺している。正しく耽溺している。真に楽しんでいる。存在世界を祝っている。ありきたりの石を追い求めている私たち、その私たちこそ偉大な放棄者だ。

二つの可能性しか存在しない。心を放棄して光を選ぶか、光を放棄して心を選ぶかだ。それはあなたしだいだ。

一また多として心をとらえる者は
光をしりぞけ　この世におぼれる
燃えさかる火のなかを目を開けて歩む
これ以上　慈悲にふさわしき者ありや

サラハは言う。「王よ、あなたは私を救うためにやってきた。あなたは自分のことを、私にたいして慈悲深いと思っている。たしかに、あなたの王国全体がこんなふうに考えるでしょう。〝王は火葬場にまで出かけていった。彼のサラハへの慈悲はどれほどのものだろう！〟——。あなたは慈悲のためにやってきたと考えているのですか？　私は笑ってしまう。実は、慈悲を感じているのは、ほかならぬ私のほうです。あわれに感じているのは私のほうです。あなたはばか者だ！」

「あなたの目は開いているように見えても、開いてはいない。あなたは盲目だ！　あなたは自分がなにをしているのかを知らない。この世界に生きながら、あなたは自分が楽しんでいると思っているのですか？　あなたはただ、燃えさかる火のなかにいるにすぎない」

仏陀が彼の宮殿を離れ、彼の王国の国境を離れるとき、まさにそのようなことが起こった。彼は御者に言った。「もうもどりなさい。私は密林に入ってゆくつもりだ。私は放棄した」

年老いた御者は言った。「王子よ、私は充分に老いています。あなたのお父上よりも年をとっています。私の忠告をお聞きなさい。あなたはまったくばかなことをしようとしています！　この美しい王国、この宮殿、美しい妻、すべての人間があこがれるあらゆるぜいたくをあとにするとは――。いったいどこに行くおつもりですか？　そしてなんのために？」

仏陀はその大理石の宮殿をふり返ると、こう言った。「私には、火のほかにはなにも見えない。燃えさかる火のほかには――。この世のすべてが火で燃えている。それに私は放棄しようとしているのではない。放棄にあたいするものなどなにもないからだ。私はただ、火から逃れようとしているだけだ。いいや、私にはどんな宮殿も見えない！　私はそこにどんな喜びも見ない」

サラハは王に言う――。

燃えさかる火のなかを目を開けて歩む
これ以上　慈悲にふさわしき者ありや

「王よ、あなたは私を助けようという慈悲のためにやってきたのでしょう？　いいえ、状況はちょうどその反対だ。私はあなたに慈悲を感じている。あなたは燃えさかる火のなかで生きている。気をつけなさい！　目を見張りなさい！　目を覚ましなさい！　そして、できるだけ早くそこから脱け出しなさい。美しきもの、真なるもの、善なるもののすべては、無心によってのみ知られ、体験されるのだから――」

タントラとは、あなたのうちに無心を創造するプロセスだ。無心こそニルヴァーナへの扉だ。

サンサーラとは

第10話

30 April 1977

最初の質問。これはプラバから——。
親愛なる和尚、ヒングル・ディ・ジュ、ビピティ・ジャン・ダン——ドゥー・ラン・ナン、ディ・ジュン・ブン。ヒングル・ディ・ジビッティ・ダンジェリィ・ジー。

こいつはすごい、プラバ！　すばらしい。まったくぶっとんでるぜ、ベイビー。私はおまえを正気にさせているようだね。もうあと一歩だ。そうすれば悟りが……。

二番目の質問——。
祈りは役にたつのでしょうか？　もしそうなら、どのようにして祈ればいいのか教えてください。私が言っているのは、神の愛を受けとるための祈り、神の恩寵を感じるための祈りのことです。

第一に、祈りは役にはたたない。これっぽっちもだ。祈りに使いみちはないし、有用性はない。それは日用品のようなものではない。それを役だてることはできない。それは〝物〟ではない。それはなにかほかのもののための手段ではない。どうして役だてることなどできるだろう？

質問した人の心は理解できる。いわゆる宗教は、祈りが神にいたるための手段だと教えている。そうではない！　祈りこそ神なのだ。それはなにかに向かうための手段ではない。祈りに満ちていることはそれ自体が目的だ。祈りに満ちているとき、あなたは神性だ。祈りがあなたを神へと導くというのではない。祈りに満ちていることで、あなたはみずからの神性を発見する。

祈りは手段ではない。それ自体が目的だ。

だが、このようなあやまった考えが、何世紀にもわたって人間の心のなかに固持されてきた。愛もまた手段になってしまった。祈りもそうだし、瞑想もそうだ。手段にすることが不可能なものが、すべておとしめられてしまった。そしてそれゆえ、その美しさは失われてしまった。

愛は役にたたない。祈りもそうだ。瞑想もそうだ。

「祈りは役にたつのでしょうか？」とたずねるとき、あなたは〝祈り〟という言葉が意味するものを理解していない。あなたは貪欲だ。あなたは神を求めている。神をひったくりたい。さあ、あなたはひったくるための方法や手段を見つけようとしている。だが神は、ひったくることのできないものなのだ！

神を所有することはできない。神を自分のものにすることはできない。神を解明することはできない。神を体験することはできない。それなら、神にたいしてなにができるというのだろう？　できることはひとつしかない。神であることならできる。ほかにできることはない。なぜなら、あなたは神だからだ。それをみとめようとみとめまいと、それを悟ろうと悟るまいと、あなたは神だ。そして、すでにそうであることだけがなされうる。すでに起こっていることだけがなされうる。新しいものはなにもつけ加えることはできない。できるのはあらわにすること、発見することだけだ。

だからまず第一に、祈りは有用なものではない。祈りを役だてる瞬間、あなたはそれを醜くしてしまう。祈りを役だてることは冒瀆行為だ！　そして祈りを役だてるようにと告げる者はみな、非宗教的であるだけでなく、反宗教的だ。その人は自分がなにを言っているのかわかっていない。彼はたわごとを語っている。

祈りに満ちていなさい。それになにか有用性があるからではなく、それが喜びだからだ。祈りに満ちていなさい。それによってあなたがどこかに到達するからではなく、それよってあなたが在るからだ！　それによってあなたが存在するようになるからだ。それによってあなたは現前する。それなしではあなたは不在だ。それはどこか未来にある目標《ゴール》ではない。祈りとは、すでに存在し、すでに実状である現瞬間の発見だ。

そして〝物〟の観点で考えてはならない。さもないと、祈りは宗教の一部ではなく経済の一部になってしまう。それが手段だとしたら、そのときには経済の一部になる。すべての手段は経済の一部だ。究極目的は経済を超えている。宗教は目的に関わっているのであり、手段に関わっているのではない。宗教はどこかに到達することにはまったく関わっていない。宗教が関わっているのはただひとつ、それは私たちがどこにいるのかを知ることだ！

祈りとはこの瞬間を祝うことだ。祈りとは〝いまここ〟にいることだ。この鳥たちに耳をすますことが祈りだ。あなたのまわりにいる人たちの現前を感じることが祈りだ。愛をもって木に触れることが祈りだ。深い敬意をもって、生命にたいする敬いの心をもって子どもを見つめることが祈りだ。

だからまず、「祈りは役にたつのでしょうか？」とたずねてはならない。


そして次に、「もしそうなら、どのようにして祈ればいいのか教えてください」とあなたは言う。〝もし〟ではじめるなら、祈りは教えられない。〝もし〟ではじめることそのものが、疑いのはじまりだ。〝もし〟は祈りに満ちた心の一部ではない。祈りはどんな〝もし〟も存在しない信頼を必要とする。それはそうなのだ。それは絶対的にそうなのだ。

未知のもの、目に見えないもの、顕在していないものを信頼できるとき、祈りが存在する。〝もし〟ではじめるなら、祈りはせいぜい仮説にすぎない。それなら祈りは理論になってしまうが、それは理論ではない。祈りは物ではないし理論ではない。祈りは体験だ。〝もし〟ではじめることはできない。

出発点そのものがまちがっている。あなたはまちがった方向に一歩を踏み出している。〝もし〟を落としなさい。するとあなたは祈りのなかにいる。すべての〝もし〟を落としなさい。仮定的なものごとによって生をおくってはならない。「もしこれがそうなら、もし神が存在するなら、それなら私は祈る」――。だが神がただの仮定にすぎないとしたら、どうして祈ることができる？　神が〝のようなもの〟にすぎないとしたら、あなたの祈りも〝のようなもの〟にすぎない。それはむなしいうわべだけの身ぶりとなる。あなたは礼拝しいくつかの言葉を唱える。だがハートはそこにない。ハートはけっして仮定とともにはない。

科学は仮定によって機能する。宗教は仮定によって機能しない。

あなたはこうたずねているようなものだ。「もし愛が存在するなら、私に愛を教えてください」。もし愛が存在するなら？ それなら、あなたのハートのなかではなにもゆり動かされてはいない。春はまだ来ていない。愛と呼ばれるそよ風はあなたに触れていない。あなたは誰かほかの人が愛について語っているのを聞いたにちがいない。なにかの本で読んだにちがいない。ロマンチックな詩を読んでいたのにちがいない。「愛」という言葉はあなたにとどいたが、愛の体験はただ一瞬も存在してはいない。それであなたは、「もし愛が存在するなら教えてください」とたずねる。だが、愛は〝もし〟といっしょでは教えられない。

愛や祈りや至福の瞬間を、ひとつも体験したことがないのだろうか？ 私はそれほどあわれな人間にはひとりも出会ったことがない。夜の静寂《しじま》に耳をかたむけたことはないかね？ それによって心を動かされたことは？ それに触れられたことは？ それによって変わってしまったことは？ 地平線に昇る日の出を見たことはないかね？ 昇る太陽と深い相互交流のようなものを感じたことはないだろうか？ いたるところから降り注ぐ、いっそうの生命力を感じたことは？ わずかのあいだかもしれないが――。そして人間の手をとったことはないかね？ なにかがあなたからその人へ、その人からあなたへと流れはじめたことはないだろうか？ 二人の人間のスペースが重なり合い、おたがいに流れこむという体験をしたことは？　あるいはバラの花を見つめ、その芳香をかいだことはないかね？　そうして一瞬のうちに、別世界に連れ去られたことはないだろうか？

祈りの瞬間とはこのようなものだ。〝もし〟によってはじめてはならない。人生の美しい瞬間をすべて集めなさい。それらはみな祈りの瞬間だ。祈りの聖堂をそれらの瞬間の上に築きあげなさい。〝もし〟ではなく、それを土台にするのだ。〝もし〟のレンガは偽物だ。確かなもの、絶対的に確かなものによって土台を築きなさい。そのときはじめて、そのときにのみ、祈りの世界へと入ってゆく可能性が存在する。それは壮大な世界だ。それには始まりはあるが終わりはない。それは大洋のようだ。

だから、「もしそうなら」と言わないでほしい。それはそうなのだ！　あなたがまだそう感じていないのなら、みずからの生をのぞきこみ、美や愛に関する、心を超えた体験に関する確かなものを見つけだしなさい。そういったものすべてを呼び集めなさい。

心の通常の習性は、そういったものを集めることではない。それらは論理的な心に反しているからだ。だから私たちは、けっしてそれらに注意をはらわない。それらは起こっている。すべての人に起こっている。くり返させてほしい。誰もそれほどあわれではない。それらはもっともあわれな人にも起こっている。人間はそのようにできている。人間はそういうものなのだ。それらは起こらざるをえない。だがそれらは危険な瞬間であるため、私たちは注意をはらおうとしない。もしそれらが本物だとしたら、私たちの論理的な心になにが起こるだろう？　それらはまったく非合理な瞬間だ。

さて、鳥の声に耳をかたむけていると、あなたの内側でなにかが歌いはじめる。これはまったく非合理だ。それがどのようにして起こっているのか、なぜ起こっているのか、解明することはできない。いったいどうしてそうなるのか？　心は途方にくれる。心に残された唯一の道は、それに注意をはらわないことだ。そんなことは忘れてしまえ！　それはただの気の迷いだ。ある異常な瞬間だったのかもしれない。一時的に狂っていたのかもしれない——。心はこういったものごとをこのように解釈する。それはなんでもなかった。ただの気分にすぎなかった。あなたは感情的になっていた。感傷的になっていた。それがすべてだ。そのなかに真正な体験などなにもなかったのだ。

これが否定するためのやりかただ。ひとたび否定するようになると、あなたは祈りの生の基盤となる瞬間をもたなくなる。それゆえの「もしそうなら……」という質問だ。

私の最初の提案はこれだ。みずからの生のなかに入ってゆき、そのようなすべての瞬間を思い出しなさい。あなたは渚で貝殻を拾う子どもだったにちがいない。太陽は照りつけ、風は潮の香をふくみ肌をさすようだった。そしてあなたはとほうもない喜びのなかにいた。どんな王様もそれほど喜びにあふれていたことはない。あなたはほとんど世界の頂点にいた。あなたは皇帝だった。思い出しなさい……。それが土台を築くのにふさわしいレンガだ。

あなたは蝶々を追いかける幼い子どもだった。それは祈りの瞬間だった。あなたははじめて、女性あるいは男性と恋に落ちた。ハートは激しく高鳴り、ゆり動かされた。そして新たなかたちで夢想するようになった。それは祈りの瞬間だった。あなたの初恋、はじめての親密な関係——。

あなたの過去から、心を超えたなにかに関して、いくつかの確かなものを集めなさい。心が口出しすることのできないもの、心が分析することのできないもの、心にとってまったく手のとどかないものを――。そのような超えたる瞬間を呼び集めなさい。たとえわずかであってもそれで充分だ。それなら、どんな〝もし〟も存在しない。あなたは確かなものとともに進んでゆける。そのときにはどんな仮説も存在しない。信頼が存在する。

もしそれが子どものとき起こりえたのなら、なぜいま起こりえない？　なぜ？　そのような不思議の瞬間を集めなさい！　あなたがわくわくしていた瞬間を――。

つい先日、私はある男の話を、きわめて純朴でかなり年老いた男の話を読んでいた。そしてイギリスの哲学者であり思想家であるジョンソンが、その老人といっしょに滞在していた。朝になり、彼らが紅茶を飲んでいるとき、老人はこう言った。

「ドクター・ジョンソン、わしも若いときには哲学者になろうとしていたと知ったら、あんたは驚くかもしれんな」

「それでどうなったのです？　なぜ哲学者になれなかったのですか？」ジョンソンはたずねた。

その男は笑ってこう言った。

「ところが、わしの人生には何度も愉快な思いが噴出してしまった。陽気さが――。その陽気さのおかげで、わしは哲学者にはなれなかった。何度も何度も、懸命にそれを抑えようとしたんじゃがな！」

私はこの答えが好きだ。そういった愉快な瞬間が祈りの瞬間だ。哲学者は祈ることができない。思想家は祈ることができない。なぜなら、すべての思考は〝もし〟とともにはじまるからだ。すべての思考は疑いとともにはじまる。そして祈りは信頼とともにはじまる。

それゆえにイエスは言う。「幼子《おさなご》のような者だけが神の王国に入ることができる」。その目が不思議に満たされている者、それぞれの瞬間が驚きの瞬間である者、そのハートがいまもわくわくすることに開いている者、そのような者だけが――。

だからまず〝もし〟を落とし、なにか確かなものを集めなさい。それが祈りの最初のレッスンだ。

次にあなたは「どのようにして祈ればいいのか教えてください」と言う。

「どのようにして」などない。祈りはテクニックではない。瞑想を教えることはできる。それはテクニック、メソッドだ。祈りはメソッドではない。それは恋愛だ! あなたは祈ることはできるが、祈りを教えることはできない。

それはかつて起こった。イエスの弟子の何人かが「主よ、私たちに祈りを教えてください。どのようにすればいいのか教えてください」とたずねた。そしてイエスはどうしたと思う? 知っているかな? 彼はまさに、禅師ならそうしただろうと思うようなやりかたでふるまった。彼はただ大地にひざまずき、祈りはじめた! 彼らは困惑して見ていた。肩をすくめていたにちがいない。「私たちは教えてくれるように頼んだのに、彼はなにをしているのだろう? 彼は祈っている。でも、どうして彼の祈りが私たちの役にたつだろう?」。あとになって彼らはたずね、そしてイエスはこう言ったにちがいない。「だがそれが唯一の道なのだ。テクニックなど存在しない!」

イエスは祈った。ほかになにができる?　もう少し注意深ければ、彼らはイエスの手をとったり、あるいは長衣《ローブ》に触れたりして、イエスのそばに静かに坐っていただろう。高みに達していただろう。なにかがそこで起こっていただろう。

私はあなたに祈りを教えることはできない。だが、私は祈りだ。そして私は、祈るためにひざまずく必要はない。私が祈りなのだ。ただ私の存在を吸収しなさい。できるだけ私を、私の現前を飲みほしなさい。するとそれが、祈りとはなにかを教える。毎朝のように、私はあなたに祈りを教えている!　あなたが私のもとに来るとき、毎瞬のように祈りを教えている。私は祈りのなかにある!　ただ少しばかり開いていなさい。ただあなたの扉を開けておきなさい。私のそよ風があなたを通りぬけるままにしておきなさい。それは伝染病だ。祈りは感染する。

私はあなたに、どのようにして祈るのかを教えることはできない。だがあなたを祈りに満ちた人にすることはできる。私の現前にもっと波長を合わせなさい。

そしてこのような疑問を心のなかに保っていてはならない。それは障壁になるからだ。ただ感じやすくありなさい。するとそれは起こる。ある日突然、あなたはハートが歌っているのを知る。内側でなにかが踊っているのを知る。なにか新たなエネルギーが……。それはまるで、暗い夜に突如として、光のきらめきがあなたの存在に入ってきたかのようだ。

これが祈りだ！　あなたがそれを行なうことはできない。あなたにできるのは、ただそれが起こるのをゆるすことだけだ。瞑想はなしうるが、祈りはなしえない。その意味では、瞑想のほうが科学的だ。それは教えることができる。だが祈りは？　祈りは絶対的に非科学的だ。それはハートのことがらだ。

私を感じなさい。するとあなたは祈りを感じる。私に触れなさい。するとあなたは祈りに触れる。私に耳をかたむけなさい。するとあなたは祈りで満たされた言葉を耳にする。

そしてときには静かに坐り、対話が、〝存在〟との対話があるようにしなさい。〝存在〟を神、父、あるいは母と呼んでもいい。なんでもかまわない。だがいかなる儀式形式もくり返してはならない。キリスト教の礼拝をくり返してはならない。ヒンドゥー教の礼拝をくり返してはならない。ガーヤトリー讃歌をくり返してはならない。ナモーカールをくり返してはならない。インドのものも、チベットのものも、中国のものも、どんなマントラもくり返してはならない。くり返してはだめだ！　あなた自身のマントラを創造しなさい。オウムになってはならない。自分の思うままに、神になにかを言えないのだろうか？　そして予行演習してはならない。その準備をしてはならない。幼い子どもが父親や母親に向かい合うように、そのままで神に対面できないのだろうか？　神になにか言えないのだろうか？　「ハロー」と言えないのだろうか？

祈りが起こるにまかせなさい！　その準備をしてはならない。準備された祈りは偽りの祈りだ。そしてくり返される祈りは機械的なものにすぎない。あなたはキリスト教の礼拝をくり返すこともできる。あなたはそれを詰めこまれている。それはあなたに押しつけられている。夜になるとそれをくり返し、そうして眠りにつくことはできる。だがそれはあなたを気づかせはしない。なぜなら、それは感応として行なわれているのではないからだ。

私は偉大な数学者の話を聞いたことがある。彼は毎夜、ただひとつの言葉で祈っていたものだ。彼は天空を見つめるとこう言っていた。「同前」——。

昨日と同じことを毎日くり返すことになんの意味がある？　同じ祈りを何度もくり返して、いったいなにをやっているのだろう？　〝同前〟のほうがましだ！　なぜ毎日のように、同じことのくり返しで神を悩ませる？　なにか言うことがあれば、それを言いなさい。言うことがなければ、ただ「今日はなにも言うことがありません」と言いなさい。

あるいはただ沈黙していなさい。なにかを言う必要がどこにある？　だが真実でありなさい。少なくともあなたと〝全体〟とのあいだには、真実を存在させなさい。それが祈りというものだ。ハートを開いていなさい。

聞いた話だ——。

モーゼは森を通りぬけようとしていた。するとある男に出会った。羊飼いの貧しい男、ぼろぼろの衣服をまとった、うすよごれた貧しい男だ。そして彼は祈っているところだった。それは礼拝の時間であり、彼は祈っていた。モーゼはちょっとした好奇心から、彼の後ろに立って聞いていた。そしてモーゼは、これはいったいなんという祈りだろうと信じられない思いだった。というのも、彼はこう言っていたからだ。

「神様、おれが死んだらあんたの天国に入れてくれよ。あんたのめんどうはおれがみるからさ。あんたにシラミがいたら、おれが取ってやる」

彼にはシラミがついていた。だから彼はたしかにこう言っていたのだ。

「あんたにシラミがいたら、おれが取ってやる。すごくいい風呂に入れてやるし、めしも作ってやる。おれは本当にめしを作るのがうまいんだぜ。そしてあんたの羊の世話をしてやるよ。あんたにミルクを用意してやる。あれもやるしこれもやる……。それにおれはマッサージもうまいんだぜ!」

もうそれはあんまりだった。彼がシラミのことにおよんだとき、それはもうあんまりだった。モーゼはただ彼をゆすぶってこう言った。

「いったいなんというたわごとを言ってるんだ! シラミを取るだと? それなら神にシラミがいるというのか?」

貧しい男は不安になった。彼は言った。

「おれにははっきりとはわからない。まだ神様に会ったことはないんだ。おれにわかるのは自分のことだけだ。おれにはシラミがいるんだよ」

モーゼは言った。

「やめろ! 二度とこんなふうに祈るんじゃない! これは冒瀆だ。おまえは地獄に落ちるだろう!」

その男は震えあがって冷や汗を流しはじめた。彼は言った。

「でもおれはずっとこうやってきたんだ。なんでも心に浮かんだことを言ってるんだ。それにおれは知らないんだ。正しいやりかたを教えてくれよ」

モーゼは彼に正しい祈りかたを教えた。そして貧しい羊飼いは、彼の羊とともに去っていった。すると突然、神は森中に雷鳴をとどろかせた。神は非常に腹を立てていた。神はモーゼに言った。

「このばか者！　私がおまえを地上につかわしたのは、人びとを私のもとに連れてくるためだ。それなのにおまえは、私の人びとを、愛する者を、私から遠ざけようとしている。彼は熱愛者だった。最高の礼拝者のひとりだった。それなのにおまえは、彼のハートを破壊してしまった。彼の信頼を破壊してしまった。行って彼にあやまり、おまえの祈りを撤回するのだ！」

そしてモーゼは出かけてゆき、その羊飼いの足もとにひれ伏して言った。

「勘弁してください。私をゆるしてください！　私がまちがっていました。あなたは正しかったのです。神はあなたのことをおみとめになっています。私の祈りは取り消さなくてはなりません」

まさにこれが祈りのあるべき姿だ。あなたの祈りを育みなさい。それを起こらせなさい。そう、神とむだ話をしたい感じがするときには、いつでもそのような瞬間を待ちうけていなさい。そしてそれを毎日くり返す必要はない。そんな必要はない。そんな感じがしたときでいい！　それをあなたの感性から出てくるものにしなさい。それから儀式を作りだしてはならない。

ときには風呂に入っているとき、シャワーの下にいると、不意に祈りたい衝動を感じる。そうなるままにありなさい。それは完璧にいい。風呂場は完璧に問題ない。どんな教会に行く必要もない。衝動が存在するその瞬間、風呂場は教会になる。祈りをそこに存在させなさい。ちょっとしたむだ話をするのだ！　するとそれがどれほどすばらしいものか、驚くことだろう。祈りがハートから生じるとき、それは聞きとられる。それは応じられる。

ときには女性と愛を交わしているとき、不意に祈りの衝動が生じることもある。まさにその瞬間に祈りなさい！　それよりふさわしい瞬間を見つけることはできない。あなたは神にもっとも近づいている。生命エネルギーのもっとも近くにいる。オーガズムが降り注ぐとき……祈りなさい！　だが待ちうけているのだ。それを儀式にしてはならない。ものごとを自然なものにすること、それがタントラの姿勢のすべてだ。

そして最後にあなたは言う。「私が言っているのは、神の愛を受けとるための祈り、神の恩寵を感じるための祈りのことです」

またしてもあなたの質問はおかしい。「私が言っているのは、神の愛を受けとるための祈りのことです」――――。あなたは貪欲だ！　祈りとは神を愛することだ。そう、愛は千倍にもなって神からやってくる。だがそれは望むべきことではない。それはことのなりゆきだ。成果ではなく、なりゆきだ。そう、愛は洪水のようにおとずれる。あなたが神のほうに一歩を踏み出せば、神はあなたのほうに千歩を踏み出す。あなたが神に一滴をさし出すと、愛の一滴を捧げると、神の大洋全体があなたの手にとどく。そう、それは起こる！　だがそれは欲望であるべきではない。欲望はよくない。たんに神の愛を求めているだけなら、そのために祈っているのなら、あなたの祈りは取り引きだ。それはビジネスだ。そしてビジネスには気をつけなさい！


アメリカのどこかにある小さな学校で、教師が少年たちにたずねていた。

「人類の歴史のなかでもっとも偉大な人は誰でしょう？」

もちろん、アメリカ人は「アブラハム・リンカーン」と言い、インド人は「マハトマ・ガンディー」、イギリス人の少年は「ウィンストン・チャーチル」といったぐあいに答えはつづいた。そうして幼いユダヤ人の少年が立ち上がり、「イエス」と言った。その少年が勝利をおさめた。彼がごほうびを勝ちとった。だが教師は彼にたずねた。

「君はユダヤ人だろう。なぜイエスと答えたんだね？」

少年は答えた。

「ぼくは、心のなかではずっとモーゼだとわかってたんだ。でも、ビジネスはビジネスだからね」

祈りをビジネスにしてはならない。それを純粋な捧げものにしなさい。それをただハートからさし出しなさい。なにも見返りを求めてはならない。すると多くのものがやってくる。千倍も百万倍も、神があなたのほうに流れてくる。だがもう一度心にとめなさい。それは成果ではなく、なりゆきだ。

三番目の質問――。

あなたは、男性が二つのタイプの女性を必要とするというユングの考えに言及されました。歴史的に見ると、多くの男性がそのように感じているようです。その一方で、ほんのわずかの女性だけが、一時にひとりより多くの男性を必要とするように見えます。男性の心理におけるこのような観念には、なにか重要なものがありうるのでしょうか?

質問はアナンド・プレムからだ。第一のこと――。彼女は言う。「歴史的に見ると、多くの男性がそのように感じているようです」。歴史はたわごとにすぎない。そして、歴史は男性によって作りだされている。どんな女性も歴史を書いてはいない。それは男性志向であり、男性支配、男性管理の産物だ。それは偽りの歴史だ。

男は、女性を容易に食いものにでき、そして女性が反逆することさえできないようなやりかたで、女性を条件づけてきた。奴隷はつねに、反逆することができないように催眠術をかけられなくてはならない。男は、女性が男の望むようなかたちで考えるよう、女性の心を条件づけてきた。

あなたは言う。「歴史的に見ると、多くの男性がそのように感じているようです」。それは男性のほうが自由だからだ。彼らが主人だからだ。女性は奴隷のように生きてきた。女性は隷属を受け容れてきた。あなたはその隷属を完全に捨て去り、脱け出さなければならない。

つい先日の夜、私はこんな話を読んでいた。女性に魂があるかどうかを決定するため、すべての偉大なキリスト教指導者たちによる、大規模なキリスト教会議が六世紀にもよおされた。幸運にも、彼らは女性に魂があると決定した。だがそれはただ一票によるものだった。それはたいした勝利ではない。一票の得票差！　ほんの一票少なければ、歴史的に見ると、あなたにはどんな魂もなかったことだろう。この魂のことなど、たいしたことではない。

男は女性の心理のすべてをひどくしいたげてきた。そしてあなたが目にするものがなんであれ、それは本当は女性の心理ではない。それは女性のなかに男が作りだした心理、男が創作した心理だ。自由になればなるほど、あなたもまた同じように感じるだろう。男性と女性は、本当は考えられているほどにはちがっていない。両者は異なってはいる！　その生理機能は異なっているし、たしかにその心理も異なっている。だがまったくちがうものではない。相違点よりも類似点のほうが多い。

ちょっと考えてごらん。毎日同じものを食べている男性はうんざりしてしまう。では女性は？　彼女はそれでうんざりするのかしないのか？　彼女もまたうんざりする。両者のちがいがどこにある？うんざりするのは、女性にとっても男性と同じように自然なことだ。そしてセクシュアルな関係がスピリチュアルな親密さに進化しないかぎり、それは退屈なものになる。

それをきわめて明晰にしておきなさい。セクシュアルな関係そのものは、永続的なものにはなりえない。セックスに関するかぎり、それは一時的なものだからだ。ひとたびある女性と愛を交わせば、本当は彼女とは終わっている。あなたはもう興味がない。なにかセクシュアルな関係以上のものが二人のあいだに生じないかぎり、なにかより高いもの、スピリチュアルな触れ合いが生まれないかぎり……。それはセックスを通じて生じうるし、生まれるべきものだ。さもなければ、セクシュアルな関係は肉体的なものにすぎない。なにかスピリチュアルなものが、スピリチュアルな結婚のようなものが起これば、そのときにはなにも問題はない。あなたたちはいっしょにいることができる。そうして、あなたが男でも女でも、ほかの女性や男性のことを考えることはなくなる。それは完了している。あなたはソウルメイトを見つけたのだ。

だが、関係が肉体的なものにすぎないとしたら、肉体は飽きるし退屈する。肉体はスリルを必要とする。新しいものを、興奮を必要とする。肉体はつねになにか新しいものを渇望している。


女子国防軍のドライバーは、ソールズベリー平原を越えてゆく長旅のすえ、真夜中になって目的地である辺境の野営地にたどり着いた。護衛隊の伍長は、彼女にトラックを置く場所を指示するとこう言った。

「君は今夜どこで寝るつもりだい？」

少女は、自分にできるのは運転席で寝ることしかないと説明した。それは寒い夜だった。そこで伍長はしばらく考えてから言った。

「もしよかったら、私の寝台を使ってもいいよ。私は床の上に寝るから」

その申し出は感謝とともに受け容れられた。少女は寝台にもぐりこんだあとで、固く冷たい床の上で寝ている伍長がとても気の毒になった。そして身をのり出すとこう言った。

「これはよくないわ。起きて、私といっしょに詰めて寝ませんか？」

そうすることにして、伍長は言った。

「さて、どうしよう？　君は独身で寝たいかい？　それとも結婚して寝たいかい？」

少女はくすくす笑うとこう言った。

「結婚して寝るほうがすてきだと思うわ。どう？」

「いいとも。私は口やかましいほうじゃないからね。それじゃあ結婚して寝よう」

彼はこう言うと、彼女に背中を向けて眠りはじめた。


結婚は退屈させる。それゆえ、世界中でこれほど多くの退屈した顔を目にするのだ。結婚はとほうもない倦怠だ。スピリチュアルななにかがそのなかで起こらないかぎり……。それはまれだ。それで男は外を見るようになる。女性もまた外を見るが、彼女は自由ではない。だから数多くの売春婦は見つかるが、男の売春夫はそれほど見あたらない。そう、彼らはロンドンにはいると思う。少しはね。

だが男の売春夫はほとんど存在しないようなものだ。なぜだろう?

売春は結婚の副産物だ。そして結婚が消え去らないかぎり売春は残る。それは副産物なのだ。それは結婚とともにのみつづいてゆく。さて、いわゆるマハトマたちは売春をやめさせようとしている。そして結婚を強要しつづけているのはこういった人たちだ。彼らにはその愚かさがわからない! 売春が存在するのは結婚のせいだ。動物たちに売春は存在しない。結婚が存在しないからだ。動物が売春しているのを見たことがあるかね? そのような問題は存在しない! いったい売春が存在するのはなぜなのか?

その醜悪なものが存在するのは、もうひとつの醜悪なもの、結婚のせいだ。だが女性は自由ではなかったため、男の売春夫はそれほど多くはいない。女性は完全に抑圧されている。女性は性的な喜びをもつことさえゆるされていない。女性にそのようなものがあるとさえ思われていない。善良な女性ではなく、悪い女だけが性的な喜びをもつと思われている。淑女《レディー》ではなく、女だけだ。淑女は喜びをもつとは思われていない。彼女ははるかに上等なのだ。

これは真の歴史ではない。これは管理された歴史、脚色された歴史だ。そしてもし、ある観念を何千年ものあいだ強要しつづけたとすれば、それはほとんど本物になってしまう。それは本当の心理ではない。本当の心理を知るためには、女性に全面的な自由を与えなくてはならない。そしてそれから見るのだ。するとあなたは驚くだろう。女性は男性よりもはるかに先を行っている。

あなたはそれを観察することができる。男はほとんどいつも同じグレーの服を着つづけている。女性は？　女性には毎日新しいサリーが必要だ。私は女性の心を観察している。女性が全面的な自由を与えられたとしたら、男性よりもはるかに進んでいるだろう！　男はつづけることができる。あなたはそれを見ることができる。男の服はそんなにカラフルではない。そして男に関するかぎり、ファッションのようなものは存在しない。どんなファッションがあるというのだろう？　同じグレーの形式ばったスーツ、同じネクタイ――。男にはたいした持ち衣装《ワードローブ》はない。だが女性は？　市場全体は女性のために存在する！　女性こそ真の消費者だ。

男性は生産者であり、女性は消費者だ。市場の九〇パーセントのものは女性のために存在する。なぜだろう？　女性のほうが新しいものを求めている。新しい体験、新しいスリルをもっと求めている。おそらく女性のセクシュアリティが抑圧されてきたため、それがエネルギーの転換になっているのかもしれない。新しい夫をもつことができないため、新しいサリーが代用品になっている。新しい車、新しい家が代用品になっている。女性はそのエネルギーをどこかほかのところにふり向けている。だがこれは真の姿ではない。

女性はあまりにそこなわれ、破壊されている。だから、その本当の心理がどのようなものなのか判断するのは、とてもむずかしい。歴史に耳をかしてはならない。歴史は醜悪な記録だ。それは長い隷属の記録だ。少なくとも女性は、歴史に耳をかすべきではない。女性はあらゆる歴史書を燃やすべきだ！　歴史はふたたび書きなおされなければならないと宣言するべきだ。

あなたは驚くだろう。ある観念を押しつけると、心はそれにそって機能しはじめる。心はその観念にならおうとしはじめる。女性は長きにわたる催眠状態のなかで生きてきた。

だが私が言っているのは、社会がただ動物たちのようにあるべきだということではない。私が言っているのは、セックスは踏み台になるべきだということだ。あなたたちの関係がセックスだけに限定されているとしたら、そしてそのなかにそれ以上のものがなにもないとしたら、結婚は売春を生みだす。だがあなたの結婚が肉体よりも深ければ、そんな必要はない。

人間はひとりひとり、男性も女性も、これほどのはかりしれないスペースだ。あなたはどこまでも探検しつづけることができる。そこにはどんな終点も存在しない。それぞれの人間が、男性であれ女性であれ、毎日のようにまったく生き生きとし、まったく新しい。新たな葉が育ち、新たな花が咲き、新たな雰囲気、新たなムードが生まれる。あなたが愛しているなら、本当に親密であるなら、けっして同じ古い女性がいっしょにいるのを見いだすことはない。けっして同じ古い男性を見いだすことはない。生はこれほどにもとほうもないダイナミズムだ。

だがあなたは愛していない！　肉体にへばりついている。内をのぞきこみはしない。たえず変化している内なる空を見ない。これ以上どんな変化が必要だというのだろう？　だがあなたはそれを見ない。もちろん肉体は同じだ。それは興奮を失う。興奮が失われると、生は退屈なものになる。あなたは退屈すると助けを求めはじめる。神経症的になってしまうからだ。生はうんざりするものになる。あなたは精神分析家をたずねる。昔は聖職者をたずねたものだが、いまは精神分析家をたずねる。あなたは助けを求める。なにかがおかしくなっている。人生を楽しめないし、どんな喜びもない。あなたは自殺することを考えはじめる。

興奮とともに行動するなら、あなたは罪人になる。社会とともに、体制とともにあるなら、あなたは退屈する。これは重大なジレンマだ。あなたはどこに向かうこともゆるされていない！　この二つのジレンマの角《つの》のあいだで、あなたは押しつぶされ、殺される。体制とともに生きて退屈な生を生きるか、それとも反体制的になって罪人のようになるか、罪の意識を感じはじめるか、どちらかになる。

女性は絶対的な自由に達しなければならない。そして女性の自由とともに、男性もまた自由になる。なぜなら、誰かを奴隷にしたままでは、真に自由にはなれないからだ。主人は奴隷の奴隷なのだ。男性は真に自由ではない。そうあることなどできないからだ。人類の半分が奴隷のままでいるよう強制されている。どうして男が自由でいられるだろう？　彼の自由はそこそこのもの、表面的なものにすぎない。女性の自由とともに男性もまた自由になる。

そして自由とともに、より深い関係へと入ってゆく可能性があらわれる。そしてもしそれが起こらないとしたら、退屈したままでいる必要はない。たがいにしがみついている必要はない。

ある男が、ときおり調子がよくないと感じていたので、医者に行って健康診断を頼んだ。医者は彼を検査してこう言った。

「煙草も酒もセックスもやめるか、それとも一年以内に死ぬか、どちらかですね」

しばらくすると、その男はまたやってきてこう言った。

「見てください。私はひどくみじめな状態で、まさに死んだも同然です。どうかお願いです。ほんの少し煙草を吸わせてもらえませんか？」

「いいですとも。一日にフィルターつきの煙草五本まで」とてもぶっきらぼうな医者が言う。

数週間後、その男はまたやってきた。

「見てください。私は一杯やれないのがさみしくてしょうがないんです。お願いです……」

「わかりました。一日にハーフで二杯まで。蒸留酒はだめです」

時は過ぎ去り、その患者は医者に三度目の面会を求めた。その男を見るなり医者は言った。

「ええ、ええ、いいですとも。しかし奥さんとだけですよ。興奮はだめです！」

生は興奮を必要とする。生にスピリチュアルな興奮をもたせることができなければ、それは肉体的な興奮を求める。高次の興奮をもたらせば、低次の興奮は消え去る。それは必要なくなる。高次の興奮をもたらさなければ、低次のものが唯一手に入る興奮になる。

男性は自分に制約がないままにしようとしてきた。ユングは狡猾だ。そしてユングが言っていることは古くさいたわごとだ。男性が少なくとも二人の女性を必要とするということは、つねに男によって主張されてきたことだ。一方は母親タイプ、妻タイプで、もう一方は愛人タイプ、創造的刺激を与えてくれる人というわけだ。もし男性が二人の女性を必要とするなら、女性もまた二人の男性を必要とする。父親タイプとドンファンタイプだ。

私が言おうとしているのは、フロイトやユングのような男は、この二〇世紀においてさえ、いまだに昔と同様に男性優位主義者だということだ。たいしたちがいはない。女性は自分たちだけで考えなければならない。男はたいした助けにはなりえない。女性は自分たち自身の理解に達しなければならない。そしていまこそ、女性にとって自分自身の理解に達するための機会が存在する。

だがアナンド・プレムの質問は、基本的には女性についてのものではない。それは彼女自身の心に関するものだ。彼女は執着するタイプだ。そしてその執着もまた、歴史的な条件づけによるものだ。女性はあまりにしがみついている。なぜなら女性は、不安定や安全や収入、あれやこれやを心配しているからだ。彼女はひどく怖がっている。彼女は心配させられてきた！　女性を怖がらせるのは男性の計略だ。恐れていれば、女性は容易に支配されうる。恐れていない人を支配することはできない。だから恐怖を作りだすのだ！

男はまず、女性のなかに処女性に関する恐怖を作りだす。純潔が非常に価値あるものだという大きな恐怖を作りだす。何世紀にもわたって、男はその恐怖を作りだしてきた。だからすべての少女が恐れている。もし処女を失えば、すべてが失われる。その恐怖によって、彼女は人びとと関わることができない。友情を結ぶことができない。自由へと向かうことができない。誰を選ぶべきかを決める前に、いくらかの体験をすることもできない。処女でいなければならないという恐れがある。

このちがいを見てごらん。人びとは少年たちに「童貞でいなければならない」と言いはしない。「男の子は男の子だ」と言う。それなら、女の子は女の子ではないのかね？　女の子も女の子だ！　なんで男の子は男の子ですむのか？　純潔は少年たちには求められていない。彼らは自由を与えられている。

処女性を通じてのたいへんな条件づけが存在する。そして、ひとたび女性が処女を失うことをあまりに恐れるようになると……。考えてもみなさい。二〇歳になるまで、二〇年のあいだ処女を守りつづける。二〇年にわたる条件づけ――彼女は不感症になってしまう。そうなると彼女はけっして楽しめない！　けっして愛のなかへと流れてゆくことができない。どんなオーガズムも感じはしない。何世紀にもわたり、無数の女性たちがオーガズムを感じていない。彼女たちはオーガズムというものを知らない。ただ苦しんでいるだけだ。彼女たちはたんなる男のための手段にすぎない。これはたいへんな侮辱だ。

だが処女性がそれほど大事なものだとしたら、そして処女でいなければならない、つねに警戒していなければならないという二〇年間の条件づけが存在するとしたら、そのような習性を落とすのはきわめてむずかしい。二〇年にわたる条件づけのあとで、どうやって突然それを落とせるだろう？　ある日ただハネムーンがやってきて、それを落とさなければならなくなる。どうやって落とせるというのだろう？　そのふりをすることぐらいしかできない。だが奥底では、あなたは自分の夫を罪人、けだもの、醜い男だと思ってしまう。なぜなら彼がやっていることは、あなたが罪として知っているものだからだ。あなたはほかのどの男にもゆるさなかった。愛は罪だった。そうしてこの男はそれをやっている！

どの妻も夫をゆるすことはできない。実際、特にインドでは、どの女性も夫に敬意をいだいてはいない。それはむりだ。あらゆる敬意を示しはするが、尊敬することはできない。奥底では、彼女はその男を嫌悪している。彼女を罪に引っぱりこんだのはその男だからだ。夫が罪人であるとき、どうして彼を尊敬できる？　彼がいなければあなたは純潔だった。彼によってあなたは堕落してしまった。社会が「夫を敬うように！」とこれほど教えているのはそのためだ。社会は、当然ながら女性が夫を敬うことはできないと知っているからだ。それで敬意は強制されなくてはならない。「夫を敬いなさい！」――。ものごとが自然に進行すれば、彼女はこの男を嫌悪するようになるからだ。彼女に地獄を用意していたのはこの男なのだ。

そして、この罪から誕生するのが子どもだ。どうして子どもを愛せるだろう？　罪から誕生したのだから、あなたは無意識の奥底で彼らも嫌悪することになる。子どもの存在そのものが、あなたのおかした罪を何度も思い出させる！

社会全体がこのような愚かなことのために苦しんでいる。愛は罪ではなく徳だ。そしてより愛することができるということは、より有徳なことだ。愛を楽しむことができるということは、宗教的な人間の基本的な特質だ。これらが私の定義だ。

アナンド・プレムはたいへんなしがみつき屋だ。そして彼女は、自分にとって真実であることがすべての女性にあてはまると思っているのだろうか？　ある意味で彼女は正しい。他のすべての女性も同じように条件づけされているからだ。だがそれは真実ではない。ほかの女性たちにとっても、そしてアナンド・プレム、あなたにとっても、それは真実ではない。

個人でいられるようになりなさい。するとあなたは自由のなにかを味わう。女性は個人として考えられていない。幼いとき、彼女は娘だ。若いとき、彼女は妻だ。もう少し年をとると、彼女は母親だ。さらに年をとると、彼女は祖母だ。だが彼女は、けっして彼女自身ではない。あるときは娘であり、あるときは妻であり、あるときは母であり、あるときは祖母——だがけっして彼女自身ではない。つねに誰かほかの人との関係のなかにある！

個人としての存在が根本的な必要として求められている。女性は女性だ！　彼女が娘であることは二義的なことだ。妻であることは二義的なことだ。母であることは二義的なことだ。女性は女性だ。女性であることが第一のことだ。そして女性が個人になるとき、まったく異なった世界が存在するようになる。より美しく、もっと喜びに満ちた世界が——。

現在のところ、倦怠と嫉妬以外のなにものもない。あなたは相手の女性に飽きているし、その女性もあなたに飽きている。あなたは嫉妬深いし、彼女も嫉妬深い。なぜこの嫉妬というものが、倦怠の影としておとずれるのだろう？　倦怠は嫉妬をもたらす。あまりに多くの人たちが私のところにやってきて、嫉妬したくないと言う。だが彼らは、なぜ嫉妬が生まれるのかを理解していない。彼らはその仕組みを理解していない。

聞きなさい。女性に飽きているとき、あなたは奥底で、彼女もあなたに飽きているにちがいないと知っている。それは当然だ！　彼女があなたに飽きているとしたら、どこかで誰かほかの男を探しているにちがいない。牛乳配達人、郵便配達人、運転手、誰でも手に入る。どこかで探しているにちがいない。あなたは自分が飽きているとき、他の女性に目を向けはじめるのを知っている。だからあなたにはわかる！　これは当然の推測だ。嫉妬が生じる。こうしてあなたは嫉妬深くなる。彼女は関心をいだいているにちがいない――。そしてあなたは、彼女が関心をいだいているかどうか知る方法を見つけようとする。そして当然ながら、どうして関心をもつことを避けられるだろう？　こんなにたくさんの男性がいる。そして彼女はあなたに飽きている。それは彼女の人生だ。彼女の人生のすべてがかかっているのだ。

女性は嫉妬深い。彼女は夫が飽きていることを知っている。彼はもう以前ほどうれしそうではない。喜び勇んで、家に走って帰ってきたりはしない。彼はただ彼女を黙認しているだけだ。実際、彼は彼女よりも新聞のほうに興味がある。彼はすぐに癇癪を起こす。小さなことで非常に腹を立て、乱暴になる。あの優しさのすべて、あのハネムーンの優しさは消えてしまった。彼女は彼が飽きてしまったのを知っている。彼はもう彼女に興味がない。

そうして突然、たしかに彼女は知る。彼女の勘は、彼がほかの誰かに興味をもっているにちがいないとわかる。嫉妬だ――。そしてある日、彼が幸せそうに家に帰ってきたら、彼女は心配になる。彼は誰か女の人といたにちがいない。さもなければ、なぜ彼はこうも幸せそうに見えるのか？　彼が休日に出かけると、あるいはなにかの出張で出かけると、彼女は心配になる。彼があまりにたびたび出張するようになると、それはいっそう確実になる。嫉妬は関係を毒してしまう。

だが、それは倦怠の一部だ！　相手に飽きていなければ、嫉妬深くはならない。自分の心のなかにそんな考えがないからだ。実際それは、相手がほかの人に興味をもっているためではない。あなたが嫉妬するのは、嫉妬が生じるのは、あなたがほかの人に興味をもっているからだ。

もちろん、女性のほうがより嫉妬深い。女性のほうが自由が少ないからだ。女性の倦怠のほうが凝り固まっている。女性たちは男が出かけるのを知っている。男にはより大きな可能性が、機会がある。女性は家に閉じこめられている。子どもといっしょに家に監禁されている。女性にとっては、それだけの自由を手にするのはむずかしい。女性は嫉妬を感じる。嫉妬を感じれば感じるほど、女性はしがみつく。恐怖が生まれる。もし男が離れていったらどうなるだろう？　奴隷は自由よりも安全に執着するようになる。奴隷は自由よりも安定に執着するようになる。それが起こっていることだ。プレム、それは女性の心理とはなんの関係もない。そう、私にはわかる。それは女性の身に起こっている。それは醜い現象だ。それは落とされなくてはならない。男性と女性がもう少し気づくようになるなら、未来においてはそうあるべきではない。両者ともに地獄に生きている！

大地主とその奥方は、農作物品評会の後援会長だった。開会式が終わると、彼らは借地人や小作農と調子を合わせたり、出品物を見たりしながら、うやうやしく歩き回っていた。

だが、地主がビールのテントにあまり長くいるので、奥方は入賞した雄牛を賞讃するために離れていった。雄の動物がこれほど豪華に飾りつけられたことは、かつてなかったろう。

彼女は世話をしている田舎者に声をかけた。

「あらまあ。すばらしい食用牛をおもちなのね、ジャイルズ」

「そうでしょう、奥様。こいつはチャンピオンなんでさあ。それに、ほかのチャンピオンの父親でもあります」

「そうなんですの。彼のことをもっと教えてくださいな」

「ええ、奥様。この雄牛は去年三〇〇回も種つけに行ったんですぜ」

「まあ、ほんとう？　それじゃあ、ねえあなた、主人のところに行ってくださらない。そうして、一年に三〇〇回も種つけに行った雄牛がいるって伝えてくださる？」

ジャイルズはうやうやしく地主のところに小走りしてゆくと、このメッセージを伝えた。

「実に興味深い」それが地主のコメントだった。「いつも同じ雌牛が相手なのかね？」

「いんやー、まさか。三〇〇頭の別の雌牛でさあ」

「ほほう。ちょっと奥方のところに行ってそう伝えてくれるかい？」

動物たちはとても幸せだ……。彼らには、そのなかで生きなければならないどんな制度もない。そしていいかね、私は結婚に反対しているのではない。私はより高い結婚に賛成している。私が反対しているのはこの結婚だ。この結婚は売春を作りだしているからだ。私は高次の結婚に賛成だ。

男性あるいは女性との親密さ、スピリチュアルな親密さを見いだすことができれば、そのときには自然なつながりが存在する。それを強要する法律など必要ない。そのとき、いっしょにいることには自然な喜びがある。それがつづくかぎりはいい。それが消え去るとき、いっしょにいることにはなんの意味もない。まったく意味がない！　そしてあなたたちはおたがいを押しつぶし、おたがいを殺している。あなたはマゾヒストかサディストかのどちらかだ。あなたは神経症的だ。

私のアイディアがいつの日か広く行なわれるなら……。それはとても困難に見える。人間はあまりにも死んだ役割に慣れているため、どのようにして生きるかを忘れてしまっているからだ。もしいつの日か生が勝利をおさめ、人間が危険に生きうるほどの勇気をもつなら、真の結婚が存在するだろう。あなたはたくさんのソウルメイトたちがいっしょにいるのを見いだす。どんな売春も存在しない。

もちろん、人類のより大きな部分は相手を変えつづけるだろう。だがそれにはなにもまちがいはない。男性や女性の心に何度も浮かんでくる唯一の問題は、子どもをどうするかということだ。それは大きな問題ではない。私が心に描いているのは、家族ではなくコミューンだ。家族は消え去らなくてはならない。コミューンが存在するべきだ。

たとえば、これがコミューンだ。子どもはコミューンに属すべきであり、コミューンが子どものめんどうをみるべきだ。母親は知られるべきだ。誰が母親なのかは知られるべきだ。だが父親は知られるべきではない。その必要はない。それは人類の原始の状態、母系社会だ。その後、社会は家父長制社会になった。父親が重要になった。そして父親とともに、千とひとつの病いが生じた。もっとも重大な病いは私有財産だ。それは父親とともに生じた。そして社会は、父親というものが消え去るまで、私有財産で苦しむことになる。

コミューン……。子どもはコミューンのどこに属し、どんなときにコミューンが彼らの世話をすることができるのだろう。母親が子どものめんどうをみることになる。だが母親はひとつのことを信頼することができる。彼女はある男から別の男へと動いてゆくことができる。それにはなにも問題はない。子どものめんどうはみるべきだ。たとえ彼女が死んだとしても、コミューンがある。

そして、財産がどの個人にでもなくコミューンに属すとき、真の共産主義《コミュニズム》が存在する。ソ連においてさえ、真の共産主義は存在しない。それは父親とともには存在できない。それは不可能だ。私有財産は家族とともに、核家族とともに生じる。父親、母親、子ども——すると私有財産が生じる。この核家族が消えうせ、コミューンという完全に新たな創案が成功して、はじめて私有財産が消え去ることが可能となる。それはいまや可能だ。世界はコミューンが存在しうる意識の状態に達している。そしてコミューンによって共産主義は可能となる。それ以外にない。共産主義が先にくるのではない。それは可能ではない。共産主義が最初にくるとしたら、それは独裁政権をもたらすだけだ。それはソ連や中国で起こっているような醜い社会をもたらすにすぎない。

まず、セックスに関してコミューン生活を存在させなさい。すると財産は消えてゆく。財産は性的所有の一部だ。女性を所有するとき、あなたは財産を所有する。男性を所有するとき、あなたは財産を所有する。あなたは財産を所有せざるをえない。どんな人間も所有していないとき、誰がわざわざ財産を所有するだろう？　すると財産は使われるようになる。所有する必要はない。そして所有することがなければ、それを使うことはもっと容易になる。所有している人たちはそれを使うことなどできないからだ。彼らはいつも恐れている。彼らはケチだ。財産はもっと自由に使われうる。

だがまず、家族が消え去らなければならない。

私はすべての家族が消え去るだろうと言っているのではない。スピリチュアルな家族だけが残る。スピリチュアルでない家族は消え去ることになる。だがそれはいいことだ。充分にスピリチュアルでないその人たち、なぜ彼らが退屈したままでいるのを強制されなくてはならない？　どんな喜びももたらすことのない関係にとどまることを、どうして強制されなくてはならない？　なぜ？　これは犯罪的だ。

四番目の質問――。

私は自分がかなり気づいている、相当に明け渡していると思っていたものです。そのような思いはいまも心によぎりますが、本当にはそれを信じていません。そしてあなたが語る気づき《アウエアネス》や明け渡し《サレンダー》といったすべてのことは、ロバの目の前にあるニンジンのように、私たちを狂わせるだけなのかもしれ

ない、そしてそんなものはなにも存在しないのかもしれない、といぶかしく思ってしまいます。そしてそれは、腹立たしいのと、ばかばかしいのと、どうでもよいのとを、みんないっしょにしたような感じにさせるのです。

ニンジンは存在する。だがロバは存在しない。さあ、選ぶのはあなたしだいだ。あなたはロバでもいられるが、そのときにはニンジンは存在しない。あなたがニンジンを見つめるなら、ニンジンは存在しロバは消え去る。当然ながら、ニンジンが存在しないと思えば、あなたは腹立たしく、ばかばかしく、どうでもよいと感じるだろう。なぜならそのとき、あなたはまぬけ《ドンキー》だからだ。ニンジンが存在しないと考えるより、なぜ自分自身の内側をのぞいてみないのだろう？　あなたは存在するのかね？

私の強調点のすべてはこれだ。光明は存在するが、あなたは存在しない！　気づきは存在するが、自我《エゴ》は存在しない。これが私の強調点のすべてだ。

それでもなお、選択はあなたのものだ。それはあなたしだいだ。あなたがみじめさを選びたいのなら、みじめさが可能なのは自我《エゴ》とともにあるときだけだ。それならあなたは自我を選ばなくてはならない。ロバを選ばなくてはならない。ニンジンは存在しないと信じつづけなくてはならない。だがそれは存在する！　そしてひとたびニンジンを感じはじめたら、あなたはロバが消えてゆくのを目にするようになる。それは観念にすぎなかったのだ。

ニンジンとともにあれば至福が存在する。自我《エゴ》とともにあれば地獄だけが存在する。どちらでも選びたいほうを選びなさい。

五番目の質問——。

あなたに出会うまで、私は不幸でしたが、まったく気づいてはいませんでした。いま私は、ある程度の気づきをもって不幸です。どこがちがうのでしょう?

あなたにはそれがわからないのだろうか? その「ある程度の気づき」を価値のないものだと思っているのだろうか? それは最初のきらめきだ。そして太陽はそれほど遠くはない。そのきらめきをつかまえ、その光線がやってくる方向に進んでゆくなら、あなたは光源そのものに達するだろう。闇のなかにただ一条の光さえ存在すれば、それは光があるという、神があるという、充分な証明になる。それを「ある程度の気づき」などと呼んではならない。

だが私には理解できる。私たちはあまりに長く、気づくことなく生きてきた。無意識に生きてきた。機械のように生きてきた。それで多少の気づきが生じたときでさえ、古い習性があまりに重く、あまりに大きいのだ。

かつて女子国防軍に所属していた若い女性が、診察を受けにやってきた。医者は彼女を裸にすると、彼の助手を呼んだ。

「こいつを見ろよ。私がいままで見てきたなかで一番大きなヘソだ！」

若いほうの医者はそれを見ると言った。

「あれまあ。君、ものすごいヘソだね。医学雑誌に載せるために写真をとってもいいかい？」

その女性はいらいらし、こんなことがなんの役にたつのか理解できなかった。

「私と同じくらいの年月を救世軍で過ごせば、あなただって大きなヘソになるわよ」

謎は深まるばかりだった。

「救世軍だって？　いったいなんの関係があるんだい？」

「私は一〇年間も軍旗をかかえていたんだから！」


そしてあなたは無数の生にわたって軍旗をかかえてきた。だからヘソはとても大きくなっている。無意識があなたの伝記のすべてだ。あなたが自分に関して知っているすべては、無意識以外のなにものでもない。だからたとえ一条の光がさしこむときでさえ、最初はそれを信じることができない。もしかしたら夢を、幻を、投影を見ているのだろうか？　なにかごまかしがあるのかもしれない！　たとえ信じるにせよ、それはあなたの膨大な過去にたいしてあまりに小さく見えるため、どんな点でも助けになるとは信じられない。

だがひとつのことを言わせてほしい。あらゆる星々をおおうすべての闇よりも、小さなロウソクのほうが力強い。闇にはなんの力もない。闇は無力だ。小さなロウソクは可能性を秘めている。それは存在するからだ！　闇は不在にすぎない。

ある男が、傷だらけで血まみれになって診療所にやってきた。

「いったいどうしたんです？」と医者。

「妻のせいです。彼女の悪夢のせいなんです」

「ばかを言うんじゃありません！　奥さんが蹴とばしたのかもしれないが、こんなけがなんて――」

「聞いてください、先生。彼女はある悪夢を見たんです。彼女が〝すぐに外に出て！　夫が帰ってきたわ！〟と叫ぶもんで、寝ぼけていた私は、思わず一直線に窓から跳び降りたんです」

それは長きにわたる、古くからの、無意識でいるという習性だ。だがその「ある程度の気づき」を見つめなさい。それに焦点を合わせなさい。それがあなたの希望だ。そのわずかなきらめきが扉を開く。

あなたにはわからないのかね？　あなたはたずねている。「どこがちがうのでしょう？」――。

六番目の質問——。

私はカトリック教徒です。私はあなたのお話を愛しています。しかし、あなたが私の宗教に反することをおっしゃるとき、私はひどく動揺してしまいます。どうすればいいのでしょうか？

三つのやりかたがある。まず、自分に都合のいいことだけを聞くことだ。自分に反することは聞かないことだ。それこそ多くの人たちがやっていることだ。さもないとそれは苛酷な旅になる。だが、あなたがここで聞いているときには、それはむずかしい。どうやってそれを避ける？　実際、それが自分に反しているとわかるまでには、あなたはそれを聞いてしまっている。

それなら、教授たちが知っているやりかたで、専門家や学者が知っているやりかたでやる必要がある。自分に反することを聞くときには、まずこう思いなさい。それはささいなことだ。たいしたことではない。たいして関係のあることではない。それは自分の心を変えはしない。小さなことだ！　おそらく細部は多少ちがうかもしれない。しかし基本的には、和尚は自分と同じ意見だ——。こういったことを心のなかにしまっておくのだ。

こんなことがあった——。

ある女性が医者に行き、肉欲的になれないのだとうったえた。医者は彼女を診察し、もし彼の特別な食餌療法にしたがえば、彼女はとてもみだらになるだろうと告げた。これは承諾された。だが二、三週間すると、彼女はまたやってきてこう言った。

「なにかがおかしくなってしまいました！　昨日の夜、私はあんまり情熱的になって、ボーイフレンドの耳を噛み切ってしまったんです」

「ああ、そんなことは心配ありません」医者は言う。「蛋白質だけです。炭水化物じゃありません」

これが一番目の方法だ。ささいな細部のことにすぎない。たいして重要なことではない。あなたは心配する必要はない。それは助けになる。あなたはそれほど動揺しなくなるだろう。

二番目のやりかたは解釈することだ。ん？　それがサラハの言いつづけていることだ。思いめぐらしなさい！　それが自分の考えに近づくようなやりかたで解釈するのだ。それはいつでもなされうる。ちょっとした技術が必要だ。ちょっとした論理、ちょっとした言葉の遊び、それがすべてだ。たいした問題ではない。あなたにはうまくやれる。本当にカトリック教徒だったとすれば、少しもむずかしいことはないだろう。

この話を聞きなさい——。

アイルランド人の人夫たちは、化粧をしたケバケバしい女たちでいっぱいの家の、外側にある道路に穴を掘っていた。すると牧師がやってきて、帽子を深くかぶりなおすと入っていった。パットはマイクに言った。

「あれを見たかい！　誰が来るかと思ったら牧師だぜ！」

しばらくするとラビがあらわれ、えりを立ててなかに入っていった。マイクはパットに言った。

「神のしもべの聖職者があんなところに行くなんて、ひどいもんじゃないか！」

最後にカトリックの司祭が姿を見せると、外套《がいとう》で顔を隠し、その売春宿に素早くとびこんだ。

「パット、なにかあったんじゃないか。女のひとりが病気になったにちがいないぜ」


これが解釈というものだ。ラビが入ってゆくとき、それはまた別のことだ。司祭が入ってゆくとき、それはまた別のことだ。カトリックの司祭が姿を見せると、あなたは解釈を変えることができる。それにはなんの問題もない。今度は女の誰かが病気のようだ。

これが私を避ける二番目の方法だ。

そして三番目の方法は、この男は狂っているのだと思うことだ。これが三つのうちでもっとも確実だ。もしほかのどれも効果がなければ、これが有効にはたらいてくれる。ただこの男は狂っていると思いなさい！　狂人だけがカトリックに反することを口にすることができる。それはあなたの助けになるし、少しも動揺させたりしないだろう。


新任の司祭は、この広大な教区を歩いて教会員をたずねようと考えた。ある日彼は、一四人の子持ちである信心深い家族をたずねるため、ほこりっぽい小道を何マイルもたどっていった。

「こんにちは、コネリーさん。あなたはアイルランドの誇りです。この教区で一番大きな家族です」

「こんにちは、神父様。ですが、ここは教区で一番大きな家族じゃありませんよ。そいつは丘の向こうのドイランのとこです」

ドイランと一六人の子どもたちにあいさつするとき、司祭は疲れはてていた。それでも彼は言った。

「この一八人のあわれなカトリック教徒のみなさんに、神の祝福を」

「お気の毒ですが神父様、うちはプロテスタントの家族なんです!」

「それなら私はすぐに行かなければ」司祭は言う。「おまえたちはただのけがらわしい色気ちがいだからな!」


私があなたに一致していれば「この男はすばらしい」と考え、私があなたに一致していなければ「この男は狂っている」と考えればいい。それは助けになるだろう。

これらが、他の人たちのやっている、動揺しないでいるためのごまかしだ。あなたはもうその秘訣を知っている。あなたもそうすることができる。

だが、あなたの努力のすべてが動揺しないことだとしたら、なぜあなたはここにいるのかね？　私のここでの努力のすべては、あなたを可能なかぎり動揺させることにある。それなのに、いったいなぜ私とともにいるのだろう？　あなたを動揺させないかぎり、私はあなたを変容させることはできない。あなたを破壊しないかぎり、私はあなたを創造することはできない。私がきわめて激烈でないかぎり、あなたにはいかなる道も、いかなる希望もない。

あなたの頭を強く打ちつづけるのは、私の慈悲だ。それが唯一の方法だからだ！　そして私は相当に強く打たなくてはならない。私にどうしようがある？　あなたたちの頭はこんなにもぶ厚い。なにかがあなたを動揺させるのは、なにか真正なものがあなたの視野に入ったからだ。さもなければ、それはあなたを動揺させたりはしない。

つねに心にとめておきなさい。あなたを動揺させるものはすべて価値がある。それを熟考しなさい。それに瞑想しなさい。それがその言い分まるごとを保ったままにしておきなさい。それに黙想しなさい。あらゆる可能な角度から見ることができるよう、それをあなたの存在のなかに久しくとどめておきなさい。というのも、なにかが動揺させるということは、たんにそのなにかが、あなたがこれまで信じてきたものがなんであれ、それは嘘にすぎないと気づかせてくれるということだからだ。真理だけが動揺させる。真理だけが破壊する。なぜなら、真理だけが創造することができるからだ。

私は混沌だ。そして本当に私とともにあるつもりなら、あなたは混沌を通りぬけなければならない。それがサラハの言っていることだ。それがタントラのすべてだ。かたちをなくし、人格を取り去り、イデオロギーを取り去り、心を取り去る！　それは手術のようなものだ。
私にはどうしようもない。私はそれをやらなくてはならない。そして私は、それがまったく割の合わない仕事だと知っている。

最後の質問――。
輪廻《サンサーラ》とはなんでしょう？

サンサーラとはこんな話だ――。

ロンドンの霧がテムズ川の上に渦巻くころ、若い宿無しは夜の眠りのため、堤防の上に落ち着いた。不意に優しい声に起こされて見上げると、美しいブルネットの女性が、運転手つきのロールス・ロイスから降りてくるのが見えた。
「かわいそうなかた」彼女は言う。「とても寒いし、じめじめしているでしょうに。私の家まで車に乗って、今夜はお泊まりなさい」

もちろん、宿無しはこの招待を断ることなく、彼女の横に乗りこんだ。短いドライブののちに車が止まったのは、壮大なヴィクトリア朝風の大邸宅の前だった。ブルネットの女性は、宿無しについてくるよう手招きしながら、歩調を早め歩いていった。執事がドアを開けると、女性はこの宿無しの世話を執事にまかせ、食事、風呂、召使宿舎の快適なベッドを用意するように指示した。

しばらくして、ブルネットの女性は床につこうとしているとき、客人がなにか必要としているかもしれないと思いついた。そこでネグリジェを着て、彼女は召使宿舎へと急いだ。彼女が廊下を曲がると、その若者が起きているのを示すように、光がもれているのが目に入った。やさしくドアをノックして、彼女は部屋に入っていった。そして、なぜ眠っていないのかと若者にたずねた。

「きっとお腹はすいていませんわね?」

「ええ、あなたの執事が満腹にしてくれました」

「それじゃあ、ベッドが居心地よくないのかしら?」

「いいえ、快適です。柔らかくて暖かい」

「それじゃあ、お相手が必要にちがいないわ。ちょっと動き回るのにね——」

若者は狂喜して動き回った。そして……テムズ川に落ちた。

訳註

本書は“*The Tantra Vision*” *Vol.1* の翻訳である。原書は全二巻で、上巻の本書には一九七七年四月二一日から三〇日にかけての講話がおさめられている。この講話シリーズでは、『サラハの王の歌』を題材にしたものと、質問に答えるものとが、一日おきに行なわれている。下巻には五月一日から一〇日の講話がおさめられている。また、原書は現在では改訂され、上下巻がそれぞれ、“*The Tantra Experience*”、“*Tantric Transformation*”として出されている。

サラハはさまざまな伝説にみちた人であり、複数の人物のイメージが錯綜しているようでもある。その生きた時代などもつまびらかではない。しかしいつものことながら、和尚は歴史家や学者というよりは詩人として、事実関係を述べることではなく真理を明らかにすることに関心をもっている。そのあたりのことは、『存在の詩』（めるくまーる刊）のあとがきに掲載されている和尚との対話などを参照していただきたい。

この講話のユニークな点は、和尚が〃サラハその人〃として王に語りかけるスタイルをとっている箇所があるところだ。しかし和尚の本は、即興で語られる講話を、テープ起こしなどを行なうことによって作られているということ、また、英語では語りかける相手によって言葉使いがそれほど変わらないということもあり、王に語っている部分と弟子たちに語っている部分の区別がつけにくいところもあった。

本書においては、「*being* 内奥の（無我なる）核心」と「*existence* 木々や鳥たち、山や川という実在する（空《くう》なる）世界」を、ともに「存在」と訳している。明確にするために、existence のほうを〃存在〃として〃　〃でくくったり、「存在世界」「実在」などとした箇所もある。

和尚の本の訳書では、being を「存在」、existence を「実在」と訳しているものや、being を「実存」、existence を「存在」と訳しているものなどがあるが、この講話の中心テーマは、エソテリックなことがらや詳細なテクニックなどではないため、なるべく柔らかい言葉を選ぶようにしたためである。「spontanety 内発性、内なる自然」も「nature 大自然」も、本書ではともに「自然」と訳していることに対応するようにも見えるし、前後の脈絡でおのずから明らかになると思う。


和尚は英語の講話とともに、ヒンディー語の講話も行なっている。そのため、英語の講話でも、サンスクリットの語尾の a の省略などがなされることもある。原書では *Gautam, Mahavir, Rahul* などとなっているが、個人名やある程度なじまれている言葉は、一般的なかたちにして訳している。変化の大きいものなど、一部そのままにしたものもある。また、チャクラの名称や日本語化しているもの、サニヤスネームなどは、長音の省略などを行なっている。


第2話の88頁、〃ガチョウは出ている〃とは、和尚がよくとりあげる禅の故事。そのため、“*The goose is out*”という言葉だけでその意味するところが伝わる。それは次のような故事である。

陸亘《りっこう》大夫は、かつて師の南泉《なんせん》に、「瓶に入れられたガチョウ」という古い問題を説いてくれるよう求めた。

「瓶にガチョウの雛を入れて、大きくなるまで育てるとします。どうすれば、ガチョウを殺すことなく、また瓶を壊すことなく、ガチョウを外に出せるでしょう?」このように陸亘はたずねた。

南泉は〃パン!〃と大きく手を打ち、大声で呼んだ。「陸亘!」

「はい」陸亘は、はっとして答えた。

すると南泉は言う。「ほら、ガチョウは出ている!」

第４話の最後の質問は、当時、和尚のサニヤシンたちは、つねにオレンジ色系統のローブを身につけることになっていたことにちなむ。もちろん答えはジョーク。

OSHOや瞑想に関するお問い合わせ先
※
OSHOインターナショナル・メディテーション・リゾート
Osho International Meditation Resort
17, Koregaon Park, Pune, 411001(MS), India
Tel. 91-20-4019999
Fax.91-20-4019990
URL.www.osho.com
e-mail.oshointernational@oshointernational.com

サラハの歌 ―― タントラ・ヴィジョン1

1996年10月10日　初　版　第1刷発行
2006年 6月20日　改題・改装版　第1刷発行

著　者　OSHO

翻　訳　スワミ・プレム・ビシュダ

照　校　スワミ・ニラーヴ・バーヴァン

発　行　ユニオコーポレーション

発　売　(株)市民出版社
〒168-0071　東京都杉並区高井戸西2-12-20
電話（03）3333-9384
FAX（03）3334-7289
e-mail info@shimin.com

ISBN4-88178-055-7 C0010